水下缆索动力学

王志博　著

WUHAN UNIVERSITY PRESS
武汉大学出版社

图书在版编目(CIP)数据

水下缆索动力学 / 王志博著. -- 武汉 : 武汉大学出版社, 2025.7.
ISBN 978-7-307-24723-9

Ⅰ.U173.9

中国国家版本馆 CIP 数据核字第 2024B9W758 号

责任编辑:杨晓露　　　责任校对:汪欣怡　　　版式设计:韩闻锦

出版发行:**武汉大学出版社**　(430072　武昌　珞珈山)
　　　　　(电子邮箱:cbs22@whu.edu.cn　网址:www.wdp.com.cn)
印刷:武汉科源印刷设计有限公司
开本:787×1092　1/16　印张:14　字数:302 千字　插页:1
版次:2025 年 7 月第 1 版　　2025 年 7 月第 1 次印刷
ISBN 978-7-307-24723-9　　定价:59.00 元

前　言

　　水下缆索管线的技术开发与设计制造是海洋工程建设的基础。随着海洋调查的深入以及海上风电、潮汐能和波浪能等新能源的开发利用，各类系泊系统、电缆、管道铺设与安装等海洋工程中的力学与控制逐渐成为海洋工程领域的核心问题，水下缆索动力学的新技术、新概念也不断涌现。

　　本书是对水下缆索动力学体系的梳理和归纳。结合工程实例介绍模型的建立与分析方法。通过分析各类缆索振动成因建立主被动控制技术和操纵控制理论。本书可作为海洋水下缆索系泊锚固、铺管铺缆、拖曳系统设计制造开发的工程设计人员的参考书，也可供高等学校船舶与海洋工程专业研究生使用。

　　本书首先总结了缆索、锚链、管线的结构特点，然后系统地介绍了海洋缆索静力学和动力学计算模型，结合海洋环境载荷，介绍了水下缆索管线的流固耦合计算域分析方法和主要结论。接着介绍了海洋水下铺管铺缆的力学建模与分析方法。最后对海洋缆索结构振动的主被动控制方法和海洋拖曳系统的操纵控制理论进行了系统的介绍。

　　本书凝结了作者从事水下缆索管线设计开发的动力学建模与控制技术方面的经验和技术积累。本书在编写过程中得到了研究生顾津菁、黄帅瑜、吴斌、孔培云的大力协助，他们在本书的文字定稿、图表校对过程中做了大量工作，在此表示感谢。

王志博

2025 年 4 月 29 日

1

目　　录

第1章 绪　　论

1.1　海洋管线缆链的结构特点

水下缆索可分成结构和质量连续分布的均质线缆和结构呈现周期性变化的非均质线缆。例如，常用的系泊缆、钢丝绳、水下复合光电铠装缆索等都是均质线缆（图1-1～图1-3），用于系固和约束水面浮体和水下平台，同时用于水下信号与电力传输。因水下管线缆索长径比极大，具有一致的外形和均匀的质量分布，也可看作均质线缆。缆索因具有均匀的质量和结构一致性的特点，便于建立轴向同性的连续介质动力学模型，描述缆索的动力学行为。

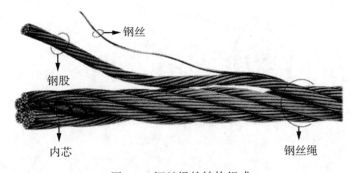

图 1-1　钢丝绳的结构组成

船舶与海洋工程中使用的锚链和链条是由链环单元连接而成的，具有不连续分布的质量和结构形式。链环使用场景通常是利用自重和阻尼力对船舶与海洋结构物进行固定。链环沿着长度方向呈周期性分布的结构特点，这类结构特点可从质量和受力凝集的角度建立计算分析模型，将质量和受力凝集在一组连续分布的点上，各点之间采用弹簧和阻尼器等建立相互作用的关联模型，模拟锚链的动力学行为。

用于牵引、系固海洋结构物承受高张拉力的海洋缆索通常采用高强度钢丝绳、高分子复合材料，采用多股缆扭绞方式制造（图1-1、图1-2），在表层带有绳套保护层。这类缆索承受高载荷，对冲击和振动的传递效应强，采用连续介质建模技术可以较为方便地建立受力计算模型，可准确全面地描述线缆在实际工程应用中所承受的拉伸、压缩、弯曲、扭

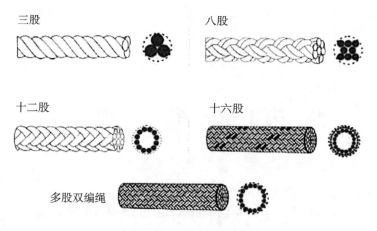

图 1-2　复合缆绳结构

转、温度载荷以及疲劳寿命等力学行为。

　　用于水下输运油气的各类管线具有薄壁管道与内载的油气混合物高度耦合作用的特点，同时受到海洋风浪流环境的联合作用，建立准确描述管道结构力学行为的模型需要考虑多个因素，包括管道材料的力学特性、水下布置的线形设计参数、环境条件等，相应的管线建模描述应更为精细。

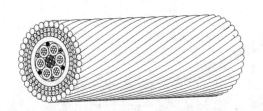

图 1-3　铠装光电脐带缆截面

1.2　链的结构特点

　　锚链的结构特点体现在结构的非连续性上，如图 1-4 所示，宜采用离散的凝集参数方法建模，也就是将每个链环考虑为单独的受力模型，利用接触和连接关系描述锚链环之间的连接作用和受力。因不同类型的链环结构形式存在差异，连接方式和与其他链环的接触方式不同，不同类型的链环因结构差异和连接方式的不同，受力计算模型也不同，因而需要各自建立相应的动力学模型，描述链环的动力学行为，如图 1-5 所示。

　　锚索是连接船舶与锚的绳索，按照材质分为锚链、钢缆与合成纤维三种。本书主要介绍锚链。锚链主要传递锚的抓力，锚链自身的重量也可部分抵消风浪流引发的船舶运动载荷。平卧在海底的锚链利于保持锚的作用力，并对船舶摇荡起到阻滞作用。

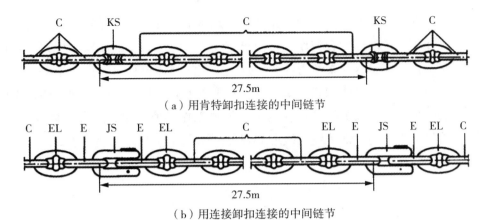

（a）用肯特卸扣连接的中间链节

（b）用连接卸扣连接的中间链节

图 1-4 一节标准锚链环的结构

锚链按其链环的结构可分为有挡锚链和无挡锚链，此外还有特殊形状与结构的链环。有挡锚链的链环设有横挡，在尺寸和材质相同时，有挡锚链的强度比无挡锚链的大、变形小，且堆放时不易扭缠，为现代大中型船舶和海洋风机等广泛采用。无挡锚链的链环没有横挡，仅用于小型船舶。特殊形状的结构链环用于转接、标记各节锚缆连接点，或用于系泊锚桩柱。用于水下定位和锚固的锚链，与水底相接触，利用与水底的地面淤泥泥沙等的摩擦力，起到固定船舶和海上结构物的作用。在深海环境中与浮筒配合使用，起到对海洋平台的固定作用。因锚链与缆索的结构差异较大，锚链的结构动力学建模与具有结构连续性的缆索略有不同，宜采用若干离散元的多刚体连接的建模方法模拟锚链之间的作用力，包括锚链重力、张力、链环之间的摩擦力等。

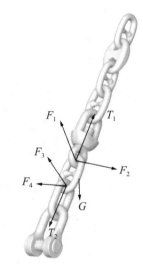

图 1-5 锚链环的受力分析

1.3 海洋管线的结构特点与受力建模

依据管缆的结构刚度大小不同，可以将海洋管缆分为刚性立管、柔性管缆和混合管缆，随着作业水深的增加，以柔性管线为基础的创新形式的管缆不断涌现，柔性管成为深水生产系统安装和运行的主要结构形式。

海洋管缆整体刚度与管缆的线形布置有非常大的关系。管缆的线形可分为：直立式、悬链线式、缓波式、陆波式、缓式、陆式和混合式。这些设计形式一方面是从提升管线的结构强度和稳定性入手设计管线的水下线形布局；另一方面允许管线形状发生较大的位移，将风、浪、流作用在管缆的能量通过较大的整体位移而以阻尼的形式释放。

　　例如，应用在传统采油平台上的顶张力立管是典型的直立式海洋管线，通过施加顶张力提高整体刚度来抵抗外部荷载与作用。而悬链线式、缓波式、陆波式、缓式、陆式和混合式管缆属于柔性管缆，这些柔性管缆允许发生一定的整体位移。大型的半潜式、立柱平台、浮式平台或浮式船在极值荷载下牵连管线发生数米甚至几十米的浮动位移，柔性管缆因具备较好的阻尼性能可以更好地适应复杂的海洋工作环境，这类具有位移线形的管缆，称之为动态管线。常见的柔性管线的线形如图 1-6 所示。

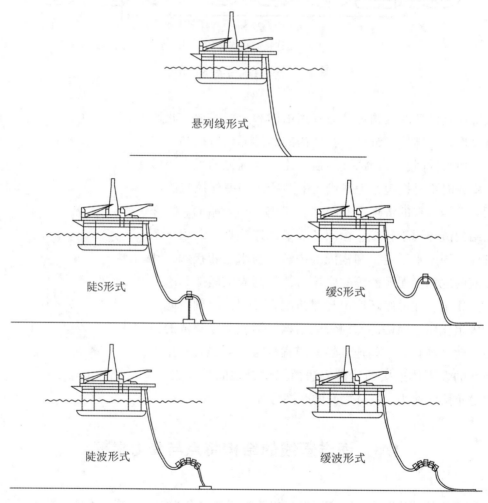

图 1-6　常见的柔性管线线形

　　用于海洋拖曳系统的光电铠装复合缆，在释放到水下进行拖曳的过程中形成了动态的拖曳线形，这种拖曳线形对水下探测性能有决定性影响。

　　这些管线因具有连续不变的结构形式和较长的使用距离，在力学建模过程中宜采用高精度描述结构弯曲和扭转行为的建模方法，能够对管线布局中局部结构强度进行受力评估，从而为管线线形设计与分析提供参考依据。

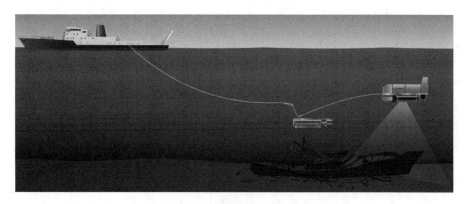

图 1-7 海洋拖曳系统缆线线形

  不论是管线还是锚链，其动力学响应与海洋环境高度耦合。针对各类缆索锚链对载荷的传递机制与设计要求，本书首先构建了海洋缆索的动力学模型，而后对缆索流固耦合动力学建模，进而讨论海洋铺缆铺管动力学，系统阐述了海洋缆索振动主被动控制技术。最后对海洋拖曳缆索的操纵性理论进行了介绍。

第 2 章　海洋缆索动力学模型

2.1　稳态缆索系统模型的建立

根据水下缆索的受力平衡关系建立求解缆索张力平衡的稳态方程。图 2-1 展示了一个缆元在水中的受力情况，x 轴沿着缆元的切线方向，y 轴和 z 轴垂直于 x 轴。缆元的长度为 ds，φ 角和 θ 角用于曲线坐标系的投影，T 为缆元受到的张力，R_θ、R_φ 和 R_s 为缆元受到的水流作用力。

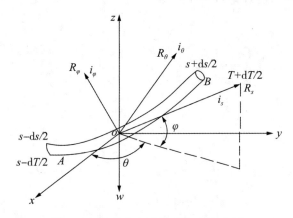

图 2-1　缆元在水中的受力平衡分析

$$R_s \mathrm{d}s - w\sin\varphi \mathrm{d}s = -\frac{\mathrm{d}T}{\mathrm{d}s}\mathrm{d}s \tag{2-1}$$

$$R_\theta = -T\cos\varphi \frac{\mathrm{d}\theta}{\mathrm{d}s} \tag{2-2}$$

$$-w\cos\varphi + R_\varphi = -T\frac{\mathrm{d}\varphi}{\mathrm{d}s} \tag{2-3}$$

曲线坐标系的投影关系为

$$\mathrm{d}x = \mathrm{d}s\cos\varphi\cos\theta \tag{2-4}$$

$$\mathrm{d}y = \mathrm{d}s\cos\varphi\sin\theta \tag{2-5}$$

$$\mathrm{d}z = \mathrm{d}s\sin\varphi \tag{2-6}$$

进而得到关于缆形和张力的常微分方程组

$$\frac{dT}{ds} = w\sin\varphi - R_s \qquad (2\text{-}7)$$

$$(T\cos\varphi)\frac{d\theta}{ds} = -R_\theta \qquad (2\text{-}8)$$

$$T\left(\frac{d\varphi}{ds}\right) = w\cos\varphi - R_\varphi \qquad (2\text{-}9)$$

$$\frac{dx}{ds} = \cos\theta\cos\varphi \qquad (2\text{-}10)$$

$$\frac{dy}{ds} = \sin\theta\cos\varphi \qquad (2\text{-}11)$$

$$\frac{dz}{ds} = \sin\varphi \qquad (2\text{-}12)$$

缆元受到的水流作用力在直角坐标系中的转换关系为

$$R_\theta = F_{nx}\cos\left(\theta + \frac{\pi}{2}\right) + F_{ny}\sin\left(\theta + \frac{\pi}{2}\right)$$

$$R_\varphi = F_{nx}\cos\theta\cos\left(\varphi + \frac{\pi}{2}\right) + F_{ny}\sin\theta\cos\left(\varphi + \frac{\pi}{2}\right) + F_{nz}\sin\left(\varphi + \frac{\pi}{2}\right)$$

$$R_s = F_\tau$$

其中，$F_n(F_{nx}, F_{ny}, F_{nz})$ 与 F_τ 是缆元受到的法向和切向的水流阻力，水流阻力在两个坐标系中的换算关系为

$$\tan\gamma = \tan\varphi/\sin\theta$$

$$\cos\psi = \cos\varphi/\cos\theta$$

$$F_{nx} = F_n\cos\left(\psi - \frac{\pi}{2}\right)$$

$$F_{nz} = F_n\sin\left(\psi - \frac{\pi}{2}\right)\sin\gamma$$

$$F_{nz} = F_n\sin\left(\psi - \frac{\pi}{2}\right)\sin\gamma$$

不考虑缆的空间弯曲可采用以下四种模型预报拖曳缆受到的水流阻力大小。

1. Pode 模型

$$F_n = \frac{1}{2}\rho t\, C_n V^2 \mid \sin\varphi \mid \sin\varphi \qquad (2\text{-}13)$$

$$F_\tau = \frac{1}{2}\rho t\, C_n \mid V \mid V f_1 \qquad (2\text{-}14)$$

式中，$f_1 = 0.01 \sim 0.03$；

对于圆形截面的缆，$C_n = 1.05 \sim 1.15$；

对于股绞缆，$C_n = 1.15 \sim 1.25$。

2. Wilson 模型

$$F_n = \frac{1}{2}\rho t\, C_n\, V^2 \sin\psi \mid \sin\psi \mid \tag{2-15}$$

$$F_\tau = \frac{1}{2}\rho \pi t\, C_\tau\, V^2 \cos\psi \mid \cos\psi \mid \tag{2-16}$$

3. Whicker 模型

$$F_n = \frac{1}{2}\rho t\, C_n\, V^2 \left(\frac{t}{c}\sin\psi \mid \sin\psi \mid + \left(1 - \frac{t}{c}\right)\sin\psi \right) \tag{2-17}$$

$$F_\tau = \frac{1}{2}\rho t\, C_n V^2 \left(\left(-0.055 - 0.02\,\frac{t}{c}\right)\cos\psi \mid \cos\psi \mid + \left(0.386 - 0.303\,\frac{t}{c}\right)\cos\psi \right) \tag{2-18}$$

该模型适用于流线型缆，$\dfrac{t}{c}$ 是流线型截面的缆，对于圆形截面的缆 $\dfrac{t}{c} = 1$。

4. Eames 模型

$$F_n = \frac{1}{2}\rho t\, C_n\, V^2 \left((1 - \mu)\, \sin\psi \mid \sin\psi \mid + \mu \sin\psi \right) \tag{2-19}$$

$$F_t = \frac{1}{2}\rho t\, C_n\, V^2 (\mu\cos\psi + v\cos\psi \mid \sin\psi \mid) \tag{2-20}$$

式中，μ，v 为摩擦系数，取值范围是 $0.025 \sim 0.05$。

上述四种预报缆的水流阻力的方法，有各自的适用范围，与缆受到的实际水流阻力往往存在较大的差异。在给定了缆端初值的基础上，利用四阶龙格库塔方法可求解上述方程组。

2.2　缆索动力学方程的建立与求解格式的建立

典型的多阵列拖曳系统如图 2-2 所示[1]，其中水下拖体内部载有多种测控设备，并连接了 4 根拖缆，缆 A 为牵引缆，水中长度可调整用以进行变深控制，缆 B 和缆 C 为近乎 0 浮力的阵列缆，缆 D 下端为一小型拖曳设备，水下拖体尺度较大，对系统运动有重要影响，本例采用 6 自由度运动建模，而缆 D 下端的小型设备则将其视为质量点进行简化建模处理，对于每一根拖缆(阵列)，s 为缆长坐标，S 为其总长，其中拖缆尾端的坐标记为 $s = 0$，(θ, ϕ) 为拖缆微元姿态角，方位角 θ 为缆顺时针偏离 y 轴的角度，ϕ 为抬升角，这两个角度取决于缆的空间位置，水下拖体的 3 个姿态角，参考潜艇操纵性运动，分别定义为：艏向角 ψ，为艏向水平偏离 y 轴的角度，顺时针为正；纵倾角 ϑ，抬艏为正；横倾角 φ，右倾为正。

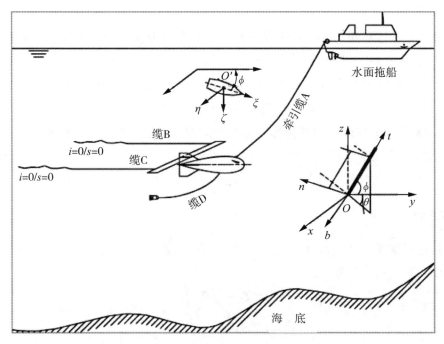

图 2-2　多阵列拖曳系统示意图

建立 3 个坐标系统描述整个系统的运动：惯性坐标系 (O_{xyz})，拖缆局部坐标系 (O_{btn}) 和拖体／拖船运动坐标系 $(O_{\varepsilon\eta\zeta})$。其中惯性坐标系原点位于水面，$z$ 轴垂直向上；拖缆局部坐标系附于拖缆上，t 轴为切向，n 为法向，b 为侧法向；拖体运动坐标系随拖体运动，ε 轴指向船首，η 轴指向右舷，ζ 轴指向下方。这 3 个坐标系通过姿态角相互关联，其转换关系为

$$\begin{bmatrix} x \\ y \\ z \end{bmatrix} = \boldsymbol{Q} \begin{bmatrix} \varepsilon \\ \eta \\ \zeta \end{bmatrix} = \boldsymbol{A} \begin{bmatrix} b \\ t \\ n \end{bmatrix} \tag{2-21}$$

式中，$\boldsymbol{Q}$ 和 $\boldsymbol{A}$ 分别为拖体和拖缆坐标系转换矩阵。

$$\boldsymbol{Q} = \begin{bmatrix} \sin\psi\cos\vartheta & \sin\psi\sin\vartheta\sin\varphi + \cos\psi\cos\varphi & \sin\psi\sin\vartheta\cos\varphi - \cos\psi\sin\varphi \\ \cos\psi\cos\vartheta & \cos\psi\sin\vartheta\sin\varphi - \sin\psi\cos\varphi & \cos\psi\sin\vartheta\cos\varphi + \sin\psi\sin\varphi \\ \sin\vartheta & -\cos\vartheta\sin\varphi & -\cos\vartheta\cos\varphi \end{bmatrix}$$

$$\boldsymbol{A} = \begin{bmatrix} \cos\theta & \sin\theta\cos\phi & -\sin\theta\sin\phi \\ -\sin\theta & \cos\theta\cos\phi & -\cos\theta\sin\phi \\ 0 & -\sin\phi & \cos\phi \end{bmatrix}$$

拖缆微元的控制方程为

$$M\ddot{x} = \frac{\partial T}{\partial s} + B + G + D \tag{2-22}$$

式中，M 为拖缆微元质量矩阵；T 为张力；D 为阻力；G 为重力；B 为浮力；x 为其空间位置向量。

根据集中质量法思想，将一拖缆从尾端至上端离散为 N 段，即 $N+1$ 个节点，其中：尾端 $s = 0$，为第 $i = 0$ 个节点；上端 $s = S$，为第 $i = N$ 个节点。

对第 i 个节点应用牛顿第二定律，得拖缆节点的基本运动控制方程：

$$M_i \ddot{x}_i = F_i = \Delta T_i + B_i + G_i + D_i \tag{2-23}$$

式中，M_i 为质量矩阵，包括拖缆节点自身的惯性质量及其在水中的附加质量 $M_{a,i}$；$\ddot{x}_i$ 为加速度；F_i 为作用于节点 i 上的所有外力，包括拖缆张力 ΔT_i，浮力 B_i，重力 G_i 以及流体阻力 D_i，这些参数本例采用中心差分格式进行计算，计算公式如下所示。

1. 拖缆张力 ΔT_i

张力是通过拖缆的弹性特性产生的，并且作用在切线方向上。假设应变很小，利用线性应力应变关系，可以得到

$$\begin{cases} \Delta T_i = T_{i+\frac{1}{2}} - T_{i-\frac{1}{2}} \\ T_{i+\frac{1}{2}} = E\sigma\, \varepsilon_{i+\frac{1}{2}}\, \tau_{i+\frac{1}{2}} \\ \varepsilon_{i+\frac{1}{2}} = \dfrac{|x_{i+1} - x_i|}{l_{i+\frac{1}{2}}} - 1 \end{cases} \tag{2-24}$$

式中，τ 是拖缆的单位切向矢量，其可以通过对位置矢量相对于弧长进行微分来获得；E 是有效弹性模量；x_i 是节点 i 在全局坐标系下的位置向量。对于张力 $T_{i-\frac{1}{2}}$ 可以导出类似的形式。

2. 浮力 B_i 和重力 G_i

由浮力和重力产生的力由下式给出：

$$B_i + G_i = -0.5\rho(l_{i-\frac{1}{2}}\,\sigma_{i-\frac{1}{2}} + l_{i+\frac{1}{2}}\,\sigma_{i+\frac{1}{2}})g + 0.5(\mu_{i-\frac{1}{2}}\,l_{i-\frac{1}{2}} + \mu_{i+\frac{1}{2}}\,l_{i+\frac{1}{2}})g \tag{2-25}$$

式中，g 是重力加速度，指向下方。

3. 流体阻力 D_i

流体阻力由拖缆和其周围流体之间的相对运动产生，在假设其可以分解为法向分量和切向分量的情况下近似，每个分量是在该方向上的相对速度的函数。考虑拖缆的应变，可以表示为如下形式

$$\begin{cases} D_i = 0.5(D_{\frac{i+1}{2}} + D_{\frac{i-1}{2}}) \\ D \approx -0.5\rho l d\sqrt{1+\varepsilon}\,(C_n |\dot{x}_{n,b}|\dot{x}_{n,b} + \pi C_t |\dot{x}_t|\dot{x}_t) \end{cases} \tag{2-26}$$

式中，C_n，C_t 分别为法向和切向阻力系数；下标 n，b，t 分别表示法向、侧法向和切向方向上的速度分量。

在拖曳系统运动过程中，拖缆与水下拖体／水面拖船是相互作用、相互影响的。根据不同的情况，有 3 种不同的边界条件：拖缆自由端边界条件、拖缆下端小型设备边界条件和水下拖体(水面拖船) - 缆耦合边界条件。

(1) 拖缆自由端边界条件。对于没有拖体的自由端(缆 B 和缆 C)，视其为一节点，应用集中质量法控制方程：

$$\begin{cases} \boldsymbol{M}_0 \, \ddot{\boldsymbol{x}}_0 = \boldsymbol{F}_0 \\ \boldsymbol{M}_0 = 0.5(\mu_{\frac{1}{2}} l_{\frac{1}{2}} \boldsymbol{I} + \boldsymbol{M}_{a, \frac{1}{2}}) \\ \boldsymbol{F}_0 = \boldsymbol{T}_{\frac{1}{2}} + 0.5(-\rho_{\frac{1}{2}} \sigma_{\frac{1}{2}} + \mu_{\frac{1}{2}} l_{\frac{1}{2}}) g + 0.5 \boldsymbol{D}_{\frac{1}{2}} \end{cases} \tag{2-27}$$

式中，$\boldsymbol{I}$ 为单位矩阵；l 为节点间长度；g 为重力加速度；下标 $\frac{1}{2}$ 表示节点 0 和 1 之间的物理量。

(2) 拖缆下端小型设备边界条件(缆 D)。该处设备尺度相对很小，可直接将其融入缆的控制方程，采用 3 自由度运动方程进行求解：

$$(\boldsymbol{M}_0 + \boldsymbol{M}_d) \ddot{\boldsymbol{x}}_0 = \boldsymbol{F}_0 + \boldsymbol{F}_d \tag{2-28}$$

式中，$\boldsymbol{M}_d$ 为小型设备的 3 自由度质量及附加质量矩阵；$\boldsymbol{F}_d$ 为其上的作用力，

$$\boldsymbol{F}_d \approx (\boldsymbol{m}_d - \rho \, \nabla_d) g - 0.5\rho \, S_d \, C_d \, | \, \dot{\boldsymbol{x}}_0 \, | \, \dot{\boldsymbol{x}}_0$$

右边第 1 项为其重浮力，第 2 项为其运动阻力，S_d 为设备的特征面积，C_d 为其阻力系数。

(3) 水下拖体(水面拖船)- 缆耦合边界条件。在拖缆与拖体连接点处的边界条件包括运动条件和动力条件，本例将连接点处拖体的位置和速度作为运动耦合边界条件，以确定拖缆连接节点的位置和速度；而拖缆的张力作为动力耦合边界条件，融入拖体操纵运动控制方程。

运动边界条件即在拖体 - 缆连接点处，速度和位置必须时刻一致。拖缆连接点(如缆 A 下端，其余类似) 在惯性系下的位置和速度可分别以矩阵形式表示为

$$\begin{cases} \boldsymbol{x}(t') = \begin{bmatrix} x_t \\ y_t \\ z_t \end{bmatrix} + \boldsymbol{Q} \, R_{tp} \\ \dot{\boldsymbol{x}}(t') = \boldsymbol{Q} \left\{ \begin{bmatrix} u \\ v \\ \omega \end{bmatrix} + \begin{bmatrix} p \\ q \\ r \end{bmatrix} \boldsymbol{R}_{tp} \right\} \end{cases} \tag{2-29}$$

式中，t' 为时间；$(x_t$，y_t，$z_t)$ 表示拖体在惯性坐标系下的位置；$\boldsymbol{R}_{tp}$ 为拖体坐标系下连接点的坐标值。

作为动力耦合边界条件，拖缆作用于拖体的作用力（如缆 A 下端，其余类似），经过坐标转换可以表示为

$$
\begin{bmatrix} X_C \\ Y_C \\ Z_C \end{bmatrix} = \boldsymbol{Q}^{\mathrm{T}} \boldsymbol{F}_0, \quad
\begin{bmatrix} K_C \\ M_C \\ N_C \end{bmatrix} = \boldsymbol{R}_{tp} \begin{bmatrix} X_C \\ Y_C \\ Z_C \end{bmatrix}
$$

水面拖船的位置与速度为整个系统的输入，是已知的时间函数；而水下拖体的位置与速度则由拖体的运动控制方程计算得到。

系统的稳态解通常作为动态运动的初始条件。各拖缆的稳态运动控制方程在局部坐标系下为

$$
\begin{cases}
\dfrac{\mathrm{d}\boldsymbol{T}}{\mathrm{d}s} = (\mu - \rho\sigma)\, g\sin\phi + 0.5\rho\pi d\sqrt{1+\varepsilon}\, C_t\, \boldsymbol{u}_t\, |\,\boldsymbol{u}_t\,| \\[2mm]
\boldsymbol{T}\dfrac{\mathrm{d}\phi}{\mathrm{d}s} = (\mu - \rho\sigma)\, g\cos\phi + 0.5\rho d\sqrt{1+\varepsilon}\, C_n\, \boldsymbol{u}_n\sqrt{\boldsymbol{u}_n^2 + \boldsymbol{u}_b^2} \\[2mm]
\boldsymbol{T}\cos\phi\,\dfrac{\mathrm{d}\theta}{\mathrm{d}s} = 0.5\rho d\sqrt{1+\varepsilon}\, C_n\, \boldsymbol{u}_b\sqrt{\boldsymbol{u}_n^2 + \boldsymbol{u}_b^2}
\end{cases} \tag{2-30}
$$

式中，μ，d，σ 分别为缆的单位长度质量、直径、截面积；u_b，u_t，u_n 为局部坐标系下缆的速度；$\boldsymbol{T}$ 为拖缆张力；C_t，C_n 分别为切向、法向阻力系数；ε 为缆的应变。

拖缆位置在惯性系下的微分关系为

$$
\begin{bmatrix} \dfrac{\mathrm{d}x}{\mathrm{d}s} \\[3mm] \dfrac{\mathrm{d}y}{\mathrm{d}s} \\[3mm] \dfrac{\mathrm{d}z}{\mathrm{d}s} \end{bmatrix} = (1+\varepsilon)\boldsymbol{A}\begin{bmatrix} 0 \\ 1 \\ 0 \end{bmatrix}
$$

对此稳态运动控制方程，采用 4 阶龙格库塔积分从拖缆下端开始沿缆长积分，得到整个拖缆的稳态解，拖缆在下端的初始值 $(T_0,\ \theta_0,\ \phi_0)$ 根据不同情况分别如下：

（1）拖缆自由端初始值。对于缆 B 和缆 C 的自由端，拖缆张力与欧拉角的变化率均为 0。因拖缆侧向无作用力，姿态角

$$
\theta \equiv \mathrm{const} = \psi
$$

所以可以将稳态问题转换到二维空间下求解，最终拖缆的初始值为

$$
\begin{cases}
T_0 = 0 \\[2mm]
\phi_0 = \mathrm{sign}(\omega_w) \times \arccos\left(\dfrac{-\,|\,\omega_w\,| + \sqrt{\omega_w^2 + (\rho d\, C_n\, |u|^2)^2}}{\rho d\, C_n\, |u|^2} \right) \\[3mm]
\theta_0 = \psi
\end{cases} \tag{2-31}
$$

式中：

$$\omega_w = (\mu - \rho\sigma)g$$

ω_w 为缆在水中单位长度重量。

（2）水下拖体连接点初始值。对于缆 A 以及缆 D 的下端，可以由作用在拖体上的外力来确定拖缆的初始值，

$$\begin{cases} T_0 \cos\varphi_0 \cos\theta_0 = -F_y \\ T_0 \cos\varphi_0 \sin\theta_0 = -F_x \\ T_0 \sin\varphi_0 = -F_z \end{cases} \tag{2-32}$$

式中，F_x，F_y，F_z 为作用在水下拖体上除该拖缆以外的外力。

（3）水下拖体稳态求解。由于拖体的控制方程是一个高阶的非线性系统，其稳态解不能解析计算，本例在缆 B 以及缆 C 张力稳态解的基础上，采用动态计算足够长时间的方式得到其稳态解 (u, ω, ϑ)，而拖体的横向速度和横倾角均为 0，艏向角则为系统的艏向角。

由式（2-23）可得各拖缆的运动控制方程：

$$\begin{cases} \dfrac{\mathrm{d}\dot{\boldsymbol{x}}_i}{\mathrm{d}t'} = \boldsymbol{M}_i^{-1} \boldsymbol{F}_i \\ \dfrac{\mathrm{d}\boldsymbol{x}_i}{\mathrm{d}t'} = \dot{\boldsymbol{x}}_i \end{cases} \tag{2-33}$$

将式（2-30）与拖体运动控制方程和边界条件联立，可得到整个系统的运动方程，并采用 4 阶龙格库塔方法在时域内积分求解。由于控制方程是条件稳定的，计算时间步长必须很小，一般为毫秒级。

2.3　基于凝集参数法的缆索动力学建模

凝集参数法是将拖曳缆的受力和运动凝集在节点处[2]，这种凝集作用是对拖曳缆的受力的一种近似，由于缆的轴向刚度随拖曳缆的张拉状态而变化，在张力沿着缆变化的过程中缆的阻尼也随之变化，可对结构阻尼进行补充建模，模拟拖曳缆受到的结构阻尼力作用。凝集参数法由于建模思路简单，容易实现计算机求解，在水下缆索固定系统和悬列线分析中有较多应用。

本节采用一种新的符号系统表示凝集参数法的建立过程，将缆离散为足够多的节点，重力、浮力、附加质量力与水流作用力等分布力"凝集"在节点上，为了对缆的结构黏性阻尼建模，节点与节点之间简化为弹簧与阻尼器的组合单元连接，模拟缆受到的张力、结构黏性阻尼力等。在以下简化假设条件下：

（1）认为缆是柔性缆，不考虑缆索弯曲刚度，不考虑缆的弯折造成的损伤；

（2）忽略缆的扭转效应引起的力和力矩。

在以上假设条件下，将缆离散为一组由弹簧阻尼器连接的节点后，作用力集中到各节

点，在节点 i 上满足牛顿第二定律：

$$m_i \, a_i = \sum F_i \tag{2-34}$$

式中，m_i 为节点 i 处的质量属性，a_i 为节点的加速度，求和符号表示了节点凝集的各类作用力。

如图 2-3 所示，将缆划分为若干缆段，缆段的力学特征可利用弹簧或弹簧阻尼器表征，缆段间用节点连接，共计 N 个节点，节点的编号从缆的一端开始，节点的编号为 $0, \cdots, i-1, i, i+1, \cdots, N(1 < i < N-1)$。

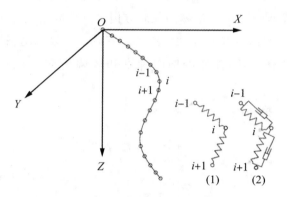

图 2-3　凝集参数法对缆段的离散

在时刻 j，将时间离散标记为上标，将空间离散标记为下标，节点 i 与节点 $i+1$ 的空间位置矢量的差为缆段 i 的长度：

$$L_i^j = R_i^j - R_{i-1}^j \tag{2-35}$$

对缆段受到的张拉作用力

$$T_i^j = E_i^j \, A_i^j \, \varepsilon_i^j \tag{2-36}$$

缆受拉伸后变形伸长，那么在下一时刻缆受拉伸的长度为 $L_i^{j+1} - L_i^j$，张拉力为：

$$T_i^{j+1} = E_i^{j+1} A_i^{j+1} (L_i^{j+1} - L_i^j) = E_i^{j+1} A_i^{j+1} e_i^{j+1} \tag{2-37}$$

节点处的重力与浮力分别为

$$G_i^{j+1} = -\rho_0 g \, m_i^{j+1} = -\left(\frac{\rho_0 g \, |L_I^j|}{2} + \frac{\rho_0 g \, |L_{I-1}^j|}{2} \right) k \tag{2-38}$$

$$B_i^{j+1} = \left(\frac{\rho_1 g \, A_i^j \, |L_i^j|}{2} + \frac{\rho_1 g \, A_i^j \, |L_{i-1}^j|}{2} \right) k \tag{2-39}$$

假设缆受到的水流作用力中没有上升流的作用，节点处受到的水流作用力为 XOY 面的平面流动，那么入流角与全局坐标系的 XOY 面的夹角设为 θ 时，投影与 $+X$ 轴的夹角为 ϕ，入流速度幅值为 C 的矢量方向：

$$C_i^j = |C| \, (i\cos\theta\cos\varphi, \ j\cos\theta\sin\varphi, \ k\sin\theta)$$

节点运动速度矢量为

$$\boldsymbol{U}_i^j = (\boldsymbol{u}_i^j i, \ \boldsymbol{v}_i^j j, \ \boldsymbol{w}_i^j k)$$

利用相对速度可计算节点运动与水流的相对速度

$$\boldsymbol{V}_i^j = \boldsymbol{U}_i^j - \boldsymbol{C}_i^j$$

那么节点处的水流阻尼力可写为

$$\boldsymbol{D}_i^{j+1} i = \frac{1}{2} C_X \rho_1 \boldsymbol{V}_i^{j+1} i \, \boldsymbol{V}_i^{j+1} i \left(\frac{d_{i-1}^j \boldsymbol{L}_{i-1}^j}{2} + \frac{d_i^j \boldsymbol{L}_i^j}{2} \right)$$

$$\boldsymbol{D}_i^{j+1} j = \frac{1}{2} C_Y \rho_1 \boldsymbol{V}_i^{j+1} j \, \boldsymbol{V}_i^{j+1} j \left(\frac{d_{i-1}^j \boldsymbol{L}_{i-1}^j}{2} + \frac{d_i^j \boldsymbol{L}_i^j}{2} \right)$$

$$\boldsymbol{D}_i^{j+1} k = \frac{1}{2} C_Z \rho_1 \boldsymbol{V}_i^{j+1} k \, \boldsymbol{V}_i^{j+1} k \left(\frac{d_{i-1}^j \boldsymbol{L}_{i-1}^j}{2} + \frac{d_i^j \boldsymbol{L}_i^j}{2} \right) \tag{2-40}$$

但式（2-40）水流阻力的表达式中含有因速度项的二次项造成的二次项的方程组，使得非线性效应增强。该方程组对数值求解造成困难，借鉴 Huang[3] 等人的做法，可对式（2-40）采用降阶处理，采用上一时间步的速度近似替代，可降低数值计算复杂度，可利用这个特点近似为式（2-41）：

$$\boldsymbol{D}_i^{j+1} i = \frac{1}{2} C_X \rho_1 \boldsymbol{V}_i^{j+1} i \boldsymbol{V}_i^j i \left(\frac{d_{i-1}^j \boldsymbol{L}_{i-1}^j i}{2} + \frac{d_i^j \boldsymbol{L}_i^j i}{2} \right)$$

$$\boldsymbol{D}_i^{j+1} j = \frac{1}{2} C_Y \rho_1 \boldsymbol{V}_i^{j+1} j \boldsymbol{V}_i^j j \left(\frac{d_{i-1}^j \boldsymbol{L}_{i-1}^j j}{2} + \frac{d_i^j \boldsymbol{L}_i^j j}{2} \right)$$

$$\boldsymbol{D}_i^{j+1} k = \frac{1}{2} C_Z \rho_1 \boldsymbol{V}_i^{j+1} k \boldsymbol{V}_i^j k \left(\frac{d_{i-1}^j \boldsymbol{L}_{i-1}^j k}{2} + \frac{d_i^j \boldsymbol{L}_i^j k}{2} \right) \tag{2-41}$$

其中阻力系数为 C_X、C_Y、C_Z。

附加质量力 E 与水流的加速度有关：

$$\boldsymbol{a}_i^{j+1} = [(\boldsymbol{u}_i^{j+1} - \boldsymbol{u}_i^j) i, \ (\boldsymbol{v}_i^{j+1} - \boldsymbol{v}_i^{j+1}) j, \ (\boldsymbol{w}_i^{j+1} - \boldsymbol{w}_i^j) k] / \Delta t \tag{2-42}$$

$$\boldsymbol{E}_i^{j+1} = m_a \boldsymbol{a}_i^j \rho_0 g \left(\frac{d_{i-1}^j \boldsymbol{L}_{i-1}^j}{2} + \frac{d_i^j \boldsymbol{L}_i^j}{2} \right) \tag{2-43}$$

式中，t 是时间步长，m_a 是拖曳缆段的附加质量系数。

在近水面处的拖曳缆缆元受到波浪力的作用，可利用莫里森公式以波浪质点速度、加速度和柱体直径为参数计算拖曳缆近水面的各水深处的波浪力：

$$\boldsymbol{F}_i^{*j+1} i = \frac{1}{2} C_D \rho A |\boldsymbol{U}_i^j i - \boldsymbol{V}_i^j i| |\boldsymbol{U}_i^{j+1} i - \boldsymbol{V}_i^j i| i + \frac{1}{4} C_M \rho \pi D^2 \left(\frac{d_{i-1}^j \boldsymbol{L}_{i-1}^j i}{2} + \frac{d_i^j \boldsymbol{L}_i^j i}{2} \right)$$

$$\boldsymbol{F}_i^{*j+1} j = \frac{1}{2} C_D \rho A |\boldsymbol{U}_i^j j - \boldsymbol{V}_i^j j| |\boldsymbol{U}_i^{j+1} j - \boldsymbol{V}_i^j j| j + \frac{1}{4} C_M \rho \pi D^2 \left(\frac{d_{i-1}^j \boldsymbol{L}_{i-1}^j j}{2} + \frac{d_i^j \boldsymbol{L}_i^j j}{2} \right)$$

$$\boldsymbol{F}_i^{*j+1} k = \frac{1}{2} C_D \rho A |\boldsymbol{U}_i^j k - \boldsymbol{V}_i^j k| |\boldsymbol{U}_i^{j+1} k - \boldsymbol{V}_i^j k| k + \frac{1}{4} C_M \rho \pi D^2 \left(\frac{d_{i-1}^j \boldsymbol{L}_{i-1}^j k}{2} + \frac{d_i^j \boldsymbol{L}_i^j k}{2} \right)$$

$$\boldsymbol{F}_i^{j+1} i = e^{-\lambda z} \boldsymbol{F}_i^{j+1} i$$

$$\boldsymbol{F}_i^{j+1} j = e^{-\lambda z} \boldsymbol{F}_i^{j+1} j$$

$$F_i^{j+1} k = \mathrm{e}^{-\lambda z}\, F_i^{j+1} k$$

由于在两个节点之间的张力是恒定的数值，多个节点之间才存在张力的变化，才产生黏性阻尼的作用，因此黏性阻尼可利用离散成为空间缆元后节点所属的两个缆段的张力变化量建立模型。按照瑞利阻尼模型模拟结构阻尼模型的特性，缆受到的阻尼力可写成与张拉刚度强化作用以及质量属性的定量关系，在本书中将其写为

$$P_i^{j+1} = \frac{\alpha\,(EA)_{i+1}^{j+1}\,(e_{i+1}^{j+1} - e_{i-1}^{j+1})}{[L_{i+1}^{j+1} + L_{i-1}^{j+1}]} + \frac{\beta(E_i^{j+1} + G_i^{j+1})}{g}$$

其中 α 与 β 是阻尼系数，和缆的结构参数相关。根据拖曳缆轴向刚度大、阻尼小的特点，取值范围常常取为 $\alpha = 0.0013 \sim 0.0032$，$\beta = 0.006 \sim 0.027$。

依据光电铠装缆绳的实验数据，取结构阻尼参数 $\alpha = 0.0016$，$\beta = 0.009$。若缆的中段悬挂了拖曳体，一种较为简便的处理方式是将拖曳体看作质点，那么该拖曳体同样受到水流作用力、重力、浮力、附加质量力等，这些力的合力为 S_i^j。

根据牛顿第二定律，上述作用在节点处的作用力的合力等于节点的运动加速度和质量的乘积

$$m_i^{j+1}\, a_i^{j+1} = T_i^{j+1} + G_i^{j+1} + B_i^{j+1} + D_i^{j+1} + E_i^{j+1} + P_i^{j+1} + S_i^{j+1} + F_i^{j+1} \tag{2-44}$$

在边界条件的处理方面，凝集参数法的最大优势是对缆的悬挂物和边界条件的灵活处理，可将任意位置的悬挂物和各种类型的边界条件凝集为"节点"，对节点赋予转动和平动自由度的模型。例如，将节点简化为只凝集了质量和阻尼属性描述节点受力的质点，将节点赋予六自由度或三自由度运动模型和各种运动控制模型，描述拖曳体上的推进器和可控翼舵的控制方式。这取决于对缆连接的悬挂物体的运动描述精确程度的需要。

方程的第一类边界条件：$U_0^j = (u_0^j i,\ v_0^j j,\ w_0^j k)$

对于双船拖曳而言，由于两个缆端分别给定了拖曳速度

$$U_0^j = (u_0^j i,\ v_0^j j,\ w_0^j k)$$

$$U_N^j = (u_N^j i,\ v_N^j j,\ w_N^j k) \tag{2-45}$$

式(2-45)在边界上给出了第一类边界条件，成为方程组的第一类边界条件。采用一种简便的定常缆形计算方法计算拖曳系统的初始缆形再与凝集参数法配合。

在给定初始条件的前提下，可结合两个第一类边界条件，利用已有的数值计算库中的一阶微分方程的数值求解工具进行求解。

在对定常缆形的计算中可将 Δt 看成控制迭代步长的控制器，将时间步长取为 1，通常历经多次迭代后即可收敛到一定的缆形。对非定常的缆形，将时间步长取得足够小能够获得缆的运动响应。

凝集参数法中对阻尼项的动力学建模方法较多，以下推荐一种建立结构阻尼的方法。由于在拖曳过程中发生弯曲，拖曳缆上受到的水动力的阻尼效应不容忽略，考虑了拖曳缆的空间弯曲形成的阻尼效应，如图 2-4 所示。

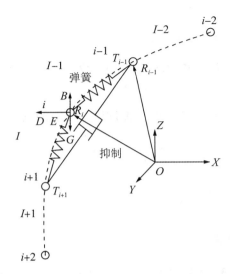

图 2-4　考虑缆元弯曲阻尼效应的阻尼模型的建立

在凝集参数法中可依据拖曳缆的运动，较为便利地建立拖曳缆的阻尼模型来描述拖曳缆相应的阻尼行为。

2.4　基于有限元方法的缆索动力学建模

基于有限元方法是从虚功原理出发推导而来的[4-5]，本节介绍计算机实现较为简便的节点位置有限单元法(nodal position finite element methods)。使用虚功原理导出节点位置有限元法，考虑三维空间中的 2 节点杆单元表示缆元，缆元几何通过节点在全局坐标系中的坐标X_i，Y_i，$Z_i(i = 1，2)$，以及当地坐标系中的坐标x_i，y_i，$z_i(i = 1，2)$进行描述，其中 x 轴沿着缆，y，z 轴垂直于 x 轴。仍然不考虑缆的扭转与弯曲的效应，假定位置 $\boldsymbol{R}$、速度 $\boldsymbol{v}$ 和加速度 $\boldsymbol{a}$ 均以缆的形函数和对应的节点值的形式表述

$$\begin{cases} \boldsymbol{R} = \boldsymbol{N}\boldsymbol{X}_e \\ \boldsymbol{v} = \dot{\boldsymbol{R}} = \boldsymbol{N}\dot{\boldsymbol{X}}_e \\ \boldsymbol{a} = \ddot{\boldsymbol{R}} = \boldsymbol{N}\ddot{\boldsymbol{X}}_e \end{cases} \tag{2-46}$$

$$\boldsymbol{N} = \begin{bmatrix} 1-\zeta & 0 & 0 & \zeta & 0 & 0 \\ 0 & 1-\zeta & 0 & 0 & \zeta & 0 \\ 0 & 0 & 1-\zeta & 0 & 0 & \zeta \end{bmatrix}$$

$$\zeta = \frac{\sqrt{(X-X_1)^2 + (Y-Y_1)^2 + (Z-Z_1)^2}}{\sqrt{(X_2-X_1)^2 + (Y_2-Y_1)^2 + (Z_2-Z_1)^2}}$$

$\boldsymbol{R} = [X, Y, Z]^{\mathrm{T}}$，$\boldsymbol{v} = [v_x, v_y, v_z]^{\mathrm{T}}$，$\boldsymbol{a} = [a_x, a_y, a_z]^{\mathrm{T}}$，分别是任意点的全局位置、全局速度和加速度向量。

$$\boldsymbol{X}_e = [X_1 \quad Y_1 \quad Z_1 \quad X_2 \quad Y_2 \quad Z_2]^{\mathrm{T}}$$

$\boldsymbol{X}_e$ 是节点的全局坐标向量，$\dot{\boldsymbol{X}}_e$ 和 $\ddot{\boldsymbol{X}}_e$ 分别表示对时间的一阶和二阶导数，$\boldsymbol{N}$ 是缆的形函数。

设 L 和 L_0 是变形和未变形缆的长度，弹性应变由缆的变形来计算，

$$\varepsilon = \frac{L}{L_0} - 1 = \frac{L^2}{L_0 L} - 1 \tag{2-47}$$

$$\varepsilon = \frac{X_2 - X_1}{L_0}\cos\theta_X + \frac{Y_2 - Y_1}{L_0}\cos\theta_Y + \frac{Z_2 - Z_1}{L_0}\cos\theta_Z - 1 = \boldsymbol{B}_0 \boldsymbol{Q} \boldsymbol{X}_e - 1 \tag{2-48}$$

其中，$\varepsilon = \dfrac{T}{EA}$ 为轴向应变，

$$\cos\theta_X = \frac{X_2 - X_1}{L}, \quad \cos\theta_Y = \frac{Y_2 - Y_1}{L}, \quad \cos\theta_Z = \frac{Z_2 - Z_1}{L}$$

式中，θ_X、θ_Y、θ_Z 表示缆元在全局坐标系中的空间方位角。

$$\boldsymbol{B}_0 = [-1/L \quad 0 \quad 0 \quad 1/L \quad 0 \quad 0]$$

$\boldsymbol{Q}$ 是局部坐标系向全局坐标系转换的坐标转换矩阵，$\boldsymbol{Q}$ 是一个 6×6 的矩阵，其中非零元素为 $\boldsymbol{Q}_{1,1} = \boldsymbol{Q}_{4,4} = \cos\theta_X$，$\boldsymbol{Q}_{1,2} = \boldsymbol{Q}_{4,5} = \cos\theta_Y$，$\boldsymbol{Q}_{1,3} = \boldsymbol{Q}_{4,6} = \cos\theta_Z$。

其中变形后的缆元长度为两个节点之间的距离。

$$L = ((X_2 - X_1)^2 + (Y_2 - Y_1)^2 + (Z_1 - Z_1)^2)^{\frac{1}{2}}$$

单元应变能的表达式可离散为

$$U = \frac{1}{2}\int_0^L EA\,\varepsilon^2 \mathrm{d}s = \frac{1}{2}\boldsymbol{X}_e^{\mathrm{T}}\boldsymbol{K}\boldsymbol{X}_e - \boldsymbol{X}_e^{\mathrm{T}}\boldsymbol{F}_K + \frac{1}{2}EAL \tag{2-49}$$

式中，E 是缆元的杨氏模量，A 为缆元的截面面积，$\boldsymbol{F}_K$ 为缆元弹性产生的广义节点力向量，$\boldsymbol{K}$ 为全局坐标系的单元刚度矩阵。

$$\boldsymbol{K} = EAL\,(\boldsymbol{B}_0\boldsymbol{Q})^{\mathrm{T}}\boldsymbol{B}_0\boldsymbol{Q} = \boldsymbol{Q}^{\mathrm{T}}\boldsymbol{K}_0\boldsymbol{Q}$$

局部坐标系中的刚度矩阵写为

$$\boldsymbol{K}_0 = \boldsymbol{K}_{01}L/L_0$$

$$\boldsymbol{K}_{01} = \begin{bmatrix} 1 & 0 & 0 & -1 & 0 & 0 \\ 0 & 0 & 0 & 0 & 0 & 0 \\ -1 & 0 & 0 & 1 & 0 & 0 \\ & O_{3\times3} & & & O_{3\times3} & \end{bmatrix}$$

$$\boldsymbol{F}_K = EAL\,\boldsymbol{Q}^{\mathrm{T}}\boldsymbol{B}_0^{\mathrm{T}}$$

刚度矩阵 $\boldsymbol{K}_{01}$ 是一个双节点刚度矩阵，$\boldsymbol{K}_0$ 与 L/L_0 一起考虑，对于小应变变形 $L/L_0 = 1 + \varepsilon$，缆元的动能可以写为

$$T = \frac{1}{2} \int_0^L \rho \, \dot{\boldsymbol{R}}^{\mathrm{T}} \dot{\boldsymbol{R}} \mathrm{d}x = \frac{1}{2} \dot{\boldsymbol{X}}_e^{\mathrm{T}} \boldsymbol{M} \, \dot{\boldsymbol{X}}_e \tag{2-50}$$

其中 $\boldsymbol{M} = \dfrac{\rho A L}{6} \begin{bmatrix} 2\,\boldsymbol{I}_{3\times3} & \boldsymbol{I}_{3\times3} \\ \boldsymbol{I}_{3\times3} & 2\,\boldsymbol{I}_{3\times3} \end{bmatrix}$，$\boldsymbol{M}$ 是全局坐标系中缆元的质量矩阵，ρ 是材料密度。

现在我们得到了单元的应变能和动能的表达式，还需要计算外力做功，在水中拖曳缆受到了流体阻力 f_d 和惯性力 f_a，表述如下：

$$\boldsymbol{f}_{dn} = - C_{dn}(\alpha) \frac{\rho_0 D}{2} V^2 \frac{V_n}{|V_n|} \tag{2-51}$$

$$\boldsymbol{f}_{dt} = - C_{dt}(\alpha) \frac{\rho_0 D}{2} V^2 \frac{V_t}{|V_t|} \tag{2-52}$$

$$\boldsymbol{f}_a = - C_m \rho_0 A \, \dot{\boldsymbol{V}}_n \tag{2-53}$$

其中 $\boldsymbol{V} = r - \boldsymbol{V}_c$，$\boldsymbol{V}_t = (t_0 \times \boldsymbol{V}) t_0$，$\boldsymbol{V}_n = \boldsymbol{V} - \boldsymbol{V}_t$，$\boldsymbol{V}_c$ 是绕缆的流体的流动速度。

此处简化认为拖曳缆的入流攻角的范围是 $[0°，90°]$，对于水流阻力系数可写为

$$C_{dt}(\alpha) = D_0(- 0.019 + 0.0239\cos\alpha + 0.02\sin\alpha + 0.001\cos2\alpha)$$

$$C_{dn}(\alpha) = D_0 \sin^2\alpha$$

其中 D_0 是对应的二维迎流阻力系数，可选取对应的阻力系数，水力光滑的圆形截面缆对应的阻力系数为

$$0° < \alpha < 30° \begin{cases} C_{Dt} = D_0(0.273 + 0.827\,\alpha^2)\cos\alpha \\ C_{Dn} = D_0(0.273 + 0.827\,\alpha^2)\sin\alpha \end{cases}$$

$$30° < \alpha < 90° \begin{cases} C_{Dt} = D_0\sin\alpha\cos\alpha \\ C_{Dn} = D_0 \sin^2\alpha \end{cases}$$

考虑尾涡发放的非定常流作用下的流体阻力，更一般的形式为：

$$C_{Ds}(\alpha, t) = C_D(\alpha) \left[1 + 10 \left(\frac{d^2}{m_c} \right)^2 \right] \sin(2\pi f_c t + \varphi_c)$$

m_c 是缆的附加质量，d 为缆直径，α 为相位角，其中涡脱落频率 f_v 为入流攻角的函数

$$f_v = \frac{St \, |V|}{d} \sin\alpha$$

式中，St 为圆形截面缆绕流的斯特劳哈尔数，取值范围如图 2-5 所示，拖曳缆的斯特劳哈尔数较低，说明拖曳缆受到的非定常的水流作用力的频率以低频为主。

根据图 2-5，拖曳速度越高，对应的斯特劳哈尔数 St 取值范围越大，这说明涡激力作用也越大。可采用不同的尾涡诱导模型来计算尾涡诱导的非定常涡作用力。

附加质量的惯性力所做的虚功由下式给出

$$\delta \boldsymbol{W}_a = - \int_0^L f_a^{\mathrm{T}} \cdot \delta R \mathrm{d}x = \delta \boldsymbol{X}_e^{\mathrm{T}} \cdot \boldsymbol{M}_a \cdot \ddot{\boldsymbol{X}}_e - \delta \, \boldsymbol{X}_e^{\mathrm{T}} \cdot \boldsymbol{F}_a \tag{2-54}$$

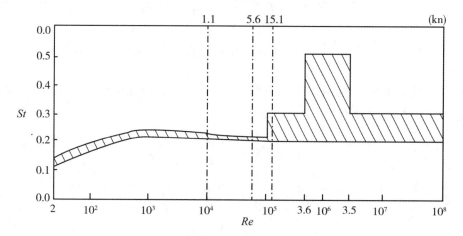

图 2-5　拖曳缆斯特劳哈尔数和雷诺数的关系曲线

$$\boldsymbol{M}_a = \frac{1}{6}\, C_m\, \rho_0 AL(\boldsymbol{M}_{a0} - \boldsymbol{M}_{a1})$$

$$\boldsymbol{F}_a = \boldsymbol{M}_a\, \dot{\boldsymbol{V}}_c^e, \ \ \boldsymbol{M}_{a0} = 2\,\boldsymbol{I}_{6\times 6}, \ \ \boldsymbol{M}_{a1} = \begin{bmatrix} 2\,\boldsymbol{m}_0 & \boldsymbol{m}_0 \\ \boldsymbol{m}_0 & 2\,\boldsymbol{m}_0 \end{bmatrix}$$

$$\boldsymbol{m}_0 = \begin{bmatrix} \cos^2\theta_X & \cos\theta_X\cos\theta_Y & \cos\theta_X\cos\theta_Z \\ \cos\theta_X\cos\theta_Y & \cos^2\theta_Y & \cos\theta_Y\cos\theta_Z \\ \cos\theta_X\cos\theta_Z & \cos\theta_Y\cos\theta_Z & \cos^2\theta_Z \end{bmatrix}$$

式中，$\boldsymbol{M}_a$ 是缆元周围流体产生的附加质量矩阵，$\boldsymbol{F}_a$ 是由缆元周围流体的附加质量产生的惯性力向量，$\boldsymbol{I}_{6\times 6}$ 是单位矩阵。

$$\dot{\boldsymbol{V}}_c^e = \begin{bmatrix} \dot{V}_{cx1}^e & \dot{V}_{cy1}^e & \dot{V}_{cz1}^e & \dot{V}_{cx2}^e & \dot{V}_{cy2}^e & \dot{V}_{cz2}^e \end{bmatrix}^{\mathrm{T}}$$

式中，$\dot{\boldsymbol{V}}_c^e$ 是缆元节点处的流体加速度向量。

由于缆元的节点位置是随时间变化的，因此附加质量矩阵和惯性力向量被认为是高度非线性和时间相关的。

因此，阻力所做的虚功为

$$\delta \boldsymbol{W}_d = -\int_0^L \boldsymbol{f}_d^{\mathrm{T}} \cdot \delta r \mathrm{d}x = -\delta\, \boldsymbol{x}_e^{\mathrm{T}} \cdot \boldsymbol{f}_d^e \tag{2-55}$$

式中，$\boldsymbol{f}_d^e$ 是局部坐标系中的等效节点阻力，阻力向量 $\boldsymbol{f}_d^e$ 需要转换到全局坐标系中：

$$\delta \boldsymbol{W}_d = -\delta\, \boldsymbol{x}_e^{\mathrm{T}} \cdot \boldsymbol{f}_d^e = -\delta\, \boldsymbol{X}_e^{\mathrm{T}} \cdot \boldsymbol{F}_d \tag{2-56}$$

其中，$\boldsymbol{F}_d = \boldsymbol{T}^{\mathrm{T}} \boldsymbol{f}_d^e$。

$\boldsymbol{T}^{\mathrm{T}}$ 是局部坐标系和全局坐标系之间的坐标变换矩阵。最后，浮力和重力所做的虚功也在全局坐标系中定义，假设重力垂直向下为 $-\boldsymbol{Z}$，力所做的虚功为

$$\delta \boldsymbol{W}_{bg} = \int_0^L A g \begin{bmatrix} 0 & 0 & \rho - \rho_0 \end{bmatrix} \cdot \delta \boldsymbol{R} \mathrm{d}x = -\delta \boldsymbol{X}_e^{\mathrm{T}} \cdot \boldsymbol{F}_{bg} \tag{2-57}$$

其中 g 为重力加速度，$\boldsymbol{F}_{bg}$ 为等效节点浮力和重力向量，如下所示

$$\boldsymbol{F}_{bg} = \frac{1}{2} L A (\rho - \rho_0) g \begin{bmatrix} 0 & 0 & 1 & 0 & 0 & 1 \end{bmatrix}^{\mathrm{T}}$$

利用虚功原理导出缆元的运动方程

$$\delta (\boldsymbol{U} - \boldsymbol{T}) + \delta \boldsymbol{W}_a + \delta \boldsymbol{W}_d + \delta \boldsymbol{W}_{bg} = 0 \tag{2-58}$$

综合得到

$$\delta \boldsymbol{X}_e^{\mathrm{T}} ([\boldsymbol{M} + \boldsymbol{M}_a] \ddot{\boldsymbol{X}}_e + \boldsymbol{K} \boldsymbol{X}_e - \boldsymbol{F}_K - \boldsymbol{F}_a - \boldsymbol{F}_d - \boldsymbol{F}_{bg}) = 0$$

由于任何结构都存在阻尼，在运动方程中引入阻尼矩阵

$$[\boldsymbol{M} + \boldsymbol{M}_a] \ddot{\boldsymbol{X}}_e + \boldsymbol{C} \dot{\boldsymbol{X}}_e + \boldsymbol{K} \boldsymbol{X}_e = \boldsymbol{F}_K + \boldsymbol{F}_a + \boldsymbol{F}_d + \boldsymbol{F}_{bg}$$

使用瑞利阻尼模型计算阻尼矩阵 $\boldsymbol{C}$

$$\boldsymbol{C} = \beta [\boldsymbol{M} + \boldsymbol{M}_a] + \gamma \boldsymbol{K}$$

令 $\boldsymbol{F} = \boldsymbol{F}_k + \boldsymbol{F}_a + \boldsymbol{F}_d + \boldsymbol{F}_{bg}$，式(2-59)中的运动方程是高度非线性的，因为左侧的附加质量、阻尼和刚度矩阵以及右侧的力向量分别是当前位置 $\boldsymbol{X}_e$ 和速度 $\dot{\boldsymbol{X}}_e$ 的函数：

$$[\boldsymbol{M} + \boldsymbol{M}_a] \ddot{\boldsymbol{X}}_e + \boldsymbol{C} \dot{\boldsymbol{X}}_e + \boldsymbol{K} \boldsymbol{X}_e = \boldsymbol{F} \tag{2-59}$$

结构阻尼模型在拖曳缆有限元建模中的构造：结构振动时的阻尼因素概括为几种类型，即介质的阻尼力、材料介质变形产生的内摩擦力、各构件连接处的摩擦及通过拖曳体散失的能量。

高张力拖曳缆的阻尼水平较低，在较小的放缆长度时即使不考虑拖曳缆的阻尼，计算结果也与实际有很好的符合程度。这是由于拖曳缆内的高张力水平对应的拖曳系统常常体现了应力强化的高刚度和低结构阻尼。常用的阻尼模型有黏滞阻尼、迟滞阻尼(频率相关阻尼)、结构阻尼(复阻尼)、黏弹性阻尼等四种阻尼模型，这四种阻尼模型均可结合缆的单元模型建立相应的阻尼，统一到有限元方法之中。

对边界条件的处理：

(1) 母船端边界。

此类边界条件直接给定了三向拖曳速度，可视为第一类边界条件。

(2) 拖曳体边界。

有两种适用于有限元方法的拖曳体运动建模方法：简化为质点和利用三自由度或六自由度运动模型建模模拟拖曳体的空间运动。对于带有主动控制系统的拖曳体则需要建立相应的运动控制模型。

(3) 自由尾绳边界。

在末端的缆元处，拖曳缆的张力与欧拉角的变化率均为零。缆不受侧向作用力，因此欧拉角不发生变化。对于瞬态问题的求解，常用方法包括 NewMark 方法、HHT 方法、中

心差分法以及通用 α 方法。以 NewMark 完全瞬态分析方法为例，在 $t + \Delta t$ 时刻结构满足如下形式：

$$M \ddot{X}_{et+\Delta t} + C \dot{X}_{et+\Delta t} + K X_{et+\Delta t} = F_{t+\Delta t} \tag{2-60}$$

NewMark 方法假设 $t + \Delta t$ 时刻的节点速度向量、节点位移向量可通过在 t 时刻的节点位移向量、节点速度向量和节点加速度向量按照如下两个等式来表示

$$\dot{X}_{et+\Delta t} = X_{et} + \left[(1 - \beta) \ddot{X}_{et+\Delta t} + \beta g \ddot{X}_{et+\Delta t} \right] \Delta t \tag{2-61}$$

$$X_{et+\Delta t} = X_{et} + \dot{X}_{et} \Delta t + \left[\left(\frac{1}{2} - \alpha \right) \ddot{X}_{et} + \alpha g \ddot{X}_{et+\Delta t} \right] \Delta t^2 \tag{2-62}$$

写成

$$\ddot{X}_{et+\Delta t} = \frac{1}{\alpha \Delta t^2} (X_{et+\Delta t} - X_{et}) - \frac{1}{\alpha \Delta t} \dot{X}_{et} - \left(\frac{1}{2\alpha} - 1 \right) \ddot{X}_{et} \tag{2-63}$$

代入 $t + \Delta t$ 时刻的结构动力学方程

$$\begin{aligned}
K_{t+\Delta t} X_{et+\Delta t} &= \left(\frac{M}{\alpha \Delta t^2} + \beta \frac{C}{\alpha \Delta t} + K \right) u_{t+\Delta t} \\
&= M \left[\frac{1}{\alpha \Delta t^2} X_{et} + \frac{1}{\alpha \Delta t} \dot{X}_{et} + \left(\frac{1}{2\alpha} - 1 \right) \ddot{X}_{et} \right] + \\
&\quad C \left[\frac{\beta}{\alpha \Delta t} X_{et} - \left(1 - \frac{\beta}{\alpha} \right) \dot{X}_{et} - \left(1 - \frac{\beta}{2\alpha} \right) \ddot{X}_{et} \right] + F_{t+\Delta t}
\end{aligned} \tag{2-64}$$

在线性结构中 $K_{t+\Delta t} = K$，本节推导的有限元系统刚度矩阵为不变量。对刚度矩阵求逆就可以得到 $t + \Delta t$ 时刻的节点位移 $X_{et+\Delta t}$，进而代入方程（2-60）和方程（2-61）得到速度 $\dot{X}_{et+\Delta t}$ 和加速度 $\ddot{X}_{et+\Delta t}$。对非线性系统，刚度矩阵存在变化，必须经过多次迭代后才能达到收敛。

还有一类隐式方法称为 general-α 方法，该方法不仅适用于求解刚度矩阵不变的线性问题，而且适用于求解非线性问题，具有良好的数值稳定性。对于式（2-60）给出的线性响应结构，其中初始条件是：

$$X_e(0) = d \tag{2-65}$$

$$\dot{X}_e(0) = v \tag{2-66}$$

d_0，v_0 分别是初始位移和速度向量；

d_n 是对 X_{et} 的近似，d_{n+1} 是对 $X_{et+\Delta t}$ 的近似；

v_n 是对 $\dot{X}_{et}$ 的近似，v_{n+1} 是对 $\dot{X}_{et+\Delta t}$ 的近似；

a_n 是对 $\ddot{X}_{et}$ 的近似，a_{n+1} 是对 $\ddot{X}_{et+\Delta t}$ 的近似。

那么有

$$d_{n+1} = d_n + v_n \Delta t + \Delta t^2 \left(\frac{1}{2} - \beta \right) a_n + \Delta t^2 \beta a_{n+1} \tag{2-67}$$

$$v_{n+1} = v_n + \Delta t (1 - \gamma) a_n + \Delta t \gamma a_{n+1} \tag{2-68}$$

$$Ma_{n+1-a_m} + Cv_{n+1-a_f} + Kd_{n+1-a_f} = F(t_{n+1-a_f}) \tag{2-69}$$

$$d_0 = d, \ v_0 = v, \ a_0 = M^{-1}(F(0) - Cv - Kd)$$

其中

$$d_{n+1-a_f} = (1 - a_f) d_{n+1} + a_f d_n$$

$$v_{n+1-a_f} = (1 - a_f) v_{n+1} + a_f v_n$$

$$t_{n+1-a_f} = (1 - a_f) t_{n+1} + a_f t_n$$

通用 α 方法是一类典型的隐式方法，在已知初始值 d_0，v_0，a_0 的基础上，综合迭代关系将式（2-67）～ 式（2-69）写为关于 a_{n+1} 的线性代数方程组：

$$a_{n+1} = Aa_n$$

对 HHT-α 方法和 WBZ-α 方法的结合：对参数 a_f，a_m，β，γ 的组合方式决定了该方法的稳定性，例如 $a_m = 0$，该方法等价为 HHT-α 方法，$a_f = 0$ 就等价为 WBZ-α 方法，$a_m = a_f = 0$ 就变成了 NewMark 方法，恰当地选择参数将有助于该方法的数值稳定性。

上述方法最终可归结为线性迭代计算过程 $a_{n+1} = Aa_n$ 的形式，A 成为放大矩阵，令 β_∞ 为系数矩阵 A 的谱半径，在迭代过程中的参数组合的取值为

$$\gamma = \frac{1}{2} - a_m + a_f \tag{2-70}$$

$$\beta = \frac{1}{4} (1 - a_m + a_f)^2 \tag{2-71}$$

$$a_m = \frac{2\rho_\infty - 1}{\rho_\infty + 1}, \ a_f = \frac{\rho_\infty}{\rho_\infty + 1} \tag{2-72}$$

满足式（2-70）～ 式（2-72）即可满足无条件稳定。

2.5　基于有限差分格式的缆索动力学建模

系缆结构的两端一般是固定在可动或静止的结构物上，比如双船拖曳系统的两端系缆均连接在具有拖曳速度的母船上。如浮标，缆的一端固定在水底，另一端连接在浮标底部，随浮标一起运动。在对缆进行受力分析时，常常建立如图 2-6 所示的全局坐标系和随体坐标系。全局坐标系和随体坐标系存在转换关系，包括转动和平动，转动分量可忽略拖曳缆绕缆轴的扭转运动。缆的任意一点的随体坐标系 (t, n, b) 与全局坐标系 (i, j, k) 的旋转矩阵为欧拉矩阵 R，那么有

$$(t, n, b) = (i, j, k)R \tag{2-73}$$

矩阵 R 为

$$R = \begin{bmatrix} \cos\theta\cos\varphi & -\cos\theta\sin\varphi & \sin\theta \\ \sin\theta\cos\varphi & -\sin\theta\sin\varphi & -\cos\theta \\ \sin\varphi & \cos\varphi & 0 \end{bmatrix} \tag{2-74}$$

其中 θ 和 φ 的定义可见图 2-6。

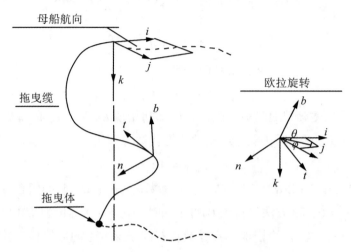

图 2-6　拖曳系统全局坐标系与局部坐标系的转换关系

如图 2-7 所示是拖曳缆的受力分析，依据牛顿定律，缆上任何一点的受力平衡关系式可写为

$$\frac{\partial \boldsymbol{T}}{\partial s} + \boldsymbol{S}'(\boldsymbol{W} + \boldsymbol{F} + \boldsymbol{B}) = 0 \tag{2-75}$$

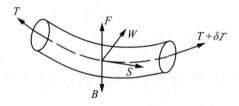

图 2-7　拖曳缆缆元的受力分析

其中 $\boldsymbol{T}$ 为张力，$\boldsymbol{W}$ 为缆受到的净浮力，$\boldsymbol{F}$ 为作用于缆的流体阻力，$\boldsymbol{B}$ 为附加质量力。s 为缆的弧长曲线坐标，在曲线坐标系中的分量可写为 (t, n, b)。$\boldsymbol{S}'$ 为拉伸缆弧长对原缆弧长的微分，$\boldsymbol{S}' = \dfrac{\delta S}{\delta s} = \dfrac{1 + \boldsymbol{T}}{EA} = 1 + e\boldsymbol{T}$，表示缆的伸长量。根据式（2-74），可将缆在全局坐标系下的受力转换为弧长曲线坐标，并写成如下形式

$$\boldsymbol{M}_{6 \times 6} \frac{\partial \boldsymbol{Y}_{6 \times 1}}{\partial s} = \boldsymbol{N}_{6 \times 6} \frac{\partial \boldsymbol{Y}_{6 \times 6}}{\partial t} + \boldsymbol{Q}_{6 \times 1} \tag{2-76}$$

空间结构矩阵为

$$M = \begin{bmatrix} 1 & 0 & 0 & 0 & 0 & 0 \\ 0 & 1 & 0 & 0 & v_b\cos\varphi & -v_n \\ 0 & 0 & 1 & 0 & -v_b\sin\varphi & v_t \\ 0 & 0 & 0 & 1 & -v_t\cos\varphi + v_n\sin\varphi & 0 \\ 0 & 0 & 0 & 0 & -T\cos\varphi & 0 \\ 0 & 0 & 0 & 0 & 0 & T \end{bmatrix}$$

时间相关系数矩阵为

$$N = \begin{bmatrix} -kv_t & m & 0 & 0 & m_a v_b\cos\varphi & -m_a v_n \\ e & 0 & 0 & 0 & 0 & 0 \\ 0 & 0 & 0 & 0 & 0 & e/k \\ 0 & 0 & 0 & 0 & -e\cos\varphi/k & 0 \\ -m_a k v_b & 0 & 0 & m_a & m_a v_n\sin\varphi - m_a v_t\cos\varphi & 0 \\ -km_a v_n & 0 & m_a & 0 & -m_a v_b\cos\varphi & mv_t \end{bmatrix}$$

源项为

$$Q = \begin{bmatrix} -w\sin\varphi + \dfrac{1}{2\sqrt{ke}}\rho\pi d\, C_t v_t |v_t| & 0 & 0 & 0 & \dfrac{1}{2\sqrt{ke}}\rho\pi d\, C_n v_b\sqrt{v_n^2 + v_b^2} \\ -w\cos\varphi + \dfrac{1}{2\sqrt{ke}}\rho\pi d\, C_n v_n\sqrt{v_n^2 + v_b^2} \end{bmatrix}$$

缆段受到的测流体阻力不仅与绕流雷诺数相关，也和迎流角相关，依据光滑圆形截面缆的阻力雷诺数和入流角变化的关系，在中低雷诺数情况下的拟合关系为

$$C_n = \frac{8\pi}{Re\, S_d}\left(1 - \frac{0.87}{S^2}\right), \quad 0 < Re < 1$$

$$C_n = 1.45 + 8.55\, Re^{-0.9}, \quad 1 < R_n < 30$$

$$C_n = 1.1 + 4\, Re^{-0.5}, \quad 30 < R_n < 10^5$$

其中 Re 是雷诺数，$S_d = -0.07721 + \ln\left(\dfrac{8}{Re}\right)$。

对迎流角 α 的拟合关系式为

$$C_t = D_0(-0.019 + 0.0239\cos\alpha + 0.02\sin\alpha + 0.001\cos 2\alpha)$$

$$C_n = D_0 \sin^2\alpha$$

未知变量为缆的张力和运动速度与缆的空间转角

$$Y = \begin{bmatrix} T & v_t & v_n & v_b & \theta & \varphi \end{bmatrix}^{\mathrm{T}}$$

根据牛顿第二定律将拖曳体简化为质点运动可写为

$$M_b \frac{\mathrm{d}^2 S}{\mathrm{d}t^2} = F$$

质量系数矩阵写为

$$
\boldsymbol{M} = \begin{bmatrix} m + m_{ax} & 0 & 0 \\ 0 & m + m_{ax} & 0 \\ 0 & 0 & m + m_{ax} \end{bmatrix}
$$

拖曳体的线性位移矩阵写为

$$
\boldsymbol{S} = \begin{bmatrix} X & Y & Z \end{bmatrix}^{\mathrm{T}}
$$

拖曳体受到的水流作用力为

$$
\boldsymbol{F} = \begin{bmatrix} X_F & Y_F & Z_F \end{bmatrix}^{\mathrm{T}}
$$

若考虑拖曳体受到三向水流作用力、重力、浮力，那么有

$$
X_F = \frac{1}{2} C_X \rho \, U^2 \, L_X^2
$$

$$
Y_F = \frac{1}{2} C_Y \rho \, U^2 \, L_Y^2
$$

$$
Z_F = \frac{1}{2} \rho \, U^2 \, L_Z^2 + mg - \rho g \boldsymbol{V}
$$

也可利用空间六自由度模型对拖曳体的运动建立更为精细的模型，用于计算拖曳体的运动响应，将在后面详细介绍。本书以 Burgess[6] 推导的盒式格式为基础，在每一个时间步长内增加松弛因子，在时间步长内多次迭代计算满足求解精度要求，求解离散方程。

$$
[\boldsymbol{M}_{j+1}^{i+1} + \boldsymbol{M}_j^{i+1}] \frac{\boldsymbol{Y}_{j+1}^{i+1} - \boldsymbol{Y}_j^{i+1}}{\Delta \boldsymbol{S}_j} + [\boldsymbol{M}_{j+1}^i + \boldsymbol{M}_j^i] \frac{\boldsymbol{Y}_{j+1}^i - \boldsymbol{Y}_j^i}{\Delta \boldsymbol{S}_j}
$$

$$
= [\boldsymbol{N}_{j+1}^{i+1} + \boldsymbol{N}_{j+1}^i] \frac{\boldsymbol{Y}_{j+1}^{i+1} - \boldsymbol{Y}_{j+1}^i}{\Delta \boldsymbol{t}_k} + [\boldsymbol{N}_j^{i+1} + \boldsymbol{N}_j^i] \frac{\boldsymbol{Y}_j^{i+1} - \boldsymbol{Y}_j^i}{\Delta \boldsymbol{t}_k} + \boldsymbol{Q}_{j+1}^{i+1} + \boldsymbol{Q}_j^{i+1} + \boldsymbol{Q}_{j+1}^i + \boldsymbol{Q}_j^i \quad (2\text{-}77)
$$

盒式差分格式(2-78)可写成一组关于未知时间步 $i + 1$ 的待求解变量的二次函数。形成一组关于未知变量的二次方程组，该方程组常常利用 modified Powell hybrid 法求解，运用该方法也可给出关于待求解的变量的 Jacobin 矩阵，利用 Fortran 编程语言以 IMSL 等数值计算包为基础，利用相关的数值求解函数 NEQNF，编制上述动力学模型的求解程序求解。

在实际的拖曳过程中，拖曳系统内的张力会随时间振荡形成冲击现象，这导致结构矩阵 $\boldsymbol{M}$ 的性质发生了变化，为了获得两次迭代值之间变化造成的结构矩阵的变化，需要求解附加质量矩阵系数，准确描述附加质量的变化。为了克服每个时间步长内的张力求解值不稳定，采用自适应时间步长的方法求解上述盒式差分格式。首先取时间步长为某一个初始时间步长，令 $k = 1$，而后令 k 逐渐增大：

$$
\Delta t = \frac{T_0}{k}
$$

在模拟拖曳系统受到冲击作用时的动力学特征时，必须具有足够精细的时间分辨率。

通过不断增大 k 值，获得两个时间步长内的张力值的差别满足相对误差 $\varepsilon < \varepsilon_0$，即可认为达到了对振动作用分析的时间分辨率：

$$\varepsilon = \frac{Y_{k+1} - Y_k}{Y_k} < \varepsilon_0$$

对于低张力缆而言，常常需要考虑缆的扭转和弯曲作用力。基于有限体积法 Gobat[7] 等推导了二维和三维拖曳缆受到扭转和弯曲作用时的受力模型，由于通用 α 法具有数值无条件稳定的优点，使用通用 α 法进行了数值离散求解。

考虑缆的弯曲效应，建立动力学模型描述承受较低水平的缆内张拉力的铠装缆和钢缆等硬质缆的弯曲局部变形引起的作用力。

$$
\begin{cases}
m\left(\dfrac{\partial u}{\partial t} + w\dfrac{\partial \theta}{\partial t} - v\dfrac{\partial \theta}{\partial t}\cos\theta\right) = \dfrac{\partial T}{\partial s} + S_b\,\Omega_2 + w_0\,n_1 + R_{d1} \\[2mm]
m\left(\dfrac{\partial v}{\partial t} + \dfrac{\partial \varphi}{\partial t}(u\cos\theta + w\sin\theta)\right) + m_a\dfrac{\partial v_{2r}}{\partial t} = \dfrac{\partial S_n}{\partial s} + \Omega_3(T + S_b\tan\theta) + w_0\,n_2 + R_{d2} \\[2mm]
m\left(\dfrac{\partial w}{\partial t} - v\dfrac{\partial \varphi}{\partial t}\sin\theta - u\dfrac{\partial \theta}{\partial t}\right) + m_a\dfrac{\partial v_{3r}}{\partial t} = \dfrac{\partial S_b}{\partial s} - S_n\,\Omega_3\tan\theta - T\,\Omega_2 + w_0\,n_3 + R_{d3} \\[2mm]
EI\dfrac{\partial \Omega_2}{\partial s} = EI\,\Omega_3^2\tan\theta + S_b\left(1 + \dfrac{T}{EA}\right)^3 \\[2mm]
EI\dfrac{\partial \Omega_3}{\partial s} = EI\,\Omega_2\,\Omega_3\tan\theta - S_n\left(1 + \dfrac{T}{EA}\right)^3 \\[2mm]
\dfrac{\partial u}{\partial s} + \Omega_2 w - \Omega_3 v = \dfrac{1}{EA}\dfrac{\partial T}{\partial t} \\[2mm]
\dfrac{\partial v}{\partial s} + \Omega_3(u + w\tan\theta) = \left(1 + \dfrac{T}{EA}\right)\dfrac{\partial \varphi}{\partial t}\cos\theta \\[2mm]
\dfrac{\partial w}{\partial s} - \Omega_3 v\tan\theta - \Omega_2 u = -\left(1 + \dfrac{T}{EA}\right)\dfrac{\partial \theta}{\partial t} \\[2mm]
\Omega_2 = \dfrac{\partial \theta}{\partial s} \\[2mm]
\Omega_3 = \dfrac{\partial \varphi}{\partial s}\cos\theta
\end{cases}
\tag{2-78}
$$

方程组中变量的含义是：

EI 为缆的张拉模量；

m 为单位长度缆的质量；

w_0 为单位缆长的缆在水中的重量；

m_a 为缆的附加质量，可采用近似计算关系式 $m_a = \dfrac{\pi}{4}\rho_w d^2$ 计算；

θ，ϕ 为缆的空间形状角；

T 为缆张力；

s 为缆形曲线为已知求解空间；

S_b 为副法线方向的剪力；

S_n 为法线方向的剪力；

Ω_2，Ω_3 为缆局部弯曲曲率；

$EI\Omega_2$，$EI\Omega_3$ 为弯曲刚度，低张力的缆和铠装缆需要考虑缆的弯曲刚度对拖曳系统的影响，对于柔性缆而言，弯曲刚度可近似为零；

n_1，n_2，n_3 为欧拉角：

$$n_1 = -\cos\phi\cos\theta$$
$$n_2 = \sin\phi$$
$$n_3 = -\cos\phi\sin\theta$$

v_{2r}，v_{3r} 为缆和流体相对运动速度，可由缆的运动速度和海流的速度求差计算；

u，v，w 为缆的运动速度；

R_{d1}，R_{d2}，R_{d3} 为缆受到的三向水流作用力，根据设定的缆元的阻力系数按照下式计算

$$R_{d1} = -\frac{1}{2}\rho w d\pi\, C_{d1}\, v_{1r}\,|v_{1r}|\,(1+e)^{\frac{1}{2}}$$

$$R_{d2} = -\frac{1}{2}\rho_w d\, C_{d2}\, v_{2r}\,|v_{2r}+v_{3r}|^{\frac{1}{2}}\,(1+e)^{\frac{1}{2}}$$

$$R_{d3} = -\frac{1}{2}\rho_w d\, C_{d3}\, v_{3r}\,|v_{2r}^2+v_{3r}^2|^{\frac{1}{2}}\,(1+e)^{\frac{1}{2}}$$

其中 C_{d1}，C_{d2}，C_{d3} 是缆元的阻力系数，根据不同的缆形、迎流速度和入流角度，缆的水流阻力系数不同，$e=\dfrac{T}{EA}$ 表示线性的应力与应变关系。

该模型可进一步整理为矩阵形式。

三维非线性方程组可写成类似的矩阵形式：

$$M_{10\times10}\frac{\partial Y_{10\times1}}{\partial s}=Nf_{10\times10}\frac{\partial Y_{10\times1}}{\partial t}+Q_{10\times1} \tag{2-79}$$

其中待求解的缆索运动状态和张力、弯矩变量为

$$Y=\begin{bmatrix} T & S_n & S_b & u & v & w & \phi & \theta & \Omega_2 & \Omega_3 \end{bmatrix}$$

空间矩阵为

$$M=\mathrm{diag}\begin{bmatrix} 1 & 1 & 1 & 1 & 1 & 1 & \cos\theta & 1 & EI & EI \end{bmatrix}$$

其中运算符号 diag 表示将向量中的元素替换为单位矩阵对角线上的非零元素。

单个缆元对应的时间矩阵 N 为规模达到了 10×10 的稀疏矩阵，由于该矩阵是一个以零元素居多的矩阵，在此写出矩阵的非零元素。

$$N(1,4)=m,\ N(1,7)=-mv\cos\theta,\ N(1,8)=mw$$

$$N(2,5) = m + m_a, \quad N(2,7) = mu\cos\theta + mw\sin\theta$$

$$N(3,6) = m + m_a, \quad N(3,7) = -mv\sin\theta, \quad N(3,8) = -mu$$

$$N(4,1) = \frac{1}{EA}$$

$$N(5,7) = \left(1 + \frac{T}{EA}\right)\cos\theta$$

$$N(6,8) = -\left(1 + \frac{T}{EA}\right)$$

该模型的求解方法和不考虑扭转与弯曲的 2.1 节介绍的动力学模型的程序设计类似。仍可结合数值求解程序包编制求解程序，但是应当注意的是，该模型可引起一定的数值求解困难。利用考虑弯曲和扭转效应的动力学模型来计算拖曳缆在操纵运动中的空间弯曲和扭转效应，对局部弯曲和扭转强度进行校核。

右端源项 Q 写为

$$Q = \begin{cases} S_n\Omega_3 - S_b\Omega_2 + w_0\cos\varphi\cos\theta - R_{d1} \\[2mm] -\Omega_3(T + S_b\tan\theta) - w_0\sin\varphi - R_{d2} + m_a\dfrac{\partial v_{2r}}{\partial t} \\[2mm] S_n\Omega_3\tan\theta + T\Omega_2 + w_0\cos\varphi\sin\theta - R_{d3} + m_a\dfrac{\partial v_{3r}}{\partial t} \\[2mm] \Omega_3 v - \Omega_2 w \\[2mm] -\Omega_3(v + w\tan\theta) \\[2mm] \Omega_3 v\tan\theta + \Omega_2 u \\[2mm] \Omega_3 \\[2mm] \Omega_2 \\[2mm] EI\Omega_3^2\tan\theta + S_b\left(1 + \dfrac{T}{EA}\right) \\[2mm] EI\Omega_2\Omega_3\tan\theta - S_n\left(1 + \dfrac{T}{EA}\right) \end{cases}$$

下面给出该动力学模型的初边值条件。

母船端给定的速度边界条件

$$u(t, L) = U(t), \quad v(t, L) = V(t), \quad w(t, L) = W(t)$$

水下端除满足拖曳速度条件外，还满足张力平衡条件

$$T(t, 0) = G + D$$

在缆的两端，弯矩可近似为零

$$EI\Omega_2(t, 0) = 0$$

$$EI\Omega_3(t, 0) = 0$$

$$EI\,\Omega_2(t,\ L) = 0$$

$$EI\,\Omega_3(t,\ L) = 0$$

在缆索动力学模型中，拖体简化为只考虑质量属性和水流阻力的模型，根据简化外形估算拖体的水流阻力，计算得出水下端的张力。水流阻力的计算关系式为

$$F_x = -\frac{1}{2}\rho\,U(t)^2\,C_x\,S_x$$

$$F_y = -\frac{1}{2}\rho\,V(t)^2\,C_y\,S_y$$

$$F_z = -\frac{1}{2}\rho\,U(t)^2\,C_z\,S_z$$

在初始 $t = 0$ 时，方程（2-79）可去掉关于时间的项，进一步化简为

$$M\frac{\partial Y}{\partial s} = Q \tag{2-80}$$

该方程组对应了给定拖曳状态的稳态解，求解该方程组可得到拖曳系统的稳态构型和缆内张力，结合前述拖曳缆的有限差分法可求解式（2-80），在此不作详细展开。

2.6　基于任意节点坐标法的缆索动力学 ANCF 模型

任意节点坐标公式是一种施加不限制旋转或变形的有限元方法。除了它的简单性和它与连续介质力学的非线性理论的一致性外，任意节点坐标公式与文献中的其他大旋转和大变形有限元公式相比还具有其他优点。任意节点坐标公式中的质量矩阵不变，考虑了刚体运动和弹性变形之间的动态耦合。

为了得到任意节点坐标公式，必须具备三个条件：第一，所调查的问题必须是一个动态的问题；第二，必须使用一致的质量公式，因为集中质量公式不能正确表示刚体动力学特征；第三，通过对空间坐标任意位置矢量的微分获得的全局梯度或斜率必须用作节点坐标，以便对旋转参数施加连续性。

在本节讨论的公式中，位置向量的所有分量都使用具有相同阶数的多项式进行插值。对于由空间坐标 x_1，x_2，x_3 构成的定义域，位置向量 r 的第 k 个分量可以写为

$$r_k = a_{0k} + a_{1k}x_1 + a_{2k}x_2 + a_{3k}x_3 + a_{4k}x_1^2 + a_{5k}x_2^2 + \cdots,\ k = 1,\ 2,\ 3 \tag{2-81}$$

系数 a_{ik}，$i = 1,\ 2,\ \cdots$，在动力学的情况下仅取决于时间。在这种情况下，上述假定的位移场可以写成仅依赖于空间坐标 x 与系数矩阵 a 的乘积，其中 $x = [x_1\quad x_2\quad x_3]^T$，$a$ 为时间相关坐标的向量。因此上述等式可以写为

$$r_k = \begin{bmatrix} 1 & x_1 & x_2 & x_3 & x_1^2 & x_2^2 & \cdots \end{bmatrix} \begin{bmatrix} a_{0k} \\ a_{1k} \\ a_{2k} \\ a_{3k} \\ a_{4k} \\ a_{5k} \\ \vdots \end{bmatrix}, \quad k = 1, 2, 3 \tag{2-82}$$

将该等式中的空间相关行表示为 $\boldsymbol{P}_k(x)$、时间相关向量表示为 $\boldsymbol{a}_k(t)$，前面的等式可以写为

$$r_k = \boldsymbol{P}_k(x)\,\boldsymbol{a}_k(t), \quad k = 1, 2, 3 \tag{2-83}$$

其中

$$\boldsymbol{P}_k(x) = \begin{bmatrix} 1 & x_1 & x_2 & x_3 & x_1^2 & x_2^2 & \cdots \end{bmatrix}, \quad \boldsymbol{a}_k(t) = \begin{bmatrix} a_{0k} \\ a_{1k} \\ a_{2k} \\ a_{3k} \\ a_{4k} \\ a_{5k} \\ \vdots \end{bmatrix} \tag{2-84}$$

已知位置向量 r 和空间分量 P 可求解系数 $a_k(t)$，所选择的位置坐标及其导数的数目必须等于多项式系数的数目可构造代数方程组求解。设 e 为坐标向量，包括在已知单元局部位置处所选点的位置坐标和其空间导数。将空间坐标的值代入前述等式，可以写出所选坐标与多项式系数之间的关系：

$$\boldsymbol{e}(t) = \boldsymbol{B}_p\boldsymbol{a}(t) \tag{2-85}$$

其中 $\boldsymbol{B}_p$ 是常数平方非奇异矩阵，并且 $\boldsymbol{a}$ 是多项式系数的总向量。系数 a 可由前述方程根据所选择的坐标来求解。

$$\boldsymbol{a}(t) = \boldsymbol{B}_p^{-1}\boldsymbol{e}(t) \tag{2-86}$$

将该等式代入等式（2-84）的假定位移场，可以将所选坐标的位移场写为

$$\boldsymbol{r}(x, t) = \begin{bmatrix} r_1 \\ r_2 \\ r_3 \end{bmatrix} = \begin{bmatrix} P_1 a_1 \\ P_2 a_2 \\ P_3 a_3 \end{bmatrix} = \begin{bmatrix} P_1 & 0 & 0 \\ 0 & P_2 & 0 \\ 0 & 0 & P_3 \end{bmatrix} \begin{bmatrix} a_1 \\ a_2 \\ a_3 \end{bmatrix} = \boldsymbol{P}(x)\,\boldsymbol{a}(t) = \boldsymbol{P}(x)\,\boldsymbol{B}_p^{-1}\boldsymbol{e}(t) \tag{2-87}$$

其中

$$\boldsymbol{P}(x) = \begin{bmatrix} P_1 & 0 & 0 \\ 0 & P_2 & 0 \\ 0 & 0 & P_3 \end{bmatrix}, \quad \boldsymbol{a}(t) = \begin{bmatrix} a_1(t) \\ a_2(t) \\ a_3(t) \end{bmatrix} \tag{2-88}$$

根据等式(2-87)将位置向量 $\boldsymbol{r}$ 写为

$$\boldsymbol{r}(x,\ t) = \boldsymbol{S}(x)\boldsymbol{e}(t) \tag{2-89}$$

其中

$$\boldsymbol{S}(x) = \boldsymbol{P}(x)\ \boldsymbol{B}_p^{-1} \tag{2-90}$$

在这种方法中，$\boldsymbol{S}(x)$ 是形状函数矩阵。位置向量场可以写成空间相关矩阵 $\boldsymbol{S}(x)$ 和时间相关坐标向量 $\boldsymbol{e}(t)$ 的乘积。

使用这种分离变量的方法，并假设连续体被分成如图 2-8 所示的若干个有限元，有限元 j 的位移场可以使用任意节点坐标写成

$$\boldsymbol{r}^j(\boldsymbol{x}^j,\ t) = \boldsymbol{S}^j\ \boldsymbol{e}^j,\ j = 1,\ 2,\ \cdots \tag{2-91}$$

其中 $\boldsymbol{r}^j$ 是如图 2-8 所示的有限元 j 上的任意点的全局位置向量，$\boldsymbol{S}^j = \boldsymbol{S}^j(\boldsymbol{x}^j)$ 是一个形函数矩阵，取决于单元空间坐标 $\boldsymbol{x}^j = \begin{bmatrix} x_1^j & x_2^j & x_3^j \end{bmatrix}^{\mathrm{T}}$。$\boldsymbol{e}^j = \boldsymbol{e}^j(t)$ 是时间相关节点坐标的向量，其定义为在有限元选择的一组节点处的位移以及空间导数。

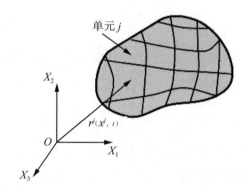

图 2-8　有限元离散化

为了得到连续体的运动方程，构成连续体的有限元必须在节点处连接。所有单元在连接之前的节点坐标向量为 $\boldsymbol{e}_b$，该向量由下式给出

$$\boldsymbol{e}_b = \begin{bmatrix} e^{1\mathrm{T}} & e^{2\mathrm{T}} & \cdots & e^{n_e^{\mathrm{T}}} \end{bmatrix}^{\mathrm{T}} \tag{2-92}$$

其中 $\boldsymbol{e}^j$ 是有限元 j 的节点坐标向量，n_e 是有限元的总数。设 $\boldsymbol{e}$ 是单元连接后连续体的所有节点坐标向量。单元 j 的坐标向量可以按照物体的节点坐标写成

$$\boldsymbol{e}^j = \boldsymbol{B}^j \boldsymbol{e} \tag{2-93}$$

其中 $\boldsymbol{B}^j$ 是包括 0 和 1 的布尔矩阵，并且将单元坐标映射到体坐标。通过 $\boldsymbol{e}^j$ 定义单元坐标，并且根据在与连续体相同的坐标系中定义的单元节点坐标来描述该连续体的节点坐标，即 $\boldsymbol{e}^j = \boldsymbol{T}^j \boldsymbol{e}^j$，其中 $\boldsymbol{T}^j$ 是单元变换矩阵，$\boldsymbol{e}^j$ 是在与主体节点坐标相同的坐标系中定义的节点坐标向量。布尔矩阵 $\boldsymbol{B}^j$ 可以根据主体节点坐标将单元节点坐标写为 $\boldsymbol{e}^j = \boldsymbol{T}^j \boldsymbol{B}^j \boldsymbol{e}$。在使用位置向量梯度作为节点坐标的情况下，必须对梯度进行适当变换。为了简单起见，我们假设应用了这样的变换。利用公式(2-93)，可以得到：

$$\begin{bmatrix} e^1 \\ e^2 \\ \vdots \\ e^{n_e} \end{bmatrix} = \begin{bmatrix} B^1 \\ B^2 \\ \vdots \\ B^{n_e} \end{bmatrix} e = Be \tag{2-94}$$

其中 B 是由单元布尔矩阵组成的。

$$B = \begin{bmatrix} B^1 \\ B^2 \\ \vdots \\ B^{n_e} \end{bmatrix} \tag{2-95}$$

该矩阵的行数等于向量 e_b 的维数，列数等于向量 e 的维数。

为了用公式表示有限元的惯性力，必须得到加速度向量的表达式。将等式（2-91）的全局位置向量相对于时间微分，单元 j 上的任意点的绝对速度向量 v^j 可以写为

$$v^j = \dot{r}^j = S^j\,\dot{e}^j, \quad j = 1, 2, \cdots, n_e \tag{2-96}$$

将该公式相对于时间微分，在绝对节点坐标公式的情况下，加速度向量 a^j 可以写为

$$a^j = \ddot{r}^j = S^j\,\ddot{e}^j, \quad j = 1, 2, \cdots, n_e \tag{2-97}$$

有限元的惯性力所做虚功可以写为

$$\delta W_i^j = \int_{V^j} \rho^j\, a^{jT} \delta r^j \mathrm{d}V^j \tag{2-98}$$

其中 ρ^j 和 V^j 分别是有限元的质量密度和体积。为了简化符号，我们使用 ρ^j 代替 ρ_o^j 来表示参考构型中的密度。

位置向量的虚位移可以写为

$$\delta r^j = S^j\,\delta e^j \tag{2-99}$$

使用前两个方程以及方程（2-97）的加速度表达式，时间相关节点坐标不依赖于空间坐标并且可以从积分符号中扣除，获得惯性力所做的虚功为

$$\delta W_i^j = \left\{ \ddot{e}^{jT} \int_{V^j} \rho^j\, S^{jT}\, S^j\, \mathrm{d}V^j \right\} \delta e^j \tag{2-100}$$

可以把等式写为

$$\delta W_i^j = \left\{ \ddot{e}^{jT}\, M^j \right\} \delta e^j \tag{2-101}$$

其中 M^j 是有限元 j 的对称质量矩阵，M^j 为

$$M^j = \int_{V^j} \rho^j\, S^{jT}\, S^j\, \mathrm{d}V^j \tag{2-102}$$

该质量矩阵在二维和三维情况下都是常数。惯性力的虚功为：

$$\delta W_i^j = Q_i^{jT}\, \delta e^j \tag{2-103}$$

其中 Q_i^j 是惯性力的向量

$$Q_i^j = M^j \ddot{e}^j \tag{2-104}$$

可以看出，对于许多基于绝对节点坐标公式的有限元，有限元质量矩阵在正交坐标变换下保持不变。对于单元 j，应力的虚功可以写为

$$\delta W_s^j = - \int_{V^j} \boldsymbol{\sigma}_{P2}^j : \delta \boldsymbol{\varepsilon}^j \, \mathrm{d}V^j \tag{2-105}$$

在该等式中，$\boldsymbol{\sigma}_{P2}^j$ 是二阶 Piola-Kirchhof 应力张量，$\boldsymbol{\varepsilon}^j$ 是单元 j 上任意点的格林 - 拉格朗日应变张量。虚拟应变可以根据位置矢量梯度的虚拟变化表示为

$$\delta \boldsymbol{\varepsilon}^j = \frac{1}{2} \{ (\delta \boldsymbol{J}^{j\mathrm{T}}) \boldsymbol{J}^j + \boldsymbol{J}^{j\mathrm{T}} (\delta \boldsymbol{J}^j) \} \tag{2-106}$$

利用本构方程将二阶 Piola-Kirchhof 应力与格林 - 拉格朗日应变联系起来

$$\boldsymbol{\sigma}_{P2}^j = \boldsymbol{E}^j : \boldsymbol{\varepsilon}^j \tag{2-107}$$

其中 $\boldsymbol{E}^j$ 是弹性系数的四阶张量。将前面两个方程代入应力虚功的表达式，使用位置向量梯度矩阵的定义和梯度在单元节点坐标中的表达式，可以表示单元 j 的应力虚功为

$$\delta W_s^j = - \frac{1}{2} \int_{V^j} (\boldsymbol{E}^j : \boldsymbol{\varepsilon}^j) : \{ (\delta \boldsymbol{J}^{j\mathrm{T}}) \boldsymbol{J}^j + \boldsymbol{J}^{j\mathrm{T}} (\delta \boldsymbol{J}^j) \} \, \mathrm{d}V^j = - \boldsymbol{Q}_s^{j\mathrm{T}} \delta \boldsymbol{e}^j \tag{2-108}$$

其中 $\boldsymbol{Q}_s^j$ 是与单元节点 j 的节点坐标相关联的弹性力的矢量。

构成主体的有限元的运动方程可以使用动力学中的虚功原理来构建。在无约束运动的情况下，虚功原理可写为：

$$\delta W_i = \delta W_s + \delta W_e \tag{2-109}$$

其中 δW_i 是惯性力的虚功，δW_s 是由于变形引起的弹性力的虚功，δW_e 是重力和其他外力的虚功。作用在由单元 j 的坐标 $\boldsymbol{x}_P^j$ 所定义的点 P 处的外力 $\boldsymbol{F}^j$ 所做的虚功为

$$\delta W_e^j = \boldsymbol{F}^{j\mathrm{T}} \delta \boldsymbol{r}_P^j = \boldsymbol{F}^{j\mathrm{T}} \boldsymbol{S}^j(\boldsymbol{x}_P^j) \, \delta \boldsymbol{e}^j = \boldsymbol{Q}_e^{j\mathrm{T}} \delta \boldsymbol{e}^j \tag{2-110}$$

其中 $\boldsymbol{S}^j(\boldsymbol{x}_P^j)$ 是点 $\boldsymbol{x}_P^j$ 的单元形函数。$\boldsymbol{Q}_e^j$ 是一个广义力向量。

$$\boldsymbol{Q}_e^j = \boldsymbol{S}^{j\mathrm{T}}(\boldsymbol{x}_P^j) \, \boldsymbol{F}^j \tag{2-111}$$

对于作用在有限元上的所有力，都可以得到类似的表达式。可以通过将作用在单元上的力的虚功求和得出作用在连续体上的力的虚功，即：

$$\delta W_e = \sum_{j=1}^{n_e} \delta W_e^j = \sum_{j=1}^{n_e} \boldsymbol{Q}_e^{j\mathrm{T}} \delta \boldsymbol{e}^j \tag{2-112}$$

主体惯性力的虚功可通过将其单元惯性力的虚功相加得到。使用单元惯性力的虚功表达式，可以得到

$$\delta W_i = \sum_{j=1}^{n_e} \delta W_i^j = \sum_{j=1}^{n_e} (M^j \ddot{e}^j)^{\mathrm{T}} \delta \boldsymbol{e}^j \tag{2-113}$$

类似地，应力的虚功可以写为

$$\delta W_s = \sum_{j=1}^{n_e} \delta W_s^j = - \sum_{j=1}^{n_e} \boldsymbol{Q}_s^{j\mathrm{T}} \delta \boldsymbol{e}^j \tag{2-114}$$

将上述三个公式代入公式(2-109)，可得

$$\sum_{j=1}^{n_e} (M^j \ddot{e}^j + Q_s^j - Q_e^j)^{\mathrm{T}} \delta e^j = 0 \tag{2-115}$$

这个等式也可以写为

$$\left\{ \begin{bmatrix} M^1 & 0 & \cdots & 0 \\ 0 & M^2 & \cdots & 0 \\ \vdots & \vdots & \ddots & 0 \\ 0 & 0 & \cdots & M^{n_e} \end{bmatrix} \begin{bmatrix} \ddot{e}^1 \\ \ddot{e}^2 \\ \vdots \\ \ddot{e}^{n_e} \end{bmatrix} + \begin{bmatrix} Q_s^1 \\ Q_s^2 \\ \vdots \\ Q_s^{n_e} \end{bmatrix} - \begin{bmatrix} Q_e^1 \\ Q_e^2 \\ \vdots \\ Q_e^{n_e} \end{bmatrix} \right\}^{\mathrm{T}} \begin{bmatrix} \delta e^1 \\ \delta e^2 \\ \vdots \\ \delta e^{n_e} \end{bmatrix} = 0 \tag{2-116}$$

因为 $\delta e^j = B^j \delta e$ 且 $\ddot{e}^j = B^j \ddot{e}$，其中 B^j 是定义单元连接的布尔矩阵。e 是主体节点坐标向量。公式(2-115)可以根据主体的节点坐标写为

$$\left\{ \sum_{j=1}^{n_e} (M^j B^j \ddot{e} + Q_s^j - Q_e^j)^{\mathrm{T}} B^j \right\} \delta e = 0 \tag{2-117}$$

如果主体的运动是不受约束的，则向量 e 是独立的。因此，它们在上述公式中的系数必须是 0。

$$\sum_{j=1}^{n_e} \{ B^{j\mathrm{T}} M^j B^j \ddot{e} + B^{j\mathrm{T}} Q_s^j - B^{j\mathrm{T}} Q_e^j \} = 0 \tag{2-118}$$

通过在该方程中进行求和，物体的运动有限元方程可以写为

$$M \ddot{e} + Q_s - Q_e = 0 \tag{2-119}$$

其中 M 是物体堆成质量矩阵，Q_s 是物体弹性力向量，Q_e 是物体施加力向量。质量矩阵和力向量是从有限元的质量矩阵和力向量中获得的。

$$M = \sum_{j=1}^{n_e} B^{j\mathrm{T}} M^j B^j, \quad Q_s = \sum_{j=1}^{n_e} B^{j\mathrm{T}} Q_s^j, \quad Q_e = \sum_{j=1}^{n_e} B^{j\mathrm{T}} Q_e^j \tag{2-120}$$

2.7 有限元梁单元建模

依据 Pan[8] 的研究，图 2-9 所示为悬臂在刚性轮毂上的常曲率弯曲梁，其中 α 为弯曲梁的辐角，R 为弯曲梁的曲率半径，R_h 为轮毂的半径。任意点 P 在子角度 β 处的位移场如下

$$u(x, y, t) = u(x, t) - y\varphi(x, t) \tag{2-121}$$

$$v(x, y, t) = v(x, t) \tag{2-122}$$

式中，x 为沿中性轴的弧长，y 为沿厚度方向的距离，$u(x, y, t)$ 和 $v(x, y, t)$ 分别为切向和横向弹性变形，φ 表示截面的旋转角度。非线性纵向应变和剪切应变分别定义为

$$\varepsilon_x = \left(\frac{\mathrm{d}u}{\mathrm{d}x} - \frac{v}{R} \right) + \frac{1}{2} \left[\left(\frac{\mathrm{d}u}{\mathrm{d}x} \right)^2 + \left(\frac{\mathrm{d}v}{\mathrm{d}x} \right)^2 \right] - y \frac{\mathrm{d}\varphi}{\mathrm{d}x} \tag{2-123}$$

$$\gamma_{xy} = \frac{\mathrm{d}v}{\mathrm{d}x} + \frac{u}{R} - \varphi \tag{2-124}$$

在式（2-123）中，$\left(\dfrac{\mathrm{d}u}{\mathrm{d}x} - \dfrac{v}{R}\right)$ 和 $\left(\dfrac{\mathrm{d}u}{\mathrm{d}x}\right)^2 + \left(\dfrac{\mathrm{d}v}{\mathrm{d}x}\right)^2$ 分别是线性应变和非线性应变。其中 $\dfrac{1}{2}$ $\left(\dfrac{\mathrm{d}u}{\mathrm{d}x}\right)^2$ 是由纵向拉伸引起的，由于直梁的纵向变形较小，在直梁系统的运动方程中可以忽略这一项。然而，弯曲梁的纵向变形比直梁大，因此，当纵向变形梯度的二次项接近横向变形梯度的二次项时，忽略该项可能会导致模拟误差。

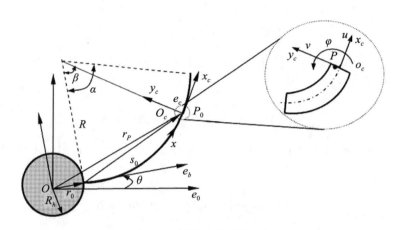

图 2-9　旋转弯曲梁的配置

剪切效应在内的弯曲梁的应力 - 应变关系为

$$\sigma_x = E\,\varepsilon_x, \quad \tau_{xy} = G\,\gamma_{xy} \tag{2-125}$$

式中，E 为弹性模量，G 为剪切模量。

弹性力的虚功可以写成

$$\delta\boldsymbol{W}_e = -A\left(\int_0^L \delta\,\varepsilon_x E\,\varepsilon_x \mathrm{d}x + \int_0^L k\delta\,\gamma_{xy} G\,\gamma_{xy}\mathrm{d}x\right) \tag{2-126}$$

其中 k 是剪切校正因子。

借助图 2-9 所示的三个坐标系描述梁上任意点的运动学关系：位于 O 点的惯性坐标系 e_0、轮体固定旋转系 e_b 和固定在曲线束中性轴上任意点 P_0 上的局部坐标系 $e_c(o_c\,x_c\,y_c)$，$o_c\,x_c$ 沿中性轴的切线，$o_c\,y_c$ 沿法向量且指向弯曲半径的中心。

任意点相对于 e_0 的位移坐标矩阵可以写成

$$\boldsymbol{r} = \boldsymbol{A}_\theta(\boldsymbol{r}'_0 + \boldsymbol{s}'_0 + \boldsymbol{A}_\beta\,\boldsymbol{\rho}'_0 + \boldsymbol{A}_\beta\,\boldsymbol{u}') \tag{2-127}$$

其中 $\boldsymbol{r}'_0 = [R_h \quad 0]^{\mathrm{T}}$ 表示 r_0 在 e_0 中的坐标矩阵。$\boldsymbol{s}'_0 = [X \quad Y]^{\mathrm{T}}$ 表示 s_0 在 e_b 中的坐标。$\boldsymbol{\rho}'_0 = [0 \quad y]^{\mathrm{T}}$ 是横截面上任意点 P 的横坐标矩阵。$\boldsymbol{u}' = [\bar{u} \quad \bar{v}]^{\mathrm{T}}$ 表示点 P 在 e_c 中变形位移的坐标矩阵。$\boldsymbol{A}_\theta$ 表示 e_b 和 e_0 之间的变换矩阵。$\boldsymbol{A}_\beta$ 表示 e_c 和 e_b 之间的变换矩阵。

$$\boldsymbol{A}_\theta = \begin{bmatrix} \cos\theta & -\sin\theta \\ \sin\theta & \cos\theta \end{bmatrix}, \quad \boldsymbol{A}_\beta = \begin{bmatrix} \cos\beta & -\sin\beta \\ \sin\beta & \cos\beta \end{bmatrix} \tag{2-128}$$

等式(2-127)的一阶微分可以写成

$$\dot{\boldsymbol{r}} = \widetilde{\boldsymbol{I}} \boldsymbol{A}_\theta \dot{\theta} (\boldsymbol{r}'_0 + \boldsymbol{s}'_0 + \boldsymbol{A}_\beta \boldsymbol{\rho}'_0 + \boldsymbol{A}_\beta \boldsymbol{u}') + \boldsymbol{A}_\theta \boldsymbol{A}_\beta \dot{\boldsymbol{u}}' \tag{2-129}$$

等式(2-127)的二阶微分可以写成

$$\ddot{\boldsymbol{r}} = -\boldsymbol{A}_\theta \dot{\theta}^2 (\boldsymbol{r}'_0 + \boldsymbol{s}'_0 + \boldsymbol{A}_\beta \boldsymbol{\rho}'_0 + \boldsymbol{A}_\beta \boldsymbol{u}') + \widetilde{\boldsymbol{I}} \boldsymbol{A}_\theta \ddot{\theta} (\boldsymbol{r}'_0 + \boldsymbol{s}'_0 + \boldsymbol{A}_\beta \boldsymbol{\rho}'_0 + \boldsymbol{A}_\beta \boldsymbol{u}') +$$

$$2 \widetilde{\boldsymbol{I}} \boldsymbol{A}_\theta \dot{\theta} \boldsymbol{A}_\beta \dot{\boldsymbol{u}}' + \boldsymbol{A}_\theta \boldsymbol{A}_\beta \ddot{\boldsymbol{u}}'$$

$$\tag{2-130}$$

其中$\widetilde{\boldsymbol{I}}$表示一个斜对称矩阵，可以写成

$$\widetilde{\boldsymbol{I}} = \begin{bmatrix} 0 & -1 \\ 1 & 0 \end{bmatrix}$$

虚拟位移坐标向量为

$$\delta \boldsymbol{r} = \widetilde{\boldsymbol{I}} \boldsymbol{A}_\theta \delta \theta (\boldsymbol{r}'_0 + \boldsymbol{s}'_0 + \boldsymbol{A}_\beta \boldsymbol{\rho}'_0 + \boldsymbol{A}_\beta \boldsymbol{u}') + \boldsymbol{A}_\theta \boldsymbol{A}_\beta \delta \boldsymbol{u}' \tag{2-131}$$

具有 n 个节点的拉格朗日元素的形函数N_i与第 $n-1$ 项拉格朗日多项式重合，

$$N_i(X) = \prod_{j=1,\, j \neq i}^{n} \frac{X - X_j}{X_i - X_j}, \ i = 1,\ 2,\ \cdots,\ n \tag{2-132}$$

其中X_1，X_2，$\cdots$，X_n为节点的坐标，n为曲线梁单元的节点总数。

引入一个无量纲的自然坐标$\boldsymbol{\xi}$

$$\boldsymbol{\xi} = \frac{2(X - X_c)}{l_e} \tag{2-133}$$

其中X_c是单元中点的笛卡儿坐标，l_e是单元长度。

将等式(2-133)代入式(2-132)，形函数可以用自然坐标写为

$$N_i(\xi) = \prod_{j=1,\, j \neq i}^{n} \frac{\boldsymbol{\xi} - \boldsymbol{\xi}_j}{\boldsymbol{\xi}_i - \boldsymbol{\xi}_j}, \quad i = 1,\ 2,\ \cdots,\ n-1 \leqslant \xi \leqslant 1 \tag{2-134}$$

弯曲梁单元轴线初始配置的笛卡儿坐标可以定义为

$$X(\xi) = \sum_{i=1}^{n} N_i X_i^e, \ Y(\xi) = \sum_{i=1}^{n} N_i Y_i^e \tag{2-135}$$

其中$(X_i^e,\ Y_i^e)$是e_b中的节点坐标，本节选取一个具有4个节点($n=4$)的三次拉格朗日单元，如图2-10所示。

根据等式(2-135)，无穷小的单元 dx 可以映射到自然坐标系中，它可以表示为

$$\mathrm{d}x = J_e(\xi) \mathrm{d}\xi \tag{2-136}$$

其中$J_e(\xi) = \sqrt{(\mathrm{d}X/\mathrm{d}\xi)^2 + (\mathrm{d}\gamma/\mathrm{d}\xi)^2}$。

截面的弹性变形和旋转角度被插值为

$$u(\xi,\ t) = \sum_{i=1}^{4} \bar{N}_i(\xi) u_i(t)$$

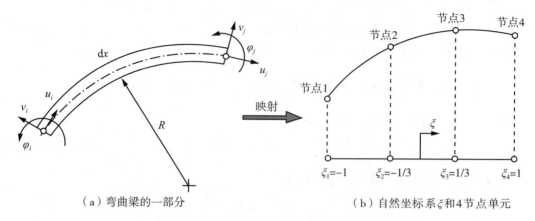

（a）弯曲梁的一部分　　　　　　　　　（b）自然坐标系 ξ 和 4 节点单元

图 2-10   通过等参数公式进行的单元变换

$$v(\xi,\ t) = \sum_{i=1}^{4} \bar{N}_i(\xi)\, v_i(t) \tag{2-137}$$

$$\varphi(\xi,\ t) = \sum_{i=1}^{4} \bar{N}_i(\xi)\, \varphi_i(t)$$

由等式（2-136）和等式（2-137），弹性变形的笛卡儿导数可以表示为

$$\frac{\mathrm{d}u}{\mathrm{d}x} = \frac{\mathrm{d}u}{\mathrm{d}\xi}\frac{\mathrm{d}\xi}{\mathrm{d}x} = \frac{1}{J_e}\sum_{i=1}^{4}\frac{\mathrm{d}\bar{N}_i}{\mathrm{d}\xi}u_i \tag{2-138}$$

$$\frac{\mathrm{d}v}{\mathrm{d}x} = \frac{\mathrm{d}v}{\mathrm{d}\xi}\frac{\mathrm{d}\xi}{\mathrm{d}x} = \frac{1}{J_e}\sum_{i=1}^{4}\frac{\mathrm{d}\bar{N}_i}{\mathrm{d}\xi}v_i \tag{2-139}$$

$$\frac{\mathrm{d}\varphi}{\mathrm{d}x} = \frac{\mathrm{d}\varphi}{\mathrm{d}\xi}\frac{\mathrm{d}\xi}{\mathrm{d}x} = \frac{1}{J_e}\sum_{i=1}^{4}\frac{\mathrm{d}\bar{N}_i}{\mathrm{d}\xi}\varphi_i \tag{2-140}$$

该位移可以重写为

$$u = N_1(\xi)\, P_e,\ v = N_2(\xi)\, P_e,\ \varphi = N_3(\xi)\, P_e \tag{2-141}$$

其中矩阵 $N_i(\xi)$ 是形函数，

$$N_1(\xi) = [\,\bar{N}_1(\xi)\,0\,0\ \bar{N}_2(\xi)\,0\,0\ \bar{N}_3(\xi)\,0\,0\ \bar{N}_4(\xi)\,0\,0\,] \tag{2-142}$$

$$N_2(\xi) = [\,0\ \bar{N}_1(\xi)\,0\,0\ \bar{N}_2(\xi)\,0\,0\ \bar{N}_3(\xi)\,0\,0\ \bar{N}_4(\xi)\,0\,] \tag{2-143}$$

$$N_3(\xi) = [\,0\,0\ \bar{N}_1(\xi)\,0\,0\ \bar{N}_2(\xi)\,0\,0\ \bar{N}_3(\xi)\,0\,0\ \bar{N}_4(\xi)\,] \tag{2-144}$$

$\boldsymbol{p}_e = [\,u_1\, v_1\, \varphi_1 \cdots u_n\, v_n\, \varphi_n\,]$ 是一个弯曲单元的广义坐标的时变向量。将式（2-141）~ 式（2-144）代入式（2-121）和式（2-122）：

$$\bar{\boldsymbol{u}}(x,\ y,\ t) = N_1\,\boldsymbol{p}_e - y\, N_3\,\boldsymbol{p}_e \tag{2-145}$$

$$\bar{\boldsymbol{v}}(x,\ y,\ t) = N_2\,\boldsymbol{p}_e \tag{2-146}$$

设 $\boldsymbol{p}$ 表示全局节点坐标向量，$\boldsymbol{B}_e$ 表示单元布尔矩阵，$\boldsymbol{p}_e$ 和 $\boldsymbol{p}$ 之间的关系为 $\boldsymbol{p}_e = \boldsymbol{B}_e \boldsymbol{p}$，这样式(2-121)和式(2-122)可以写为

$$\boldsymbol{u}' = \begin{bmatrix} \bar{u} \\ \bar{v} \end{bmatrix} = \boldsymbol{S} \boldsymbol{p} \tag{2-147}$$

其中

$$\boldsymbol{S} = \begin{bmatrix} N_1 \\ N_2 \end{bmatrix} \boldsymbol{B}_e - y \begin{bmatrix} N_3 \\ 0 \end{bmatrix} \boldsymbol{B}_e \tag{2-148}$$

惯性力的虚功被定义为

$$\delta W_i = -\rho \int_V \delta\, \boldsymbol{r}^{\mathrm{T}} \ddot{\boldsymbol{r}} \mathrm{d}V - \delta\theta\, J_h\, \ddot{\theta} \tag{2-149}$$

其中 V 为弯曲梁的体积，ρ 为梁的质量密度，J_h 为轮毂的惯性矩。

将式(2-130)、式(2-131)和式(2-147)代入式(2-149)，得到

$$\delta W_i = -\delta\, \boldsymbol{q}^{\mathrm{T}} \boldsymbol{M} \ddot{\boldsymbol{q}} + \delta\, \boldsymbol{q}^{\mathrm{T}} \boldsymbol{Q}_m \tag{2-150}$$

其中 $\boldsymbol{q} = [\theta p]^{\mathrm{T}}$ 为系统的广义坐标，广义质量力矩阵和惯性力矩阵的形式为

$$\boldsymbol{M} = \begin{bmatrix} \boldsymbol{M}_{\theta\theta} & \boldsymbol{M}_{\theta p} \\ \boldsymbol{M}_{P\theta} & \boldsymbol{M}_{PP} \end{bmatrix}, \quad \boldsymbol{Q}_m = \begin{bmatrix} \boldsymbol{Q}_\theta \\ \boldsymbol{Q}_p \end{bmatrix} \tag{2-151}$$

其中

$$\boldsymbol{M}_{\theta\theta} = J_h + \rho I \alpha R + \sum_{e=1}^{N_e} \int_{-1}^{1} \rho A\, (\boldsymbol{r}'_0 + \boldsymbol{s}'_0 + \boldsymbol{A}_\beta \boldsymbol{S} \boldsymbol{p})^{\mathrm{T}} \times (\boldsymbol{r}'_0 + \boldsymbol{s}'_0 + \boldsymbol{A}_\beta \boldsymbol{S} \boldsymbol{p})\, J_e \mathrm{d}\xi \tag{2-152}$$

$$\boldsymbol{M}_{\theta p} = \sum_{e=1}^{N_e} \left[\int_{-1}^{1} \rho A\, (\boldsymbol{r}'_0 + \boldsymbol{s}'_0 + \boldsymbol{A}_\beta \boldsymbol{S} \boldsymbol{p})^{\mathrm{T}} \boldsymbol{A}_\theta^{\mathrm{T}} \widetilde{\boldsymbol{I}}^{\mathrm{T}} \times \boldsymbol{A}_\theta\, \boldsymbol{A}_\beta \boldsymbol{S}\, J_e \mathrm{d}\xi + \int_{-1}^{1} \rho I\, N_3\, J_e \mathrm{d}\xi\, \boldsymbol{B}_e \right] \tag{2-153}$$

$$\boldsymbol{M}_{p\theta} = \boldsymbol{M}_{\theta p}^{\mathrm{T}}, \quad \boldsymbol{M}_{pp} = \sum_{e=1}^{N_e} \int_{-1}^{1} \rho A\, \boldsymbol{S}^{\mathrm{T}} \boldsymbol{S}\, J_e \mathrm{d}\xi \tag{2-154}$$

$$\boldsymbol{Q}_\theta = -2\, \dot{\theta} \sum_{e=1}^{N_e} \int_{-1}^{1} \rho A\, (\boldsymbol{r}'_0 + \boldsymbol{s}'_0 + \boldsymbol{A}_\beta \boldsymbol{S} \boldsymbol{p})^{\mathrm{T}} \times \boldsymbol{A}_\beta \boldsymbol{S} \dot{\boldsymbol{p}}\, J_e \mathrm{d}\xi \tag{2-155}$$

$$\boldsymbol{Q}_p = \sum_{e=1}^{N_e} \int_{-1}^{1} \rho A (\boldsymbol{S}^{\mathrm{T}} \boldsymbol{A}_\beta^{\mathrm{T}}) \times [\dot{\theta}^2 (\boldsymbol{r}'_0 + \boldsymbol{s}'_0 + \boldsymbol{A}_\beta \boldsymbol{S} \boldsymbol{p}) - 2\widetilde{\boldsymbol{I}}\, \dot{\theta}\, \boldsymbol{A}_\beta \boldsymbol{S} \dot{\boldsymbol{p}}]\, J_e \mathrm{d}\xi \tag{2-156}$$

其中 A 为横截面积，N_e 为单元数。

根据式(2-131)和式(2-147)，其他外力的虚功可以写为

$$\delta W_F = \int_V \delta\, \boldsymbol{r}^{\mathrm{T}} f \mathrm{d}V + \delta\theta T = \delta\, \boldsymbol{q}^{\mathrm{T}} \boldsymbol{Q}_F \tag{2-157}$$

其中 f 表示惯性系中的重力矢量，$\boldsymbol{T}$ 表示施加在轮毂上的外力矩。广义外力 $\boldsymbol{Q}_F$ 为

$$Q_F = \begin{bmatrix} A \sum_{e=1}^{N_e} \int_{-1}^{1} (r'_0 + s'_0 + A_\beta S p)^{\mathrm{T}} A_\theta^{\mathrm{T}} \widetilde{I}^{\mathrm{T}} f J_e \mathrm{d}\xi + T \\ A \sum_{e=1}^{N_e} \int_{-1}^{1} S^{\mathrm{T}} A_\beta^{\mathrm{T}} A_\theta^{\mathrm{T}} f J_e \mathrm{d}\xi \end{bmatrix} \tag{2-158}$$

将式(2-123)、式(2-124)、式(2-147)和式(2-148)代入式(2-126)，几何非线性效应的内力虚功可以写为

$$\delta W_e = \delta q^{\mathrm{T}} Q_e = -\delta p^{\mathrm{T}} [K_e + K_n(p_e)] p \tag{2-159}$$

式中K_e为常数刚度矩阵，$K_n(p_e)$是时变非线性刚度矩阵

$$K_e = \sum_{e=1}^{N_e} B_e^{\mathrm{T}} \left\{ \int_{-1}^{1} \left[EA \left(D_{e1}^{\mathrm{T}} D_{e1} - \frac{1}{R} D_{e1}^{\mathrm{T}} N_2 - \frac{1}{R} N_2^{\mathrm{T}} D_{e1} + \frac{1}{R^2} N_2^{\mathrm{T}} N_2 \right) + EI D_{e3}^{\mathrm{T}} D_{e3} + \right. \right.$$
$$GkA \left(D_{e2} + \frac{1}{R} N_1 - N_3 \right)^{\mathrm{T}} \times \left(D_{e2} + \frac{1}{R} N_1 - N_3 \right) \left. \right] J_e \mathrm{d}\xi \left. \right\} B_e \tag{2-160}$$

$$K_n(p_e) = \sum_{e=1}^{N_e} B_e^{\mathrm{T}} \left\{ \int_{-1}^{1} \left[(D_{e1}^{\mathrm{T}} - N_2^{\mathrm{T}}/R) p_e^{\mathrm{T}} \times (D_{e1}^{\mathrm{T}} D_{e1} + D_{e2}^{\mathrm{T}} D_{e2})/2 \right. \right.$$
$$+ (D_{e1}^{\mathrm{T}} - N_2^{\mathrm{T}}/R) p_e \times (D_{e1}^{\mathrm{T}} D_{e1} + D_{e2}^{\mathrm{T}} D_{e2}) + p_e^{\mathrm{T}} (D_{e1}^{\mathrm{T}} D_{e1} + D_{e2}^{\mathrm{T}} D_{e2})$$
$$\times p_e (D_{e1}^{\mathrm{T}} D_{e1} + D_{e2}^{\mathrm{T}} D_{e2})/2 \left] J_e \mathrm{d}\xi \left. \right\} B_e \right. \tag{2-161}$$

其中$D_{ei} = \mathrm{d}\bar{N}_i/(J_e \mathrm{d}\xi)$，$i=1$，$2$，$3$。时变非线性刚度$K_n(p_e)$具有高度非线性，并且在每次积分中都进行了更新。

弹性力的形式为

$$Q_e = \begin{bmatrix} 0 \\ -[K_e + K_n(p_e)] p \end{bmatrix} \tag{2-162}$$

结合式(2-150)、式(2-157)和式(2-158)，由变分原理可以得到以下变分方程

$$\delta W_i + \delta W_F + \delta W_e = \delta q^{\mathrm{T}} (-M\ddot{q} + Q_m + Q_F + Q_e) = 0 \tag{2-163}$$

假设系统的独立坐标矩阵为$\bar{q} = [\theta \quad \bar{p}]$，考虑约束条件，独立坐标矩阵与依赖坐标矩阵之间的关系可以写为

$$q = D\bar{q} \tag{2-164}$$

D表示满足梁的边界条件的变换矩阵。

根据式(2-163)，可以得到该系统的运动方程

$$\bar{M}\ddot{\bar{q}} + \bar{K}\bar{q} = \bar{Q} \tag{2-165}$$

其中

$$\bar{M} = D^{\mathrm{T}} M D, \quad \bar{Q} = D^{\mathrm{T}} (Q_m + Q_F)$$

$$\bar{K} = D^{\mathrm{T}} \begin{bmatrix} \mathbf{0} & \mathbf{0} \\ \mathbf{0} & K_e + K_n(p_e) \end{bmatrix} D$$

下面采用 Newmark 时间步进和 Newton-Raphson 法对式(2-165)进行数值求解。

在 $t + \Delta t$ 时刻的非线性运动方程为

$$\bar{M}(\bar{q}_{t+\Delta t}) \, \bar{\ddot{q}}_{t+\Delta t} + \bar{K}(\bar{q}_{t+\Delta t}) \, \bar{q}_{t+\Delta t} = \bar{Q}_{t+\Delta t}(q_{t+\Delta t}, \, \dot{q}_{t+\Delta t}) \tag{2-166}$$

利用 Newmark 算法,给出了速度 $\bar{\dot{q}}_{t+\Delta t}$,加速度 $\bar{\ddot{q}}_{t+\Delta t}$ 和位移向量 $\bar{q}_{t+\Delta t}$ 之间的关系

$$\bar{\dot{q}}_{t+\Delta t} = \bar{\dot{q}}_t + \left(1 - \frac{\hat{\beta}}{2\lambda}\right) \Delta t \, \bar{\ddot{q}}_t + \frac{\hat{\beta}}{\lambda \Delta t}(\bar{q}_{t+\Delta t} - \bar{q}_t - \bar{\dot{q}}_t \Delta t) \tag{2-167}$$

$$\bar{\ddot{q}}_{t+\Delta t} = \frac{1}{\lambda \Delta t^2}(\bar{q}_{t+\Delta t} - \bar{q}_t) - \frac{1}{\lambda \Delta t} \bar{\dot{q}}_t - \left(\frac{1}{2\lambda} - 1\right) \bar{\ddot{q}}_t \tag{2-168}$$

其中 Δt 是时间步长,λ 和 $\hat{\beta}$ 分别为积分参数。

将式(2-167)和式(2-168)代入式(2-166)得到

$$\boldsymbol{\phi} = \widetilde{K}(\bar{q}_{t+\Delta t}) \, \bar{q}_{t+\Delta t} - \widetilde{F}(\bar{q}_{t+\Delta t}) = 0 \tag{2-169}$$

其中

$$\widetilde{K}(\bar{q}_{t+\Delta t}) = \bar{K}(\bar{q}_{t+\Delta t}) + \left(\frac{1}{\lambda \Delta t^2}\right) \bar{M}(\bar{q}_{t+\Delta t}) \tag{2-170}$$

$$\widetilde{F}(\bar{q}_{t+\Delta t}) = \bar{Q}(\bar{q}_{t+\Delta t}) + \bar{M}(\bar{q}_{t+\Delta t}) \times \left[\frac{1}{\lambda \Delta t^2} \bar{q}_t + \frac{1}{\lambda \Delta t} \bar{\dot{q}}_t + \left(\frac{1}{2\lambda} - 1\right) \bar{\ddot{q}}_t\right] \tag{2-171}$$

式(2-170)和式(2-171)表示 $\widetilde{K}$ 和 $\widetilde{F}$ 是 $\bar{q}_{t+\Delta t}$ 的函数,因此式(2-169)是高度非线性的代数方程,采用 Newton-Raphson 法来提高求解的精度,迭代过程概述如下:

将 $\bar{q}_{t+\Delta t}^*$ 定义为式(2-169)的一个精确解,$q_{t+\Delta t}^{(i)}$ 作为 $\bar{q}_{t+\Delta t}^*$ 的近似解,在 $\bar{q}_{t+\Delta t}^{(i)}$ 处展开式(2-169)

$$\boldsymbol{\phi}(\bar{q}_{t+\Delta t}) = \boldsymbol{\phi}(\bar{q}_{t+\Delta t}^{(i)}) + \boldsymbol{\phi}_{q_{t+\Delta t}}(\bar{q}_{t+\Delta t} - \bar{q}_{t+\Delta t}^{(i)}) \tag{2-172}$$

其中 $\boldsymbol{\phi}_{q_{t+\Delta t}} = \partial \boldsymbol{\phi} / \partial \bar{q}_{t+\Delta t}$ 是雅可比矩阵,其计算过程较为复杂,特别是对于刚体-柔性耦合问题。在式(2-172)中,i 代表迭代次数。

将 $\bar{q}_{t+\Delta t}^{(i+1)}$ 定义为第$(i + 1)$ 次迭代的修正近似解,修正解为 $\Delta \bar{q}_{t+\Delta t}^{(i)}$

$$\Delta \bar{q}_{t+\Delta t}^{(i)} = [\boldsymbol{\phi}_{q_{t+\Delta t}}(\bar{q}_{t+\Delta t}^{(i)})]^{-1}[-\boldsymbol{\phi}(\bar{q}_{t+\Delta t}^{(i)})] \tag{2-173}$$

然后,得到了修正的近似解 $\bar{q}_{t+\Delta t}^{(i+1)}$。因为 i 被 $i + 1$ 取代,所以需要额外的迭代来执行,并且计算式(2-171)直到修正的 $\Delta \bar{q}_{t+\Delta t}^{(i)}$ 小于规定的误差。

2.8 拖曳体的力学模型

拖曳体是拖曳缆末端的工作单元,在拖曳系统的运动设计中,拖曳体运动稳定性设计

是拖曳系统设计的关键部分，决定了拖曳系统的整体性能[9]。

全局坐标系 $O\text{-}\varepsilon\eta\xi$ 一般固定在母船端，拖曳体的随体坐标系 $G\text{-}xyz$ 则固联在拖曳体上随着拖曳体一起运动，作用于拖曳体上的各种作用力在随体坐标系的投影形成了拖曳体的受力分解。随体坐标系的原点一般选在拖曳体的重心 G 处，由重心处指向拖曳体的艏部位为 $+x$ 轴，由重心处指向拖曳体的底部为 $+z$ 轴，根据右手法则确定 $+y$ 轴的指向。

拖曳体受到的作用力的合力可移动到重心 G 处，合力分解沿着 y 轴的分量为 F_y，对应的加速度标记为 a_z，对应的速度标记为 w。因力的移动而形成的力矩可沿着坐标轴分解为绕 x 轴的力矩 M_x，绕 y 轴的力矩 M_y，绕 z 轴的力矩 M_z。

在随体坐标系中：

（1）沿着 x 轴的位移称为纵荡，标记为 x，绕 x 轴的转角标记为 ψ，称为横倾，对应的转动角速度标记为 p，称为横摇；

（2）沿着 y 轴的位移称为横荡，标记为 y，绕 y 轴的转角标记为 θ，称为纵倾，对应的转动角速度标记为 q，称为纵摇；

（3）沿着 z 轴的位移称为垂荡，标记为 z，绕 z 轴的转角标记为 φ，称为偏航，对应的转动角速度标记为 r，称为艏摇。

随体坐标系和全局坐标系的转换关系如图 2-11 所示，将随体坐标系 $G\text{-}xyz$ 转换到全局坐标系 $O\text{-}\varepsilon\eta\xi$ 中，需要将坐标系原点平移后，利用欧拉转化关系将坐标转换到全局坐标系中。

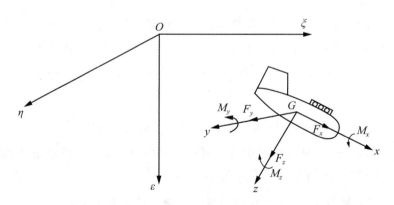

图 2-11　全局坐标系和拖曳体的随体坐标系的力的分解

对拖曳体需要做不同程度的简化假设，才能正确地建立动力学模型，描述拖曳体的运动响应。将拖曳体看作刚体，不考虑因水压或受力导致的变形。可将拖曳体的空间运动看作六自由度运动，那么需要采用六自由度模型描述拖曳体的运动。若不考虑拖曳体的转动自由度和受到力矩作用发生纵摇、横摇和艏摇等转动时，可将拖曳体简化为质点运动模型，采用三自由度平动即可模拟拖曳体的动力学特征，在多段式的拖曳系统的设计中，沉降器和隔振阻尼单元均可用质点运动模型描述。

由于拖曳体不易发生横滚运动，拖曳体的六自由度运动还可简化解耦为位于随体坐标系的 G-XZ 面内的垂直面运动和位于 G-XY 面内的水平面运动。在大多数以直航拖曳为主的拖曳系统中，因拖曳体的横滚和艏摇可较为容易地通过外心设计和方向翼来控制，这将使得其重心保持在直航拖曳形成的垂直面内，可忽略拖曳体的横摇、艏摇以及横荡，将拖曳体的运动简化为考虑垂荡、纵摇和纵荡运动的垂直面运动。而潜艇的水下拖曳或水面船舶拖曳浮标时，拖曳体的运动是以水平面运动为主。以下分别就拖曳体的三自由度质点运动模型、六自由度运动模型和垂直面运动模型、水平面运动模型进行介绍。

在三自由度模型中，坐标系 G-xyz 中将拖曳体简化为质点，依据牛顿第二定律，质点受到的作用力可写成

$$
\begin{cases}
\sum \boldsymbol{F}_X = \dfrac{\mathrm{d}\boldsymbol{u}}{\mathrm{d}t} \\[2mm]
\sum \boldsymbol{F}_Y = \dfrac{\mathrm{d}\boldsymbol{v}}{\mathrm{d}t} \\[2mm]
\sum \boldsymbol{F}_Z = \dfrac{\mathrm{d}\boldsymbol{w}}{\mathrm{d}t}
\end{cases}
\tag{2-174}
$$

其中 $\sum \boldsymbol{F}_X$、$\sum \boldsymbol{F}_Y$、$\sum \boldsymbol{F}_Z$ 为作用在拖曳体上的合力。$(\boldsymbol{u}, \boldsymbol{v}, \boldsymbol{w})$ 表示拖曳体的空间运动速度。

在坐标系 G-xyz 中，利用六自由度运动模型求解拖曳体的运动，方程如下：

$$
\begin{cases}
m(\dot{\boldsymbol{u}} + q\boldsymbol{w} - r\boldsymbol{v}) = \boldsymbol{F}_X \\[1mm]
m(\dot{\boldsymbol{v}} + r\boldsymbol{u} - p\boldsymbol{w}) = \boldsymbol{F}_Y \\[1mm]
m(\dot{\boldsymbol{w}} + p\boldsymbol{v} - q\boldsymbol{u}) = \boldsymbol{F}_Z \\[1mm]
\boldsymbol{I}_{xx}\,\dot{p} + (\boldsymbol{I}_{zz} - \boldsymbol{I}_{yy})\,qr = \boldsymbol{M}_X \\[1mm]
\boldsymbol{I}_{yy}\,\dot{q} + (\boldsymbol{I}_{xx} - \boldsymbol{I}_{zz})\,rp = \boldsymbol{M}_Y \\[1mm]
\boldsymbol{I}_{zz}\,\dot{r} + (\boldsymbol{I}_{yy} - \boldsymbol{I}_{xx})\,pq = \boldsymbol{M}_Z
\end{cases}
\tag{2-175}
$$

式中的前三项为质心运动定理在动系上的表达式，后三式是刚体绕质心转动的欧拉动力学方程式。该模型可用于求解拖曳系统随水面船舶运动时拖曳体的空间运动状态。

在拖曳体水动力设计中，应着重考虑垂直面内的力和力矩的平衡关系。在含有俯仰、升沉和纵荡三个自由度的垂直面的水动力设计中，要采用提供升力的稳定尾翼控制拖曳体的俯仰和升沉。尾翼与可调节拖曳点位置的设计相结合，同时翼带有姿态调节装置，在不同入流角时形成额外的升力，提供恰当的升力矩平抑重力和浮力形成恢复力矩。在对垂直面进行设计的过程中可以使用如下形式的描述垂直面运动的方程组

$$
\begin{cases}
m\,\dot{\boldsymbol{u}} = \boldsymbol{F}_X \\[1mm]
m(\dot{\boldsymbol{w}} - \boldsymbol{u}q) = \boldsymbol{F}_Z \\[1mm]
\boldsymbol{I}_y\,\dot{q} = \boldsymbol{M}_Y
\end{cases}
\tag{2-176}
$$

水平面运动则考虑拖曳体的纵荡、横荡和艏摇等运动，对应的水平面操纵运动方程组为

$$\begin{cases} m(\dot{u} - rv) = F_X \\ m(\dot{v} + ru) = F_Y \\ I_z \dot{r} = M_Z \end{cases} \tag{2-177}$$

上述方程组的求解需要给定初值并结合右端项来求解，例如取 $t = 0$ 时刻的 $u = U_0$，$w = 0$，$q = 0$。

其中，关于拖曳体的设计参数及相关变量包括：

（1）质量 m、随体系中的主惯性轴的转动惯量 I_x、I_y、I_z。拖曳体的质量属性参数如转动惯量和重心位置需要在装配后通过衡重测试获得，在拖曳体初步设计中，也可通过三维 CAD 虚拟装配获得；在拖曳体初步设计中，依据搭载设备的重量、体积，首先规划承载和定位框架。

（2）F_X、F_Y、F_Z、M_X、N_Y、K_Z 等为作用在拖曳体上的外力和力矩分量；拖体受到的力和力矩，包括重浮力、惯性力、水流作用、拖曳缆拉力等的力分量写为：

$$F_X = T\cos\theta_N\cos\phi_N + F_{XG} + F_{XH} + F_{XB} + F_{XP} \tag{2-178}$$

$$F_Y = T\cos\theta_N\cos\phi_N + F_{YG} + F_{YH} + F_{YB} + F_{YP} \tag{2-179}$$

$$F_Z = T\sin\theta + F_{ZG} + F_{ZH} + F_{ZB} + F_{ZP} \tag{2-180}$$

$$M_X = M_{XH} + M_{XB} + M_{XT} + M_{ZP} \tag{2-181}$$

$$M_Y = M_{YH} + M_{YB} + M_{YT} + M_{YP} \tag{2-182}$$

$$M_Z = M_{ZB} + M_{ZH} + M_{ZT} + M_{ZP} \tag{2-183}$$

黏性流体动力和惯性流体动力项的下标为 H，重力相关项的下标为 G，浮力作用相关项的下标为 B，缆力作用相关项的下标为 T，主动控制力项的下标为 P。若增加调控拖曳体的质量属性和流体动力的模型，还需增加相应调整控制项，并采用对应的控制算法。例如应用可调重心式机械结构的主动控制方式对拖曳体的转动自由度进行运动控制。流体作用力项和浮力作用力项等设计变量可利用流体力学计算工具或其他近似计算方法计算，在拖航速度范围内拖曳体受到的流体作用力的大小与重力的合力与拖曳点处的拉力平衡，可利用下式在全局坐标系 $O\text{-}\varepsilon\eta\xi$ 中计算得到牵缆角和牵缆力

$$\begin{cases} T\cos\theta - F_G + F_B = 0 \\ T\sin\theta - F_H = 0 \end{cases} \tag{2-184}$$

在多段式拖曳系统中，水中中性拖曳体的牵缆角可近似为零，在中性拖曳体发生小幅度升沉运动时，中性拖曳体的牵缆角度发生小幅度的扰动。

通常利用风洞和水池实验获得拖曳体在小俯仰角范围和小转首角范围情况下受到的水流作用力和力矩。这些水流作用力应当恰当地表达成拖航速度、姿态角和角速度的函数。由于拖曳体受到的水流作用力的变化规律各异，表达式难以服从小扰动姿态角度的假设，

大多数情况下不宜采用泰勒展开方法，对于形状较为复杂的拖曳体，水流作用力呈现非线性和小入流角的失速现象。对于大角度机动的空间六自由度运动的拖曳体而言，拖曳体的运动呈现出非线性的运动响应，拖曳体受到的水流作用力难以准确模拟。

针对解耦后的垂直面运动模型和水平面运动模型，拖曳体受到的水流作用在水平面内可表达为：

$$\boldsymbol{F}_{XH} = f_1(u,\ v,\ r,\ \dot{u},\ \dot{v},\ \dot{r}) \tag{2-185}$$

$$\boldsymbol{F}_{YH} = f_2(u,\ v,\ r,\ \dot{u},\ \dot{v},\ \dot{r}) \tag{2-186}$$

$$\boldsymbol{M}_{ZH} = f_6(u,\ v,\ r,\ \dot{u},\ \dot{v},\ \dot{r}) \tag{2-187}$$

在垂直面内受到的水流作用力可表达为：

$$\boldsymbol{F}_{XH} = f_1(u,\ w,\ q,\ \dot{u},\ \dot{w},\ \dot{q}) \tag{2-188}$$

$$\boldsymbol{F}_{ZH} = f_3(u,\ w,\ q,\ \dot{u},\ \dot{w},\ \dot{q}) \tag{2-189}$$

$$\boldsymbol{M}_{YH} = f_5(u,\ w,\ q,\ \dot{u},\ \dot{w},\ \dot{q}) \tag{2-190}$$

对于流线形拖曳体，可利用流体力学计算工具计算拖曳体受到的水流作用力矩，准确地获得垂直面或水平面内水流作用力的拟合关系式。拖曳体受到的流体惯性作用力（也就是附加质量属性）可利用特征长度按照不同长短轴比的椭球体的附加质量进行初步估算，对于流线形拖曳体也可利用基于 Hess-Smith 方法的面元法计算主对角线的附加质量。

拖曳体的空间运动幅度大，常需要分析拖曳体的空间运动稳定性。必须考虑运动参数的非线性项，最高可至二阶以上，在垂直面内，上述受力可在小扰动运动下展开为如下线性关系式：

$$\begin{aligned}\boldsymbol{F}_{XH} &= f_1(u,w,q,\dot{u},\dot{w},\dot{q}) \\ &= \frac{\partial f_1}{\partial u}\Delta u + \frac{\partial f_1}{\partial w}\Delta w + \frac{\partial f_1}{\partial q}\Delta q + \frac{\partial f_1}{\partial \dot{u}}\Delta \dot{u} + \frac{\partial f_1}{\partial \dot{w}}\Delta \dot{w} + \frac{\partial f_1}{\partial \dot{q}}\Delta \dot{q}\end{aligned} \tag{2-191}$$

$$\begin{aligned}\boldsymbol{F}_{ZH} &= f_3(u,w,q,\dot{u},\dot{w},\dot{q}) \\ &= \frac{\partial f_3}{\partial u}\Delta u + \frac{\partial f_3}{\partial w}\Delta w + \frac{\partial f_3}{\partial q}\Delta q + \frac{\partial f_3}{\partial \dot{u}}\Delta \dot{u} + \frac{\partial f_3}{\partial \dot{w}}\Delta \dot{w} + \frac{\partial f_3}{\partial \dot{q}}\Delta \dot{q}\end{aligned} \tag{2-192}$$

$$\begin{aligned}\boldsymbol{M}_{YH} &= f_5(u,w,q,\dot{u},\dot{w},\dot{q}) \\ &= \frac{\partial f_5}{\partial u}\Delta u + \frac{\partial f_5}{\partial w}\Delta w + \frac{\partial f_5}{\partial q}\Delta q + \frac{\partial f_5}{\partial \dot{u}}\Delta \dot{u} + \frac{\partial f_5}{\partial \dot{w}}\Delta \dot{w} + \frac{\partial f_5}{\partial \dot{q}}\Delta \dot{q}\end{aligned} \tag{2-193}$$

系数 $\dfrac{\partial f_1}{\partial u}$、$\dfrac{\partial f_3}{\partial u}$、$\dfrac{\partial f_5}{\partial u}$、$\dfrac{\partial f_1}{\partial w}$、$\dfrac{\partial f_3}{\partial w}$、$\dfrac{\partial f_5}{\partial w}$、$\dfrac{\partial f_1}{\partial q}$、$\dfrac{\partial f_3}{\partial q}$、$\dfrac{\partial f_5}{\partial q}$ 为水流黏性力系数，可利用计算流体力学的工具计算拟合这些系数。

系数 $\dfrac{\partial f_1}{\partial \dot{u}}$、$\dfrac{\partial f_3}{\partial \dot{u}}$、$\dfrac{\partial f_5}{\partial \dot{u}}$、$\dfrac{\partial f_1}{\partial \dot{w}}$、$\dfrac{\partial f_3}{\partial \dot{w}}$、$\dfrac{\partial f_5}{\partial \dot{w}}$、$\dfrac{\partial f_1}{\partial \dot{q}}$、$\dfrac{\partial f_3}{\partial \dot{q}}$、$\dfrac{\partial f_5}{\partial \dot{q}}$ 为水流的惯性附加质量系数，可利用估算公式或 Hess-Smith 方法计算。在获得了拖曳体的附加质量属性和水流作用力的变化拟合关系式后，可代入拖曳体的运动模型，模拟拖曳体在不同拖曳状态下和扰动状态下的运动响

应。通常在给出小幅度扰动时，可求解出上述四种模型，通过不断调整优化设计参数，达到理想的拖曳运动响应运动状态。但是并非所有的扰动都能通过求解上述模型得到确切的运动响应，这是由于在阶跃冲击和非线性激励力作用下，数值离散求解上述运动模型产生了困难，尤其是在张力的变化造成强冲击载荷作用下，拖曳体的水动力响应并不严格服从基于准定常假设条件下的水池试验或数值模拟获得的水流作用规律，也就是对水动力的泰勒展开式不成立，水动力模型成为强非线性响应关系，难以利用上述水动力模型计算拖曳体的运动响应。

◎ 参考文献

[1] 王飞，丁伟，邓德衡. 水下多缆多体拖曳系统运动建模与模拟计算[J]. 上海交通大学学报，2020，54(5)：441-450.

[2] Driscoll F R, Lueck R G, Nahon M. Development and validation of a lumped-mass dynamics model of a deep-sea ROV system[J]. Applied Ocean Research, 2000, 22(3)：169-182.

[3] Huang S. Dynamic analysis of three-dimensional marine cables[J]. Ocean Engineering, 1994, 21(6)：587-605.

[4] Zhu Z H. Dynamic modeling of cable system using a new nodal position finite element method[J]. Communications in Numerical Methods in Engineering, 2010, 26(6)：692-704.

[5] Sun F J, Zhu Z H, Larosa M. Dynamic modeling of cable towed body using nodal position finite element method[J]. Ocean Engineering, 2011, 38(4)：529-540.

[6] Burgess J J. Modelling of undersea cable installation with a finite difference method[C]//The First International Offshore and Polar Engineering Conference. International Society of Offshore and Polar Engineers, 1991.

[7] Gobat J I. The dynamics of geometrically compliant mooring systems[D]. Massachusetts Institute of Technology and Woods Hole Oceanographic Institution, 2000.

[8] Pan K, Liu J. Geometric nonlinear dynamic analysis of curved beams using curved beam element[J]. Acta Mechanica Sinica, 2011, 27(6)：1023-1033.

[9] Ablow C M, Schechter S. Numerical simulation of undersea cable dynamics[J]. Ocean Engineering, 1983, 10(6)：443-457.

第3章　水下缆索管线的流固耦合

3.1　圆柱绕流特征

大多数情况下作为细长体的缆索管线，其绕流场近似为圆柱的绕流，旋涡的脱落与边界层的分离有关。Prandt 于 1904 年提出边界层的概念，边界层理论将流场分为两部分：

（1）在物体表面区域的流场称为边界层，在边界层内流速梯度很大，因此其剪切应力不可忽略。

（2）在边界层以外流速梯度相当小，此区域内可以忽略流体黏性，将其视为理想流体的势流运动。

图 3-1 为边界层分离示意图。当流体流过钝体表面时，在柱体表面形成边界层。从 D 到 E 处于加速状态，为顺压强梯度；从 E 到 F 则是减速状态，为逆压强梯度。流体质点从 D 到 E 的过程，由于流体压能向动能的转变，因此不发生边界层分离。而 E 到 F 段动能只存在损耗，速度很小很快，在 S 点处出现黏滞现象，由于压力的升高产生回流导致边界层分离，并形成尾涡，这就是典型的圆柱绕流的边界层分离过程。边界层分离的必要条件即

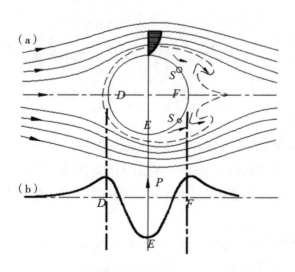

图 3-1　边界层分离示意图

逆压、流体具有黏性，两个因素缺一不可[1]。在圆柱绕流过程中，随着雷诺数的增大，边界层首先出现分离现象，此时分离点不断向前移动，当雷诺数增大到一定程度时，会形成两列几乎稳定的、非对称性的、旋转方向相反的旋涡，并随着主流向下游运动，这就是著名的卡门涡街。

对于圆柱绕流的问题，其旋涡的脱落形态与雷诺数有关，雷诺数 Re 是黏性流体运动中常用的无量纲参数：

$$Re = \frac{UD}{v} \tag{3-1}$$

式中，U、D 分别表示流体流速和圆柱的直径，v 为流体的运动黏性系数。雷诺数表示惯性力和黏性力的相对大小[18]。雷诺数较小时，黏性力大于惯性力，流体流动较稳定，为层流状态；反之，雷诺数较大，惯性力大于黏性力，流场出现扰动，为湍流状态。

图 3-2 为不同雷诺数下，均匀流作用下圆柱绕流的尾流形式。从图中可以看出，不同雷诺数下尾流形态主要为以下情况[10]：

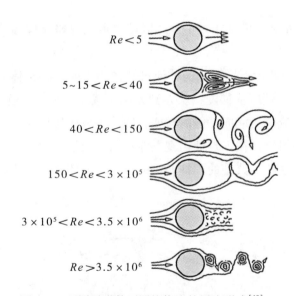

$Re < 5$

$5\sim15 < Re < 40$

$40 < Re < 150$

$150 < Re < 3 \times 10^5$

$3 \times 10^5 < Re < 3.5 \times 10^6$

$Re > 3.5 \times 10^6$

图 3-2　不同雷诺数下圆柱绕流的尾流形式[19]

(1) $Re < 5$：流体和结构没有分离，没有出现旋涡脱落；

(2) $5 < Re < 40$：在结构后方出现一对稳定对称的旋涡，旋涡没有向后方脱落；

(3) $40 < Re < 150$：在圆柱体后方出现交替脱落的旋涡，形成卡门涡街，此时流场为层流状态；

(4) $150 < Re < 300$：流场为从层流向湍流状态过渡的阶段；

(5) $300 < Re < 3 \times 10^5$：流场完全转变为湍流状态；

(6) $3 \times 10^5 < Re < 3.5 \times 10^6$：层流边界层经历了向湍流的转变，旋涡分离点向后移，

且涡街变得狭窄而无序；

（7）$Re > 3.5 \times 10^6$：圆柱后方重新生成稳定脱落的旋涡。

圆柱绕流的斯特劳哈尔数与雷诺数的关系如图 3-3 所示。从图中可以看出，在绝大部分区域斯特劳哈尔数较为稳定。在较低雷诺数情况下，斯特劳哈尔数随雷诺数的增大而增大；在亚临界雷诺数区域（$300 < Re < 1.5 \times 10^5$），斯特劳哈尔数大概稳定在 0.2 范围内，处于比较稳定的状态；在临界雷诺数区域内（$1.5 \times 10^5 < Re < 3.5 \times 10^6$），斯特劳哈尔数受圆柱体表面粗糙程度影响较大，光滑表面柱体斯特劳哈尔数随雷诺数增大先增大后减小，且斯特劳哈尔数变化范围较大，粗糙表面柱体斯特劳哈尔数变化范围相对较小。斯特劳哈尔数较分散，说明在此区域内旋涡脱落频率有较宽的频带，旋涡脱落频率可在较大的频率范围内波动。在超临界区域内，斯特劳哈尔数受壁面粗糙程度影响较小，斯特劳哈尔数随雷诺数的增大而增大。

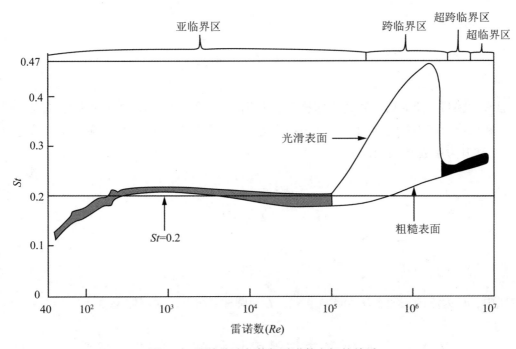

图 3-3　斯特劳哈尔数与雷诺数之间的关系

当圆柱体置于水流中时，受水流黏性的影响，柱体表面形成一层边界层。随着雷诺数的增大，由于逆压的影响，边界层在分离点处分离并产生旋涡向圆柱后方脱离，边界层在向下游移动的过程中，形成剪切层，剪切层之间是尾流区。

旋涡脱落引起的升力和拖曳力如图 3-4 所示。旋涡在结构物两侧呈现周期性的交替脱落，出现旋涡脱落时，会在结构物表面产生逆流，使该侧结构物表面流速降低，压力增大，从而引起结构物两侧的压力差，即横向升力 F_L。当一个旋涡向下游脱落，它引起的升力随之减小直到消失。同时，另一侧的旋涡开始脱落，升力的方向也随之改变。因此，柱体两侧一对旋涡的脱落引起一对方向相反的升力，同时也构成一个升力的变化周期。向下游脱落的旋涡同时会对结构产生流向的拖曳力 F_D，拖曳力的大小随着旋涡脱落而呈现出周期性，但是其方向不发生改变，总是指向顺流向。拖曳力的周期为升力周期的一半，因为它随每一个旋涡脱落呈现周期性变化，因此它的频率为升力频率的二倍[11]。通常情况下，拖曳力要比升力小一个数量级，因此它对结构物的影响也相对要小。

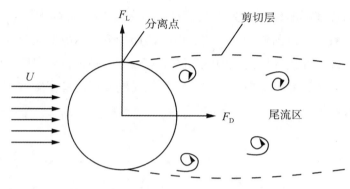

图 3-4　水流拖曳力（F_D）和升力（F_L）

通常，将与水流方向一致的方向称为"顺流向"，垂直于水流的方向称为"横流向"。顺流向和横流向产生的流体力分别称为拖曳力 F_D 和升力 F_L，分别采用无因次系数拖曳力系数 C_D 和升力系数 C_L 表示：

$$C_D = \frac{F_D/L}{\frac{1}{2}\rho\, U^2 D} \tag{3-2}$$

$$C_L = \frac{F_L/L}{\frac{1}{2}\rho\, U^2 D} \tag{3-3}$$

式中，U 为流场流速，D 为圆柱直径，L 为圆柱长度，ρ 为流体密度。

3.2　浸入边界法与缆索拉格朗日描述的耦合

在进行缆索动力学建模过程中必须考虑缆索周围的流体运动对缆索造成的作用力，这类作用力在中低雷诺数情况下体现为随时间变化的载荷，是引发拖曳缆振动的诱因。同时缆索在高张力状态下，周围的流动边界层分离引发的旋涡诱导形成的作用力，也是引起高张拉状态的缆索振动疲劳的主要原因。为此必须建立描述水下缆索绕流场的模型，建立绕流场的载荷向缆索动力学系统传递的耦合过程。

浸入边界方法的核心是进行欧拉网格点与拉格朗日网格点之间的数据信息交换。流体运动由不可压缩的纳维‐斯托克斯（N‐S）方程控制，假设流体为黏性不可压缩流体，以雷诺平均方程作为控制方程描述流场的动力学过程：

$$\nabla \cdot u = 0 \tag{3-4}$$

$$\frac{\partial \boldsymbol{u}}{\partial t} + u \cdot \nabla = -\nabla p + \frac{1}{Re} \nabla^2 u + f \tag{3-5}$$

式中 $\boldsymbol{u} = (u, v)$ 表示流场中 x、y 两个方向的速度，p 表示流场中的压力，Re 为流体的雷诺数，是一种用来表征流体流动情况的无量纲数，也是表征黏性影响的相似准则数，f 表示力源项，用来代替固体边界，表达固体对流体流动的影响情况。

在时间的推进过程中采用投影浸入边界法对控制方程(3-4)、(3-5) 进行二阶离散：

(1) 预估步，计算中间速度 u^*，在此忽略控制方程中的力源项 f，仅考虑初始条件中的压力项 p 对流场的影响：

$$u^* = u^n + \left(\frac{3}{2} H^n - \frac{1}{2} H^{n-1} - \nabla p^n\right) \Delta t \tag{3-6}$$

(2) 对力源项 f 进行求解，并将力源项 f 加入控制方程，更新上一步计算所得的中间速度，这时忽略压力项对流场的影响，解得第二个中间速度 u'。

$$\frac{u' - u^n}{\Delta t} = \frac{3}{2} h^n - \frac{1}{2} h^{n-1} + f^{n+1} \tag{3-7}$$

(3) 利用双共轭梯度稳定迭代算法[2] 求解从压力泊松方程离散化的大型稀疏线性不对称方程，得到最终流场压力 p 并重新代入控制方程，以此来更新第二步的中间速度 u'，得到最终的流场速度 u：

$$\frac{u^{n+1} - u'}{\Delta t} = -\nabla p^{n+1} \tag{3-8}$$

式中，Δt 表示时间步长，u^n 表示在第 n 时刻下的瞬时流场速度，p^n 表示在第 n 时刻下流场中的瞬时压力场，p^{n+1} 表示在第 $n+1$ 时刻下的压力场，网格边长 $h = u \dfrac{\partial u}{\partial t} + v \dfrac{\partial u}{\partial t}$

$-\dfrac{1}{Re}\left(\dfrac{\partial^2 u}{\partial^2 x} + \dfrac{\partial^2 u}{\partial^2 y}\right)$。

在流体动力载荷或重力作用下，结构会经历变形响应，而重力由结构动力学方程控制。基于虚功原理，拉格朗日描述中结构动力学方程表示为：

$$\delta W_i + \delta W_e + \delta W_q = 0 \tag{3-9}$$

δW_i，δW_e 和 δW_q 分别是惯性力、弹性力和外部载荷的虚功。

流体动力载荷的求解质量对 FSI 系统的精度和鲁棒性具有重要意义。在以前的 IBM 中，例如反馈力 IBM[3]，离散力 IBM[4]，可能发生剧烈的力振荡[5-6]。为了获得平滑表面力，本研究中的力是根据参考文献[7] 构建的：

$$F^n = \frac{V^s - U^n}{\Delta t} \tag{3-10}$$

式中，V^s 是拉格朗日网格上所需的速度，通过求解方程(3-9)的结构方程获得。流体

速度 U^n 位于图 3-4 中的拉格朗日网格上, 需要从欧拉网格插值。上标 n 表示时间步长。同样, 体积力 F^n 需要分布到相邻的欧拉网格以强制执行无滑移边界条件。

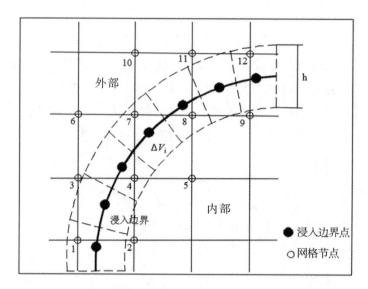

图 3-4　浸入边界法布置图

插值和分布过程由正则化增量函数实现。

$$\delta_h(x - X) = \frac{1}{\Delta x \Delta y} \delta\left(\frac{x - X}{\Delta x}\right) \delta\left(\frac{y - Y}{\Delta y}\right) \tag{3-11}$$

式中, $x = (x, y)$ 和 $X = (X, Y)$ 分别是欧拉网格和拉格朗日网格上 x、y 方向上的坐标; Δx 和 Δy 分别是 x 和 y 方向上的欧拉网格大小; δ 是一维离散增量函数, r 为支撑半径。δ 的表达式为

$$\delta(r) = \begin{cases} \dfrac{17}{48} + \dfrac{\sqrt{3}\pi}{108} + \dfrac{|r|}{4} + \dfrac{r^2}{4} + \dfrac{1 - 2|r|}{16}\sqrt{-12r^2 + 12|r| + 1} \\ \qquad - \dfrac{\sqrt{3}}{12}\arcsin\left(\dfrac{\sqrt{3}}{2}(2|r| - 1)\right), \quad |r| \leqslant 1 \\[2mm] \dfrac{55}{48} - \dfrac{\sqrt{3}\pi}{108} - \dfrac{13|r|}{12} + \dfrac{r^2}{4} + \dfrac{2|r| - 3}{48}\sqrt{-12r^2 + 36|r| - 23} \\ \qquad \dfrac{+ \dfrac{\sqrt{3}}{36}\arcsin(\dfrac{\sqrt{3}}{2}(2|r| - 3))}{}, \quad 1 \leqslant |r| \leqslant 2 \end{cases} \tag{3-12}$$

3.3　缆索耦合振动响应时频属性及旋涡脱落

在海洋工程中, 普遍采用圆柱形断面结构物, 这种交替产生的涡会在柱体表面产生顺流向及横流向周期性变化的脉动压力。如果该柱体是弹性约束的, 脉动压力将会引发柱体

的周期性振动，这种规律性的柱体振动反过来又会改变其尾流的旋涡发放状态，这种流体与结构物之间的相互作用被称为"涡激振动"。

涡激振动是钝体绕流产生旋涡脱落引发的不稳定流体诱发力与结构振动相互作用的典型流固耦合问题。涡激振动是一种限幅振动，当涡脱频率与结构固有频率接近时发生大幅振动引起结构破坏，其长期作用影响结构的疲劳寿命。这类问题的早期研究成果大部分通过风洞实验获得。对于弹性缆索的涡激振动，当把问题简化为二维时，相当于从缆索中取一微段，并将缆索的弹性简化为质量弹簧系统的刚度，受缆索支撑条件的影响，不同位置的微元段其刚度可能不一样。因此，研究质量弹簧系统的刚度对缆索涡激振动的影响，对于掌握三维缆索的涡激振动特性有着积极意义。

从图 3-5 中可以看出，当 $Re = 80$ 时，流场对圆柱的升力系数比较小，而影响圆柱产生涡激振动横向位移的主要作用力就是升力，因此此时圆柱的横向振幅 Y 也很小，基本趋近于 0；当 $Re = 90$ 时，流场对圆柱的升力与 $Re = 80$ 相比有所增加，圆柱的横向振幅 Y 虽然也有一定程度的增大但振动幅度仍不明显；当 $Re = 100$ 时，圆柱的升力与前两个工况相比稍有增大，而圆柱的横向振幅突然急剧增大到前两个工况的 5～10 倍，从这个工况开始，圆柱的涡激振动便进入了锁定区间，但圆柱的横向振幅并没有达到最大；当 $Re = 110$ 时，圆柱的升力与 $Re = 100$ 工况下的升力最大值并无太大区别，但圆柱的横向振幅继续增大并在此时达到最大值，这时圆柱的涡激振动仍然处于锁定区间；当 $Re = 120$ 和 130 时，圆柱的升力依旧没有太大的变化，而此时圆柱的横向振幅由 $Re = 110$ 时的最大振幅逐渐减小，但是这两个工况下圆柱的横向振幅仍然处于比较大的状态，而这两个工况的不同之处在于，由于 $Re = 120$ 工况处在锁定区间内靠中间的位置，因此升力系数与圆柱横向振幅相位相同，而当 $Re = 130$ 时，涡激振动过程已经趋向于摆脱锁定状态，这时圆柱的横向振幅与升力系数的相位发生了变化，由原来的同相位变为有趋向相位相反的趋势；当 $Re = 140$ 时，圆柱的升力虽然没有很大的改变，但是圆柱的横向振幅却突然降低到很小，圆柱的涡激振动过程彻底脱离了锁定区间，圆柱升力达到最大时，横向振幅却达到最低点，这就出现了明显的相位突变现象；当 $Re = 150$ 时，圆柱的横向振幅依旧处于减小的趋势并且在这个工况下基本趋于 0，升力系数随时间的推进逐渐出现了拍频的现象，即在流场稳定后，圆柱的升力并没有形成之前工况中的稳定状态，而是产生了最大升力系数上下波动的现象，并且在这个时刻，圆柱的升力系数与横向振幅仍然处于反相位的状态。

为了更加清晰地研究不同雷诺数下结构涡激振动过程对圆柱尾部旋涡脱落产生的影响，图 3-6 给出了在同一瞬时时刻下部分雷诺数对应的圆柱尾部旋涡的脱落图，当 $Re = 80$ 时，此时的涡激振动过程还没有进入锁定区间，这时圆柱尾部的旋涡以类似于经典卡门涡的方式脱落，与固定圆柱绕流的结果基本相同；当 $Re = 100$ 时，涡激振动已进入锁定区间，在这个区间内涡激振动的振幅很大，此时圆柱尾部的涡脱落模式与之前并无差别，但是由于横向位移的增大，圆柱出现明显的摆动趋势，并且在横向振幅达到最大的时候，圆柱下表面的正旋涡脱落占主导位置，上表面的负旋涡虽然也在随时间的推进而发展，但是

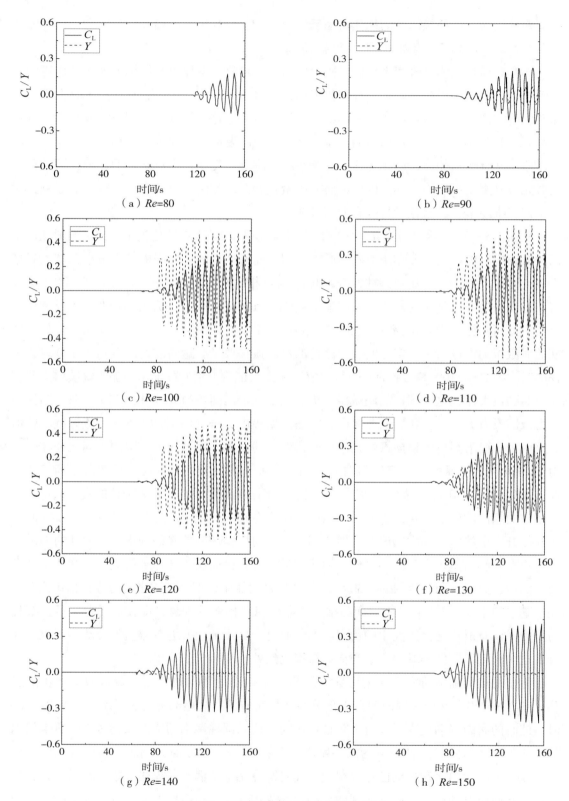

图 3-5 不同雷诺数下升力系数及振幅

正在发展中的负旋涡尺寸相对较小，尾部旋涡的中心向上偏移；当 $Re = 110$ 时，圆柱的横向振幅达到最大，这时圆柱的振动趋势更加明显，尾部旋涡中心达到最大高点，并且此时下表面正旋涡的脱落占主导地位即将脱落，而负旋涡已经脱落，新的负旋涡正在形成但是尺寸很小；当 $Re = 130$ 时，圆柱的涡激振动过程依然处于锁定区间内，这个工况下的涡量图与 $Re = 100$ 的基本相同，只是由于此时圆柱的横向振幅相对减小，圆柱尾部旋涡的中心虽然依旧偏上，但是圆柱的振动趋势并不是很明显，而与 $Re = 100$ 不同的是，在横向振幅达到最大的瞬时刻，原本应该正在脱落的下表面正旋涡变为上表面的负旋涡正在脱落，即从这个工况开始就出现了反相位的现象；当 $Re = 150$ 时，这时涡激振动过程已经彻底摆脱了锁定区间，圆柱尾部涡的脱落形式与固定圆柱基本相同，但是取圆柱处于最大横向振幅处的涡量图，发现与 $Re = 80$ 不同的是，这时正在脱落的旋涡由 $Re = 80$ 时的正旋涡变为上表面的负旋涡，这也就进一步地阐述了升力系数与圆柱横向振幅的相位突变现象。

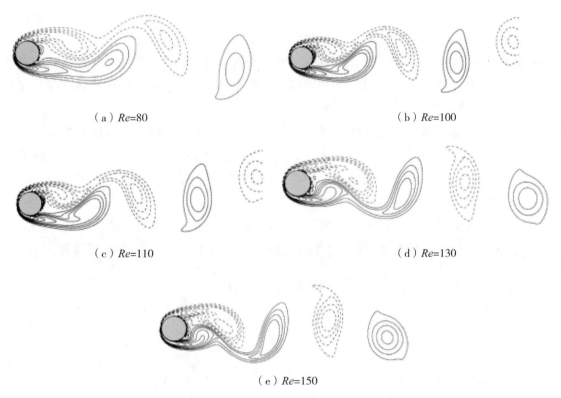

（a）$Re=80$ （b）$Re=100$

（c）$Re=110$ （d）$Re=130$

（e）$Re=150$

图 3-6　不同雷诺数下涡量图（图中虚线为负值，实线为正值）

为了观察横向振幅最大的工况一个周期内旋涡发展的规律，图 3-7 展示了 $Re = 110$ 工况下一个周期内涡量的发展情况。当 $t = T/8$ 时，升力系数以及横向振幅都刚由最大值慢慢减小，横向振幅到达 $Y/2$ 的位置，负旋涡逐渐发展，此时圆柱有向上振动的趋势，但趋势并不明显，圆柱后方最远处旋涡中心也同样有向上的趋势；当 $t = 2T/8$ 时，圆柱的横向振幅为零，这时圆柱由前一个时刻的有向上振动的趋势变为与固定圆柱相似的状态，并且圆柱后方旋涡的中心位置逐渐回到与圆柱中心相平齐的位置，此时负旋涡继续发展，并且尺寸逐渐增大；当 $t = 3T/8$ 时，圆柱的横向振幅变为负数，即向下振动，并且在涡量图中可以看到有向下振动的趋势，但趋势不明显，此时，圆柱后方的旋涡中心继续向下移动到圆柱中心偏下的位置，圆柱的负旋涡发展到即将脱落的状态；当 $t = 4T/8$ 时，圆柱的横向振幅以及升力系数都达到最小值，即圆柱向下振动到位移最大处，圆柱有明显向下振动的趋势，后方旋涡的中心更加偏离圆柱中心，并且向下达到最大位置，圆柱的负旋涡在此时开始脱落，同时上表面的正旋涡开始形成；当 $t = 5T/8$ 时，圆柱开始逐渐向上振动，但由于圆柱的位移依旧为负，所以此时圆柱位置与 $t = 3T/8$ 时刻相似，都有向下倾斜的趋势，后方旋涡的中心同样向下偏离，不同的是，此时圆柱上表面的负旋涡正在脱离，而正旋涡开始逐渐发展；当 $t = 6T/8$ 时，圆柱的横向振幅再一次回到零的位置，这时圆柱没有明显的振动趋势，后方旋涡中心也回归到与圆柱中心水平的位置，负旋涡继续脱落，同时正旋涡尺寸逐渐变大；当 $t = 7T/8$ 时，与 $t = T/8$ 时刻相似，圆柱有向上振动的趋势，后方旋涡中心向上移动，但不同的是圆柱处于负旋涡脱落、正旋涡发展的过程中；当 $t = T$ 时，圆柱的横向振幅以及升力系数都达到最大，此时，圆柱的向上振动趋势最明显，并且圆柱后方的旋涡中心也达到了最高位置，此时圆柱的负旋涡彻底脱落，上下表面的正旋涡已经形成并处于准备脱落的状态。

　　由图 3-7 中展示的旋涡脱落结果可以得出，与圆柱绕流结果相比，圆柱涡激振动过程中，正负旋涡交替脱落的规律没有发生改变，只是在振幅不等于零的位置，圆柱出现了向上或向下振动的趋势，圆柱后方旋涡的中心由固定工况下位于圆柱中心相水平的位置变为向上或向下偏离圆柱的状态。

　　图 3-8 分别展示了椭圆柱四个工况下的瞬时流线分布图，椭圆截面的长轴长为 a（x 轴方向），短轴长为 b（y 轴方向），定义参数长短轴之比为 $A = b/a$，图中可以看到，当 $A =$

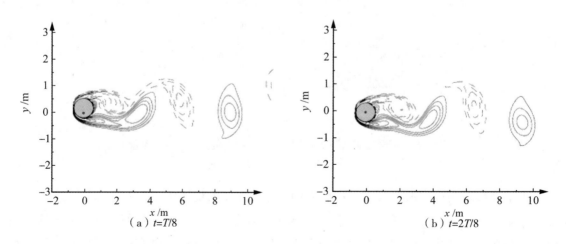

（a）$t = T/8$　　　　　　　　　　　　　　　（b）$t = 2T/8$

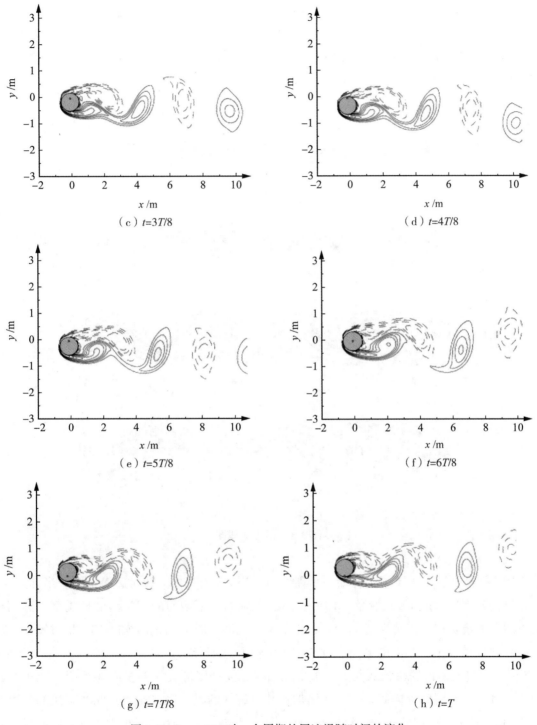

（c）t=3T/8   （d）t=4T/8

（e）t=5T/8   （f）t=6T/8

（g）t=7T/8   （h）t=T

图 3-7　Re = 110 时一个周期的尾迹涡随时间的演化

（图中虚线为负值，实线为正值，圆点代表坐标(0，0)）

0.2 时，椭圆柱的流线图后方并没有明显的分离涡，而是处于稳态；当 $A = 0.5$ 时，椭圆柱与 $A = 0.2$ 相似，但尾部流线的波动开始逐渐明显；当 $A = 0.7$ 时，椭圆柱后方出现了一个分离涡，向上偏离椭圆柱的中心，流线的波动与 $A = 0.5$ 工况下的相似；当 $A = 0.9$ 时，椭圆柱的后方同样出现了一个分离涡，位置与 $A = 0.7$ 时基本一致，并且后方的流线波动情况是四个工况中最明显的。

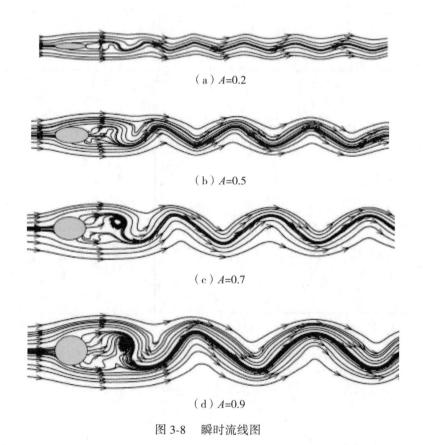

（a）A=0.2

（b）A=0.5

（c）A=0.7

（d）A=0.9

图 3-8　瞬时流线图

　　图 3-9 分别展示了不同工况在一个周期内，当 $t = T$ 时刻的瞬时旋涡量图。当 $A = 0.2$ 时，尾迹旋涡以 $2S$ 的形式脱落，即上表面的负旋涡与下表面的正旋涡交替脱落，椭圆柱后方脱落的正负旋涡形成明显的两列，正负旋涡之间的纵向间距（x 轴方向）相对较小，旋涡的尺寸也比较小，旋涡的分离点基本位于 x 轴上；随着长短轴比 A 的不断增大，当 $A = 0.5$ 时，尾迹旋涡的脱落模式与上一个工况相同，但是尾部旋涡的横向间距明显减小并趋向于一排，而旋涡的纵向间距却有所增加，并且旋涡的尺寸也在变大，此时旋涡的分离点与 $A = 0.2$ 时相比更加偏向 y 轴正方向，即 x 轴的上方；当 $A = 0.7$ 时虽然尾迹旋涡同样以正负旋涡交替脱落的方式脱落，但椭圆柱后方脱落的正负旋涡的横向间距再一次减小并趋于一列，旋涡的尺寸逐渐变大，相邻两个旋涡之间的纵向间距也逐渐增大，旋涡的分离点与

$A=0.5$ 工况下的分离位置基本相同；当 $A=0.9$ 时，旋涡的尺寸、纵向间距都达到最大，而旋涡的分离点再一次回到与 $A=0.2$ 工况下基本相同的位置（x 轴）上。

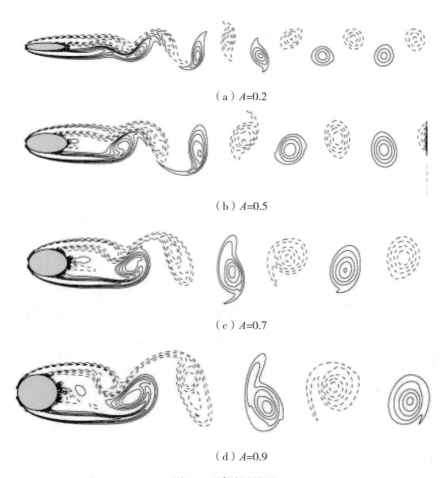

（a）$A=0.2$

（b）$A=0.5$

（c）$A=0.7$

（d）$A=0.9$

图 3-9　瞬时涡量图

　　总之，这种奇妙的涡尾迹动力和结构动力相互作用使整个系统保持在某一周期振荡的平衡态的振动，赋予了涡激振动独有的与常规的结构共振、流致振动不同的特征，例如振动的自激励、振幅的自限制。了解涡激振动的这些基本特征有助于建立更合理、准确的预测模型，它不仅要给出一个精度可以接受的响应，而且能捕捉到涡激振动的基本特征。甚至可以说，衡量一个 VIV 预测模型的标准之一就是该模型是否能（或者在一定程度上）捕捉到涡激振动的自激、自限制等基本特征。

　　钝体绕流最重要的固有特性是边界层从固壁表面分离以及涡交替脱落形成涡街，它的机理涉及涡量的产生、集聚、耗散、涡层相互作用、底压作用以及远场尾流的反馈影响等多种因素，包含丰富的非定常涡动力学问题。固体相对于流体的剪切运动和无滑移条件使得固体表面产生涡量，边界涡量通过黏性扩散传入流体内部，使得固壁附近的流体层变成涡量较大的边界层。边界层在流体黏性阻力和逆压的作用下会产生与固体表面分离的现象，即逆压区中的惯性力需要克服黏性力、逆压梯度产生的逆压力，在一定条件下，固体表面附近的流体质点速度下降到零，甚至出现负值(向上游移动)。边界层从固壁表面分离，形成向下游拖曳的剪切层，剪切层内层和外层流速的不均匀使得自由剪切层发生卷曲，形成旋涡。在一定的雷诺数条件下，Kelvin-Helmholtz 不稳定性使得旋涡的前后位置发生错动，或者从动力系统的不稳定性看，由于圆柱绕流动力，引起对称附着涡失稳而发生交替脱落。离固壁表面近的涡的诱导作用使底压降低，另一侧位于压强较高区域的涡层则被拉入尾流。被拉入尾流的涡层由于拉伸、扩散和耗散而被拉断，终止了对旋涡涡量的输送，使得旋涡强度增长率达到最小值，产生一个涡脱落。脱落涡原来所在的剪切层强度变得最小，形成了离固壁表面较近的涡。接着又开始了第二个涡脱落过程，如此周而复始，形成旋涡的交替脱落。

3.4　旋涡与缆的相互作用案例分析

3.4.1　案例 1#水下航行器牵缆体运动

实验选取了回转体模型和球形浮标作为研究对象，模拟的环境为 20℃的海域，如图 3-10所示，分别为回转体模型和浮标模型图。定义浮标水平运动的方向为 X 轴正方向。浮标主要计算工况如表 3-1 所示。

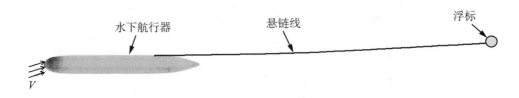

图 3-10　水下航行器模型

表 3-1　模型尺寸参数清单

名称	参　　数
浮标质量	0.20kg
浮标浮力	4.60N
球形浮标半径	47.50mm
浮标质心	(2.90, 0.00, 0.35)m
体积	0.45m³
惯性矩	(1.09×10^{-3}, 1.09×10^{-3}, 1.09×10^{-3})kg/m²

名称	参　　数
缆绳单位长度的质量	0.08kg/m
悬链线牵缆点	(0.00, 0.00, −0.04)m, (2.85, 0.00, 0.25)m

本次试验采用 Starccm+悬链线功能和重叠网格技术模拟了水下航行器在不同攻角、20℃海水、不同放缆速度下，水下航行器牵缆释放浮标的运动情况，以此来找到浮标在何种放缆速度下是可控的，在何种放缆速度下是不可控和临界可控的。表 3-2 所示为球形浮标计算工况设置清单。

表 3-2　计算工况设置清单

名称	参　　数
水流速度	8.00m/s
水流密度	1024.79kg/m³
水的动力黏度	$1.08×10^{-3}Pa·s$

假设水下航行器系缆释放浮标的运动服从线性分布，可以由以下几个式子来表征系缆释放浮标运动：

$$\begin{cases} l = k_0 t + l_0 \\ l = k_0 t + k_1 e^{-t} + l_0 \\ l = k_0 t + k_1 e^{-t} + k_2 d^2 + l_0 \\ l = k_0 t + k_1 e^{-t} + l_0 + \mathrm{sgn}(F) k_2 d^2 \\ l = k_0 t + k_1 e^{-t} + l_0 + \mathrm{sgn}(F) k_2 d^2 + (y - y_0) J(t) \end{cases} \tag{3-13}$$

式中，k_0、k_1、k_2 表示放缆速度，y_0 表示浮标在 y 方向的初始位置，l 表示 t 时刻的缆长，t 表示放缆时间，l_0 表示初始缆长。

考虑到本设计的主要难点在于释放浮标时，浮标在水中会产生深沉、横摇、纵倾等不规则幅度的运动，而重叠网格在处理物体大幅度运动时有着一定的灵活性，重叠网格技术在处理六自由度体运动时可以获得更精确的网格划分，在六自由度体运动中有着较大的适应能力，故在此设计中对浮标运动引入了重叠网格技术，将计算域划分为重叠网格和背景网格，利用重叠网格技术可以实现水下航行器和浮标单独的网格划分，使得浮标可以相对水下航行器进行六自由度体运动。浮标运动区域网格设置得比较精细，基础尺寸设置为0.1m，水下航行器和背景网格划分得较为稀疏[12]，为确保重叠网格打孔成功，浮标运动区域网格精度和重叠网格相似，总计生成的网格数量为 $2×10^6$ 个，网格划分如图 3-11所示。

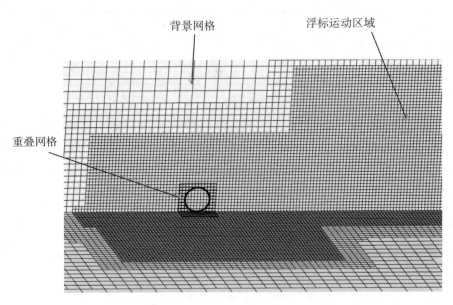

图 3-11 全局网格划分

如图 3-12 与图 3-13 所示，在释放过程中浮标受到旋涡作用做回转圈运动。在最大放缆速度为 1.5m/s 时，浮标受到流体的作用力大，浮标加速运动并产生高频振动。在放缆速度为 1m/s 时，受艇体旋涡作用，浮标处于不规则运动状态，在水平和垂直方向均产生一定位移，由于放缆速度和水流流速间隔增大，此时浮标处于由可控状态慢慢变为不可控状态。在中等放缆速度下，浮标会受到旋涡推动，产生较大振幅的摆动。放缆速度和旋涡的交互作用导致浮标运动轨迹呈现出规律性的摆动或螺旋状运动。这种情况下，浮标的运动较为复杂，受到水流与旋涡的共同影响。0.8m/s 和 0.5m/s 的放缆速度下，可以看出浮标在旋涡作用下在做回转圈运动，在垂直和水平方向上产生一定位移。当放缆速度为 0.3m/s 时，放缆速度远远小于水流速度且为所求算例中最小的，由于水流影响，使得浮标运动受阻。浮标周围会形成旋涡，使得浮标绕着旋涡中心旋转，产生旋转运动，浮标不仅在垂直方向上产生位移，在水平方向亦产生较大的位移，且牵缆力变化频率较快。

在艇体不均匀尾流作用下，浮标会做不规则运动，由于旋涡可以改变水流的速度和方向，从而影响与浮标连接的缆绳的受力情况。如图 3-14 所示，在放缆速度为 1m/s 时，在艇体不均匀尾流作用下，浮标会做不规则运动，由于旋涡作用可以改变水流的速度和方向，1m/s 的放缆速度远远小于 8m/s 的水流速度，水流对浮标施加的力会试图带走浮标或使其偏离预定的路线，使其慢慢趋于不可控状态。在放缆速度为 0.8m/s 时，在艇体不均匀尾流作用下，浮标会做不规则运动，通过观察浮标所受牵缆力变化可以推断出在 8m/s 流速下，浮标慢慢处于不可控状态。当放缆速度为 0.5m/s 时，系缆上将会产生较大的张

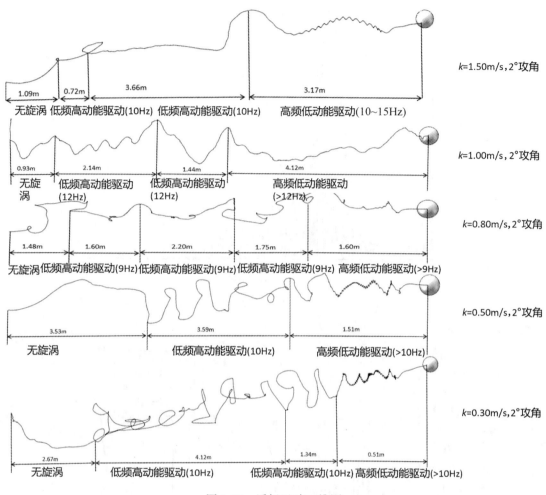

图 3-12 浮标运动三维图

力,由于此时水流流速过快,会使得浮标上浮或者下沉得较快。当放缆速度为 0.3m/s 时,放缆速度为所求算例中最小的,这时系缆上将会产生几种情况中最大的张力,由于此时水流流速过快,会使得浮标上浮或者下沉得较快。

采用 StarCCM+悬链线功能和重叠网格技术模拟水下航行器在不同攻角、20℃海水条件、不同放缆速度下水下航行器牵缆释放浮标的运动情况,来判断不同攻角、放缆速度 K 和横向涡流对浮标运动的影响。如图 3-15 所示,在放缆速度 K 值一定时,攻角为负值时,对艇体施加的攻角越大,浮标运动角速度越快。攻角为正值时,对艇体施加的攻角越大,浮标运动角速度越慢。K 值不同,攻角一定时,放缆速度越快,浮标角速度变化速率越快。

如图 3-16 所示,当放缆速度一定时,对艇体施加的攻角越大,则悬链线受力变化越快;当攻角一定时,放缆速度越快,则悬链线受力变化越快。在低速放缆情况下,水流对

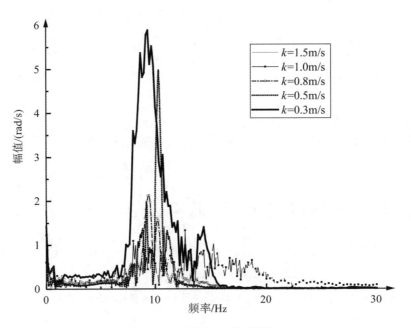

图 3-13　浮标角速度频谱图

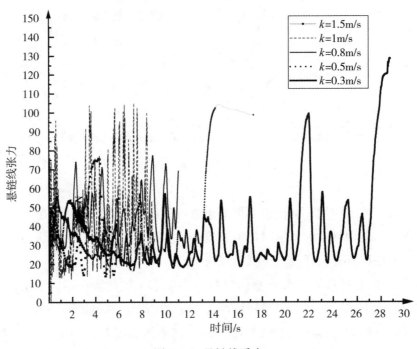

图 3-14　悬链线受力

浮标牵引力相对较小，牵缆力主要受到缆绳重力和浮标浮力影响，而水流牵引力相对较小，浮标呈现较为松弛的状态，受到的牵缆力较小。随着放缆速度的增加和攻角的存在，牵缆力会受到艇体和水流相对运动的影响。

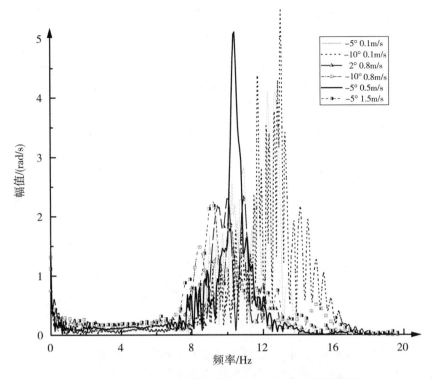

图 3-15 不同攻角不同放缆速度下浮标角速度频域图

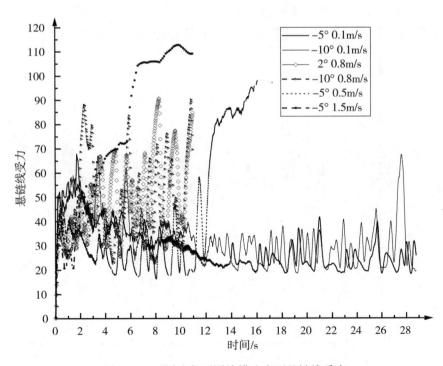

图 3-16 不同攻角不同放缆速度下悬链线受力

如图 3-17 所示为浮标运动的迹线，由图可见在低速放缆情况下，水流相对缓和，艇体周围的速度场表现为较小的湍流，且在艇体尾部形成尾流；当攻角变大时，水下航行器相对于水流的夹角增大，这会导致速度场的非对称性。在攻角一侧，水流会受到艇体的阻挡，形成较大的湍流区域，而在另一侧可能形成较为平缓的流动。艇体放缆释放浮标对速度场的影响更加显著，可能会引起更大范围的扰动。

在高速放缆情况下，水流对水下航行器与浮标的影响更为剧烈，形成较大的湍流区域，速度场呈现出明显的非线性结构。其次，高速放缆会在艇体附近形成较大的旋涡，对速度场的影响更为显著。

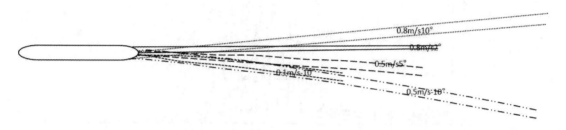

图 3-17　不同攻角不同放缆速度下浮标运动迹线

水下航行器释放浮标时，不同的放缆速度下，浮标与旋涡相互作用时，缆绳的形态及其变化是一个关键的观察对象。缆形的变化会受到水流强度、旋涡强度、浮标质量等因素的影响。如图 3-18 所示，在低速放缆情况下，水流速度较小，缆绳可能平稳地延伸到浮

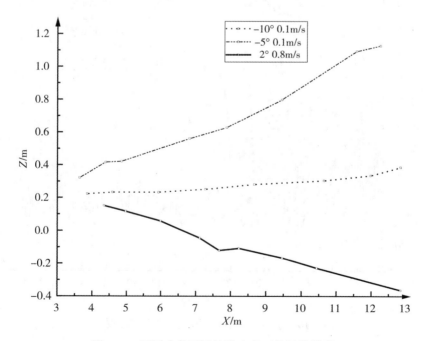

图 3-18　不同攻角不同放缆速度下悬链线缆形

标附近，由于水流影响相对较小，缆绳近似为一条直线，只受到浮标质量与浮力的影响，这时缆绳可能呈现出较为松散的状态。随着放缆速度的增加，水流冲击力也增大，导致缆绳呈现出波浪状形态。同时，浮标受到水流和旋涡的影响，也会引起缆绳的运动与变形。在高速放缆情况下，水流冲击力非常大，会导致缆绳被迅速拉直，并且在浮标附近形成较大的张力，此时，缆绳可能会呈现出紧绷状态。浮标受到强大的水流与旋涡的影响，受力不均匀，导致缆绳出现弯曲或者扭曲。

3.4.2 案例 2#水下航行器牵缆运动

水下航行器拖曳系统可以安全有效地到达海洋深水区域作业，是开展深海勘探的重要工具，可根据直航过程中缆索的几何形态来预测航行器的运动状态，从而指导航行器作业[13]。水下航行器拖曳系统动力学仿真研究的结果不仅可以直接用于水下拖曳系统设计，而且可以用来指导开展水下拖曳作业[14]。牵缆运动是以 SUBOFF 为原型的 AUV 自航，本案例中所述缆索为轻质正浮力缆索，首端连接在航行器的围壳处(作为拖点)，尾端自由端接一个轻质浮体，相关参数见表 3-3。

表 3-3 拖曳系统参数

拖曳缆参数		拖曳体参数	
缆长	$L = 6\text{m}$	质量	$m = 1\text{kg}$
直径	$D = 0.01\text{m}$		
密度	$\rho = 1050\text{kg/m}^3$	排水量	0.00015m^3
线密度	$\mu = 0.0628\text{kg/m}$		
弯曲刚度	$0\text{kN} \cdot \text{m}^2$	阻力系数	$C_{dx} = 1.0$, $C_{dy} = 1.0$, $C_{dz} = 1.0$
泊松比	0.28		
轴向刚度	110kN		
扭转刚度	$0\text{kN} \cdot \text{m}^2$		
C_n	1.8		
C_t	0.025		

Xu[15]采用自适应网格优化技术对系缆水下航行器的机动性和水动力学进行了研究，Cao[16]采用多块网格策略的相同网格拓扑结构对裸艇体 SUBOFF 计算域进行离散化，以研究黏性流求解器预测艇体周围的力和力矩以及流场的能力。网格分辨率主要包括顶层网格分辨率和网格剖分最高分辨率[17]。为了模拟航行器周围的流场，流场边界条件及网格划分如图 3-19 所示，网格划分采用分块网格技术，生成高质量的外流场自适应网格，在拖曳缆的分布的空间运动轨迹区域内进行了网格加密，采用了缆径尺寸的 1/10 作为最小网格分辨率，随时间步更新网格的空间分布范围。对 SUBOFF 尾涡发放的区域进行了加密。

对 $y+$ 进行合理取值，在主艇体艏部、艇体周围以及自航尾流中牵缆路径区域划分比较细密的网格节点，并在这些区域采用局部网格加密技术，以满足计算精度的要求。

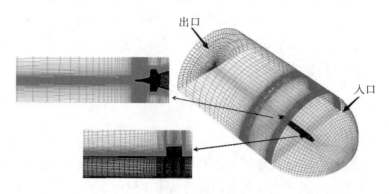

图 3-19　计算域网格

为研究螺旋桨抽吸效应对尾流的影响进而影响拖曳缆形，本节选取 $V=4\mathrm{m/s}$ 的航速，利用虚拟盘模拟螺旋桨，进行螺旋桨抽吸效应分析。首先采用航速 4m/s 下对螺旋桨进行数值计算，计算时螺旋桨转速 $n=10\mathrm{r/min}$，分析艇体周围的流场特性，螺旋桨由于抽吸效应形成射流区与尾迹影响区，但是由于拖曳缆并不处于螺旋桨的射流核心区，该区域水流流速与不带螺旋桨区域基本一致，所以在该牵缆位置，螺旋桨的抽吸作用对缆绳的位置与姿态影响很小。在直航情况下，缆索的几何形态在 x–z 地面坐标系中近乎呈一条直线。这说明，在航行器以某一确定速度直航时，水下缆绳的状态几乎为直线，如图 3-20 所示。

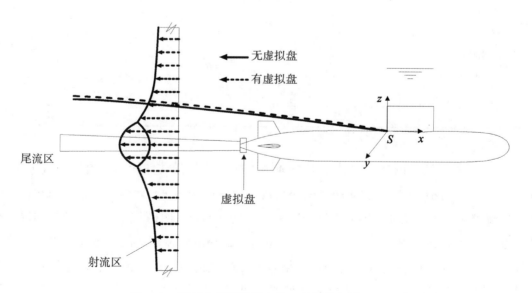

图 3-20　潜艇有无螺旋桨直航工况涡旋与缆形对比

1. 直航条件下尾流和拖曳缆的动态响应

牵引点的设置如图3-21(a)所示，当拖曳缆位于围壳顶部(位置1~3)时，拖曳缆与航行器之间的夹角范围为0.3°~0.37°。当拖曳缆位于位置4~6时，拖曳缆与航行器之间的夹角范围为24°~41°。拖曳缆与航行器之间的夹角在位置6~10保持在41°。然而，在位置10之后，两者夹角开始明显减小。拖曳缆长度继续加长，在位置6~10不发生附着运动，如图3-21(b)所示。

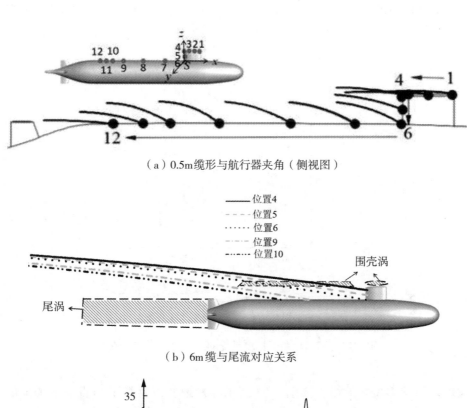

（a）0.5m缆形与航行器夹角（侧视图）

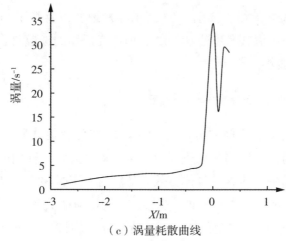

（b）6m缆与尾流对应关系

（c）涡量耗散曲线

图3-21　直航下尾流与缆形的关系

2. 带攻角时尾流与缆的耦合效应

为了研究艇体攻角对拖曳缆形的影响，计算设计艇速 $V = 4 \text{m/s}$，艇体处于 $0°$，$3°$，$5°$，$8°$攻角工况下艇体产生的涡旋情况。

图 3-22 显示了在四种不同攻角下拖曳系统的位置和姿态与尾流的对应关系，详细展示了航行器在黏性流体中运动时涡的形成与脱落，在航行器体后方会形成复杂的涡量场。航行器在黏性流体中运动时，流体会受到指挥台围壳和尾翼等障碍物的阻碍作用，流速降低，围壳顶端和后缘的尾涡呈现项链形状，受攻角变化和流动分离的影响较为明显。不同攻角下的最终缆形也存在一定的差异，但由于缆几乎很少浸没在尾流中，因而缆形的位置差异很小。

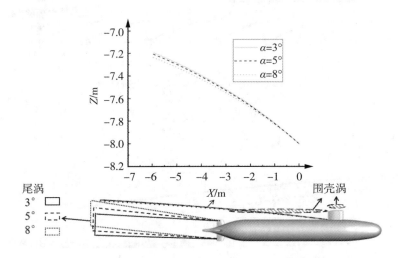

图 3-22 不同攻角下拖曳系统的尾流发放与缆形位置

选取攻角 $8°$ 下多位置放缆，如图 3-23 所示，发现各位置缆形与直航下缆形的变化趋势一致，且在此攻角下，涡耗散率高达 80%，但围壳后缘的耗散与直航时对应位置涡量最多相差 1.18s^{-1}，差异较小。

3. 回转运动下尾流与缆的耦合效应

为了实现对回转运动水流横向分离复杂流动的准确捕捉并研究其对拖曳缆姿态的影响，假定水下航行体与流体以同一角速度做回转运动，流体与壁面间不存在相对运动，只受到静压场的作用。其中，缆索的具体参数、计算时所用时间步长及基本假设与直航情况相同。分别操 $2°$，$5°$，$8°$和 $12°$方向舵，观察缆形与尾流的关系。

如图 3-24(b)所示，随着漂角的增大，航行器体周围横向分离流逐渐变强，分离产生的涡旋运动越发强烈，与直航状态不同，回转运动下缆的空间运动曲率大，受到漂角的影

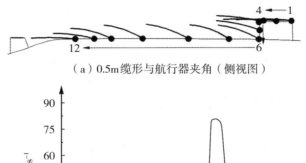

（a）0.5m缆形与航行器夹角（侧视图）

（b）涡量耗散曲线

图 3-23　攻角 8°下尾流与缆形的关系

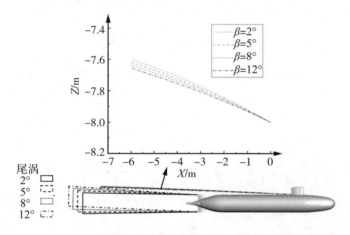

（a）不同漂角下拖曳系统的尾流发放与缆形位置侧视图

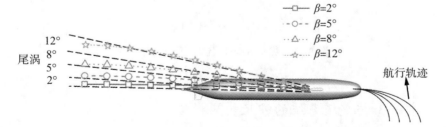

（b）不同漂角下拖曳系统的尾流发放与缆形位置俯视图

图 3-24　不同漂角下拖曳系统的尾流发放与缆形位置

响，尾流向 y 轴偏移，浸没在尾流中的缆同样发生 y 向偏移，但是在不同漂角下，尾流在纵向上的变化微小，所以不同漂角下尾流对缆绳纵向的偏移量影响较小，但是可以明显发现漂角越大，尾流对缆的吸附作用也更大，如图 3-24（a）所示。进一步选取漂角 8°下多位置放缆，如图 3-25（a）（b）所示，发现各位置缆形与直航下缆形的变化趋势基本一致，但是漂角作用下的缆形在纵向与横向均与直航存在较大差异，纵向上比直航更靠近航行器体，理想位置缆绳与航行器体夹角为 10°，同比直航情况下，夹角减少约 75%。横向上缆绳尾部向 y 向偏移角均大于 0.4°且小于 0.9°，而直航与攻角情况下，这种横向偏移可忽略不计。如图 3-25（c）所示 8°漂角下，涡几乎耗散殆尽，围壳后缘的涡量与直航时对应位置涡量最多相差近 $18s^{-1}$，差异相对较大。

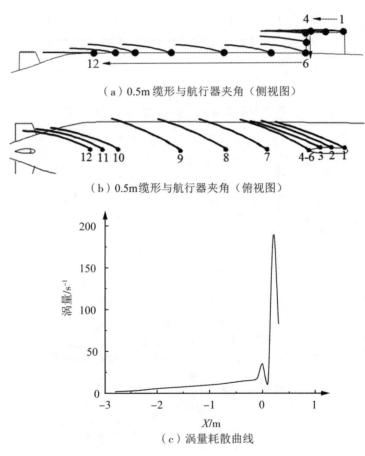

（a）0.5m 缆形与航行器夹角（侧视图）

（b）0.5m 缆形与航行器夹角（俯视图）

（c）涡量耗散曲线

图 3-25　漂角 8°下尾流与缆形的关系

3.4.3　案例 3#拖曳缆系统的缩尺效应模拟

缩尺模型计算验证。根据流场相似准则，缩尺缆与原型缆之间的缆长雷诺数应相等，如式（3-14）所示。L_0 表示原型缆的缆长，L_1 表示缩尺缆的缆长，ν 表示运动黏度，R_{eL}、R_{eD}

为缆径雷诺数。

$$R_{e_L} = \frac{V_0 L_0}{\nu} = \frac{V_1 L_1}{\nu}$$

$$R_{e_D} = \frac{V_0 D_0}{\nu} = \frac{V_1 D_1}{\nu} \tag{3-14}$$

当$L_0 = \lambda L_1$时，可以得到$V_0 L_0 = V_1 L_1$。其中λ是缆形缩尺比，那么$V_1 = \lambda V_0$。然而缆直径$D_1 = \lambda D_0$变成了极其微小的细丝，具有显著的尺度效应。从而引入缆直径缩尺比λ_G来表述缆直径的缩小比例，如式(3-15)所示，它用于消除圆柱绕流的尺度效应，拖缆的配置如图3-26所示。

$$D_1 = D_0 / \lambda_G \tag{3-15}$$

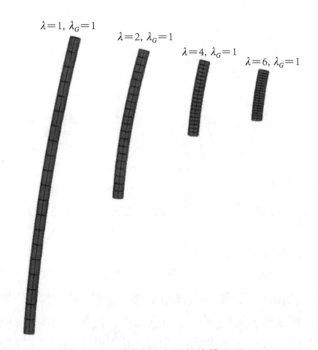

图 3-26　不同缩尺比下的拖缆配置

在大多数拖曳情况下，海洋拖曳是在拖曳速度不超过20m/s的情况下进行的。在这种速度下，缆的直径依旧保持较大的尺寸。我们设计了一组缩尺比来考虑λ和λ_G组合的耦合效应。两个缩尺比的关系如表3-4所示，缆直径缩尺比保持$\lambda_G = 1$，以保持圆柱尾流的均匀性。本研究采用了Guan[8]的3m长原形缆拖曳系统的拖曳水池实验进行验证，拖曳系统的具体参数如表3-5所示。假定该柔性缆为细长圆形横截面，拖曳系统动力模型不考虑结构的扭转和弯曲，Guan的缆形结果用于尺度计算的验证。

表 3-4　不同缆形缩尺比计算算例

缆形缩尺比 λ	拖曳速度/(m/s)	缆长/m	缆直径缩尺比 λ_G
6	$V_1 = V_0 \times 6$	$L_1 = L_0/6$	1
4	$V_1 = V_0 \times 4$	$L_1 = L_0/4$	1
2	$V_1 = V_0 \times 2$	$L_1 = L_0/2$	1

表 3-5　拖曳系统参数

拖曳缆参数		拖曳体参数	
缆长	$L = 3\text{m}$	质量	$m = 1\text{kg}$
直径	$D = 0.01\text{m}$	排水量	0.00015m^3
密度	$\rho = 1050\text{kg/m}^3$	阻力系数	$C_{dx} = 1.05$，$C_{dy} = 0$，$C_{dz} = 0.1$
线密度	$\mu = 0.082\text{kg/m}$	浮力	1.47N
弯曲刚度	$0\text{kN} \cdot \text{m}^2$	拖曳速度 V_0	0.3m/s
泊松比	0.28		
轴向刚度	110kN		
扭转刚度	$0\text{kN} \cdot \text{m}^2$		
初始 C_n	1.2		
初始 C_t	0.025		

　　根据该 FSI 方法，对拖曳系统进行了数值模拟。从图 3-27 可以看出，在大的缆形缩尺比下，即使雷诺数相等，缆形也产生了偏差，这是由于忽略了斯特劳哈尔数的影响。在 $\lambda_G = 1$ 且选取不同 λ 的情况下，缆形计算结果与实验结果较吻合，这是由于缩尺缆与原型缆周围的流动相似。在这些大缆径缩尺比的模拟中，边界交替分离的漩涡脱落具有显著的非定常效应，斯特劳哈尔数产生了更大的影响，并以此来选取合适的缆径缩尺比。

　　在这个双缩尺比的方法下，较小的缩尺比代表着较低的计算规模，因此，选取 $\lambda = 6$ 的情况下改变 λ_G 的值，如表 3-6 所示，缆径雷诺数由 3×10^3 变化至 1.8×10^5。可以预见，在层流或湍流中，在缆的尾流场中可以观察到各种剪切层的脱落，特别是在椭圆尾流以外的圆柱尾流区域。此外，涡激振动主要发生在拖曳缆圆柱尾流区。

　　在这些模拟中，FSI 计算结果与实验结果较为一致。$St = \dfrac{D}{V_0 t_0}$ 不仅由 V_0 和 D 决定，而且由分离周期 t_0 决定。因此对缩尺缆进行了长期的时间平均流体动力学处理，以消除缆上这种非定常涡激振动。图 3-28 和图 3-29 中给出了一个时间平均的计算结果进行验证，可以观察到随着 λ_G 的增加，缆形计算结果与实验结果偏差较大，较小的 λ_G 表示较大的 Re_D，拖曳缆周围流动模式与实际流动非常接近。

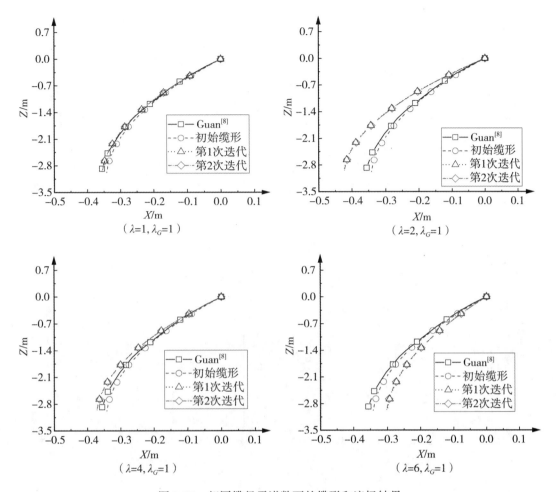

图 3-27 相同缆径雷诺数下的缆形和流场结果

时均化的阻力系数给出了沿缆形的轻微空间波动的涡流阻力。C_{dx} 随着 λ_G 的增加而明显增加，这表明没有涡流脱落的层流位于较厚的边界层中，并且随着 Re_D 的减小而具有较高的阻力。由于缆是直拖的，C_{dy} 接近于 0。

表 3-6 不同缆径缩尺比的计算算例

缆形缩尺比 λ	6	6	6	6	6	6
缆径缩尺比 λ_G	6	4	3	2	1.5	1
缩尺后的缆直径	0.0017	0.0025	0.0033	0.005	0.0067	0.01
Re_D	3058	4497	5936	8994	12052	17989
流动形态	层流	湍流				

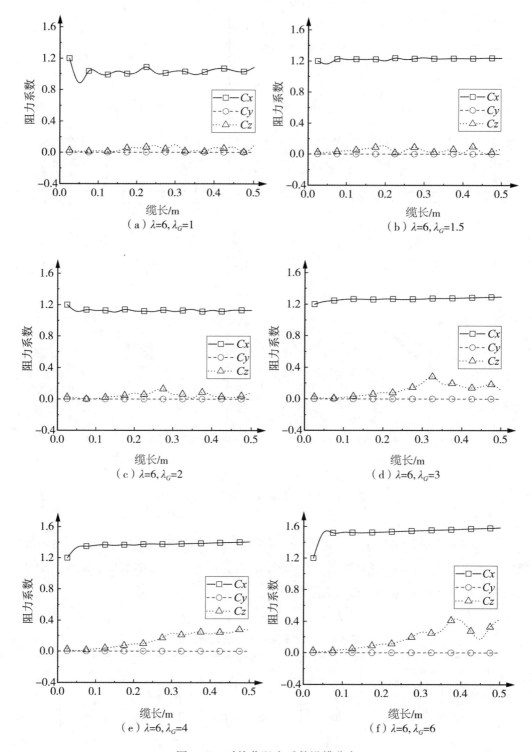

图 3-28　时均化阻力系数沿缆分布

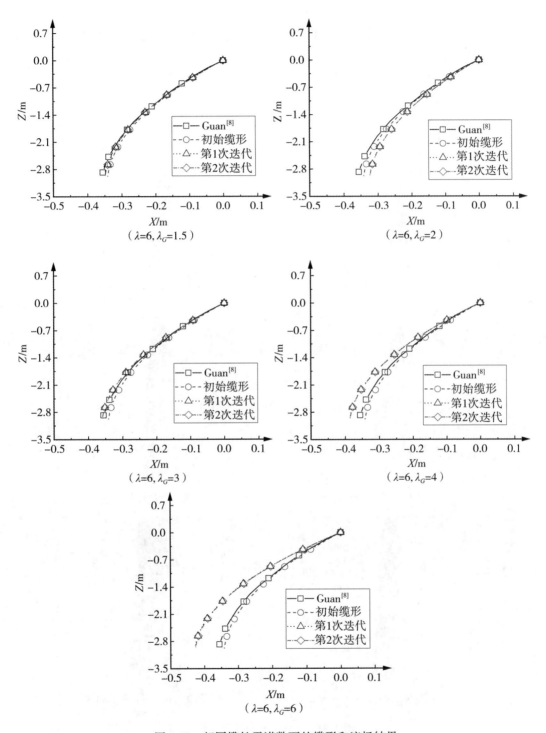

图 3-29　相同缆长雷诺数下的缆形和流场结果

　　图 3-30 展示了缆尾流中的大涡流结构。涡度分布的特征显示了不同缩尺比下的旋涡脱落相似性，以确保流固耦合计算的准确性。这是一个双缩尺比的模拟模型，用于优化计算量并保持稳定的空间旋涡结构。沿缆存在着显著的涡流脱落行为，这表明较高的网格分辨率和合适的 RANS 模型。

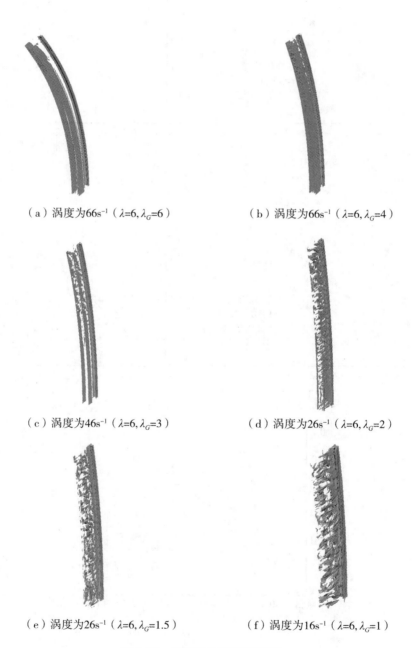

（a）涡度为 $66s^{-1}$（$\lambda=6, \lambda_G=6$）　　　　　（b）涡度为 $66s^{-1}$（$\lambda=6, \lambda_G=4$）

（c）涡度为 $46s^{-1}$（$\lambda=6, \lambda_G=3$）　　　　　（d）涡度为 $26s^{-1}$（$\lambda=6, \lambda_G=2$）

（e）涡度为 $26s^{-1}$（$\lambda=6, \lambda_G=1.5$）　　　　（f）涡度为 $16s^{-1}$（$\lambda=6, \lambda_G=1$）

图 3-30　尾流中的涡度等值面

如图 3-31 所示，是在缆形缩尺比为 6 的情况下，不同缆径缩尺比的拖缆截面上的动压力分布。可以看出，沿 z 轴截面的椭圆绕流到圆柱绕流的过渡。$z/d = 0.9$ 表示拖曳缆靠近拖曳体处的流动情况。随着缆径缩尺比的减小，缆周围的流场逐渐呈现出旋涡交替脱落，与低拖曳速度时缆周围流动情况更加相似。这表明在低速拖曳中，涡流引起的缆索振动占主导地位。

图 3-30 中涡流分布的差异显示了缆径显著的尺度效应，应该根据缆局部流动研究产生涡流的临界雷诺数，通过临界雷诺数 Re_c 来确定 λ_G。为了避免缩尺模型中的层流，在实践中，λ_G 的值必须近似于 1。λ_G 可以确定缆周围的层流或湍流，然而较大的 λ 可以模拟较高的拖曳速度和降低计算规模。

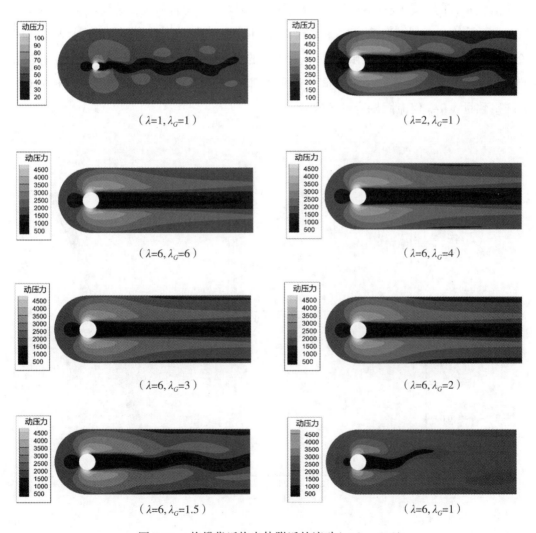

图 3-31   拖缆靠近拖曳体附近的流动$(z/d = 0.9)$

St 是一个无量纲值，可用于分析振荡非定常流体动力学问题以及流体与柔性结构的相互作用，St 必须满足

$$St = \frac{D_0}{U_0 \, t_0} = \frac{D_1}{U_1 \, t_1} = \frac{D_1}{\lambda \, U_0 \, t_1} \tag{3-16}$$

其中下标 0 表示原型拖缆，下标 1 表示缩尺拖缆。为了获得绕缆流动的非定常流体动力学频率，图 3-32 至图 3-35 给出了原型和缩尺模型的总阻力随时间的变化情况。在不同的流动区域的阻力频率比较中，旋涡脱落频率随着缆形缩尺比的增加而变高，这是由于在高的缆径雷诺数下湍流充分发展，St 更加稳定。

临界雷诺数效应分析。利用流固耦合计算方法和双缩尺比模拟了 Gobat[9] 中的拖曳系统，该拖曳系统的参数如表 3-7 所示。为了保持拖曳缆周围的湍流，选取 $\lambda_G = 1 \sim 2$。选取如表 3-8 所示的一系列缆形缩尺比 λ 来模拟缆周围的流动。为了在流固耦合计算过程中使用较低的计算成本，雷诺数被限制在一个估计的上限值 Re_U。缆形缩放不再遵循标准雷诺数准则。缆形缩尺比位于 2 ~ 50 之间。这种处理可以降低生成缆附近边界层网格的难度，减少网格数量，Re_U 使流固耦合计算高效。

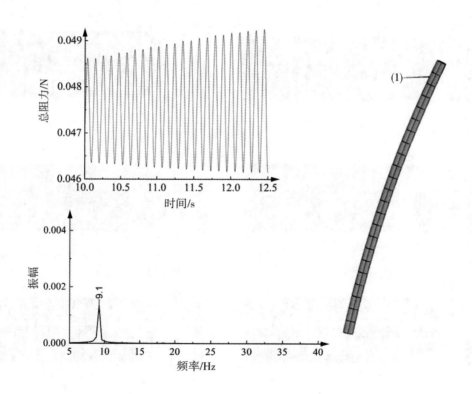

（a）位置（1）处的阻力变化历程，$St = 0.302$

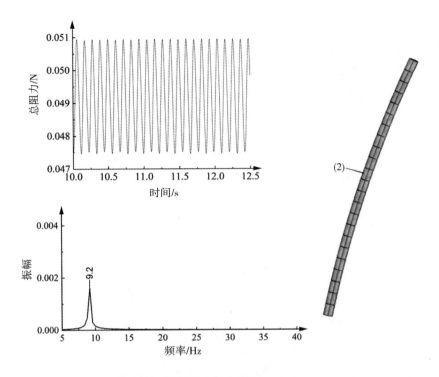

（b）位置（2）处的阻力变化历程，$St=0.306$

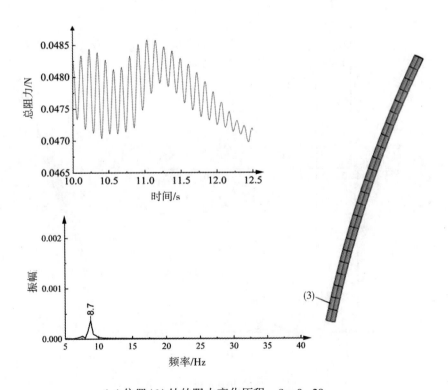

（c）位置（3）处的阻力变化历程，$St=0.29$

图 3-32 在不同缆段处总阻力的变化历程（$\lambda=1$，$\lambda_G=1$）

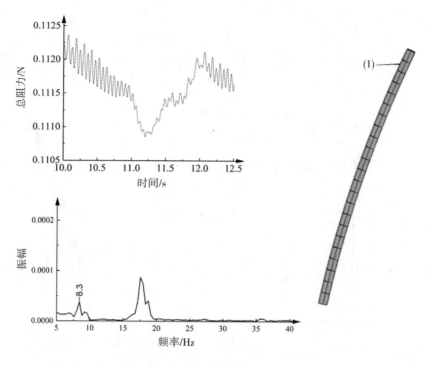

（a）位置（1）处的阻力变化历程，$St = 0.138$

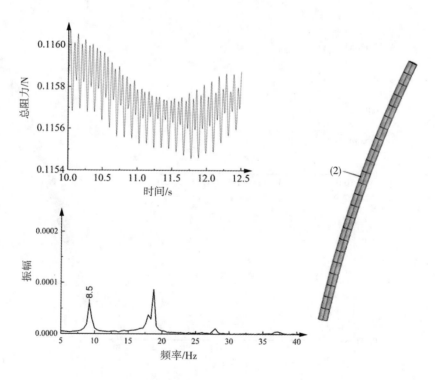

（b）位置（2）处的阻力变化历程，$St = 0.151$

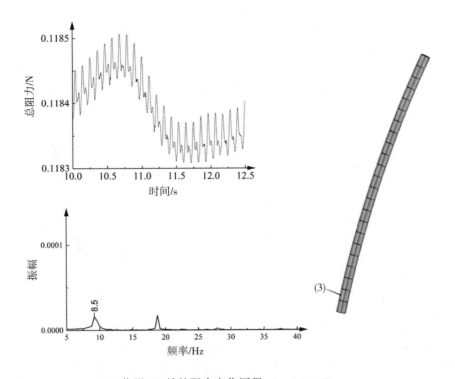

（c）位置（3）处的阻力变化历程，St = 0.142

图 3-33   在不同缆段处总阻力的变化历程（λ = 2，λ_G = 1）

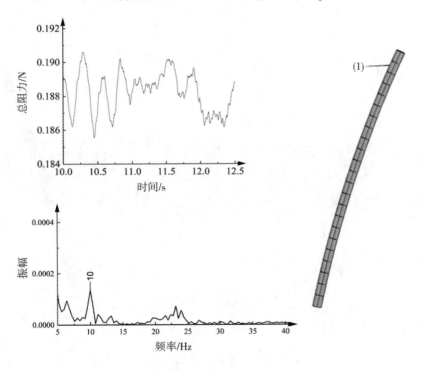

（a）位置（1）处的阻力变化历程，St = 0.083

图 3-34   在不同缆段处总阻力的变化历程（λ = 4，λ_G = 1）（1）

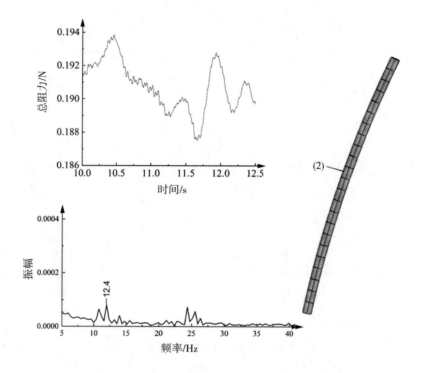

（b）位置（2）处的阻力变化历程，$St = 0.103$

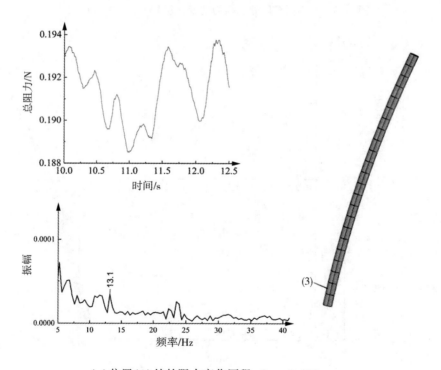

（c）位置（3）处的阻力变化历程，$St = 0.109$

图 3-34　在不同缆段处总阻力的变化历程（$\lambda = 4$，$\lambda_c = 1$）（2）

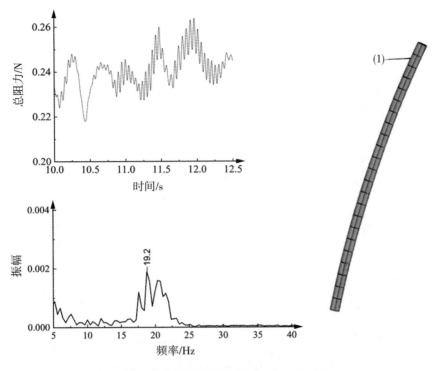

（a）位置（1）处的阻力变化历程，$St = 0.106$

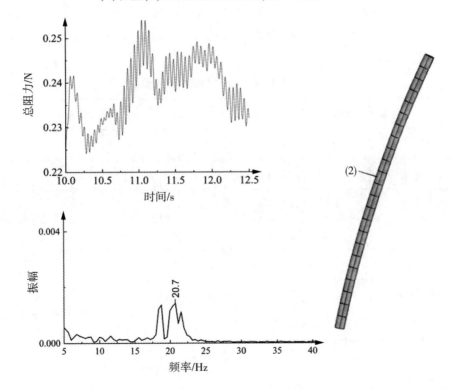

（b）位置（2）处的阻力变化历程，$St = 0.122$

图 3-35 在不同缆段处总阻力的变化历程（$\lambda = 6$，$\lambda_c = 1$）（1）

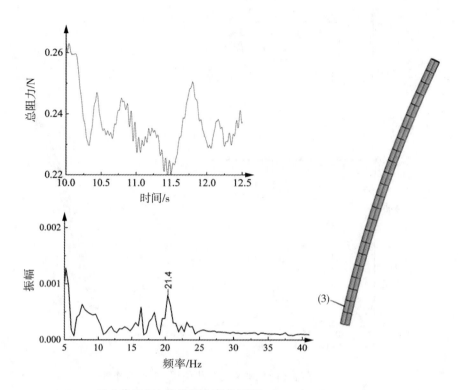

（c）位置（3）处的阻力变化历程，$St = 0.161$

图 3-35　在不同缆段处总阻力的变化历程（$\lambda = 6$，$\lambda_G = 1$）（2）

表 3-7　Gobat[9] 的拖曳系统参数

拖曳缆参数		拖曳体参数	
缆长	$L = 1000$m	质量	$m = 1135$kg
缆直径	$D = 0.0173$m		
线密度	$\mu = 0.00112$kg/m	体积	0.442m^3
弯曲刚度	237.88kN·m^2		
泊松比	0.24	阻力系数	$C_{dx} = 0.77$, $C_{dy} = 0$, $C_{dz} = 0$
轴向刚度	12717kN		
扭转刚度	10kN·m^2		
C_n	1.5	拖曳速度	2.572m/s
C_t	0.01		

表 3-8 缩尺模型算例

算例	缆形缩尺比（λ）	Re
1	50	$Re_U = 266813$
2	20	$Re_U = 266813$
3	12	$Re_U = 266813$
4	6	$Re = 177875$
5	4	$Re = 148229$
6	2	$Re = 80852$

如图 3-36 所示，随着 λ 的增加，缆形发生了较大的偏差。在图 3-37 中，高雷诺数情况下的阻力系数由 2.2 下降至 1.5。尺度效应可以在临界雷诺数下观察到。由图可以看出，λ 和 λ_G 的耦合效应并不明显。从图 3-38 可以看出，这些高缆形缩尺比模型的尾流变成了相同的模式，这表明具有两个剪切层分离的稳定高湍流。临界雷诺数最好选取相对较小的值，例如 $\lambda \leqslant 6$ 的情况下。

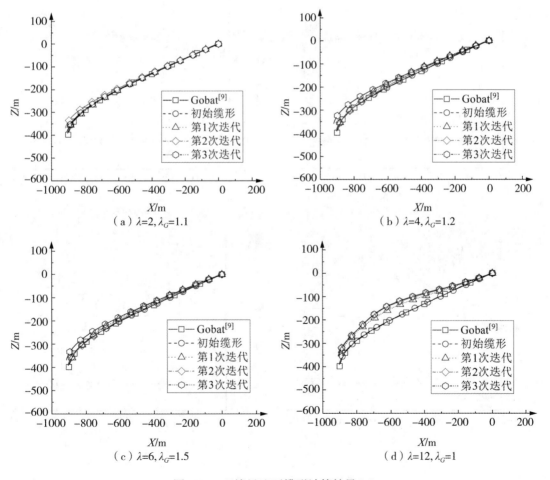

图 3-36 双缩尺比下缆形计算结果(1)

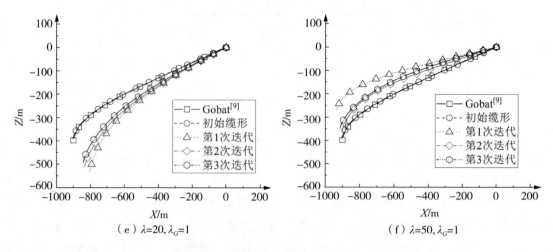

（e）$\lambda=20$, $\lambda_G=1$　　　　（f）$\lambda=50$, $\lambda_G=1$

图 3-36　双缩尺比下缆形计算结果（2）

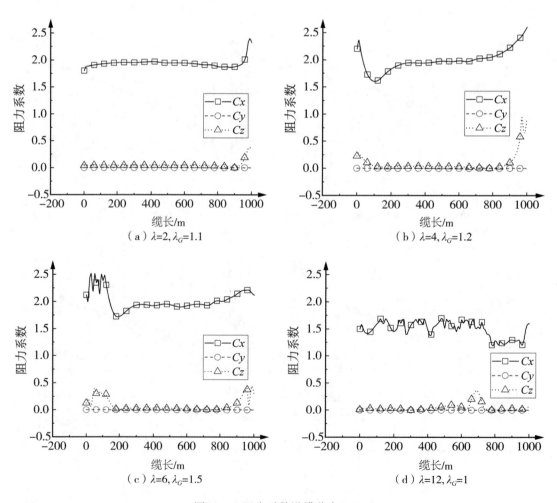

（a）$\lambda=2$, $\lambda_G=1.1$　　　　（b）$\lambda=4$, $\lambda_G=1.2$

（c）$\lambda=6$, $\lambda_G=1.5$　　　　（d）$\lambda=12$, $\lambda_G=1$

图 3-37　阻力系数沿缆分布（1）

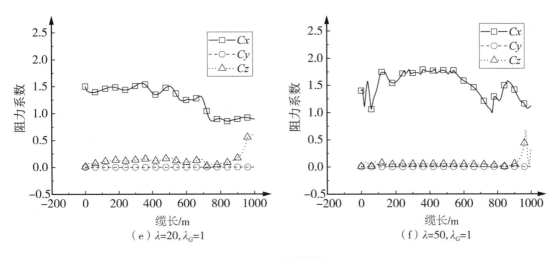

图 3-37 阻力系数沿缆分布(2)

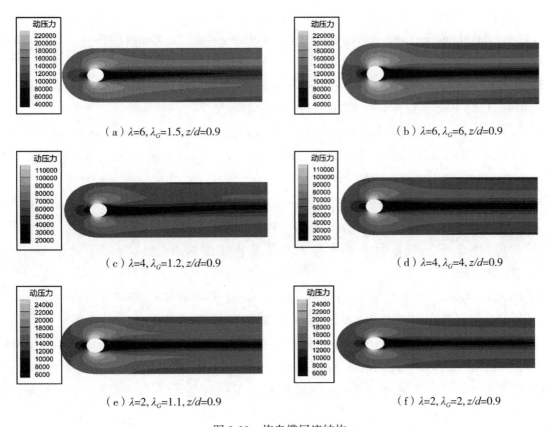

图 3-38 拖曳缆尾流结构

◎ 参考文献

［1］Wilcox D C. Basic Fluid Mechanics［M］. 3rd edition. Mill Valley：DCW Industries, Inc., 2007.

［2］Vorst H. Iterative Krylov Methods for Large Linear Systems［M］. Cambridge University Press, New York, 2003.

［3］Huang W X, Shin S J, Sung H J. Simulation of flexible filaments in a uniform flow by the immersed boundary method［J］. J. Comput. Phys., 2007, 226（2）：2206-2228.

［4］Lee I, Choi H. A discrete-forcing immersed boundary method for the fluid structure interaction of an elastic slender body［J］. J. Comput. Phys., 2015：529-546.

［5］Lee, J, Kim J, Choi H, et al. Sources of spurious force oscillations from an immersed boundary method for moving-body problems［J］. J. Comput. Phys. 2011, 230（7）：2677-2695.

［6］Seo J H, Mittal R. A sharp-interface immersed boundary method with improved mass conservation and reduced spurious pressure oscillations［J］. J. Comput. Phys., 2011, 230（19）：7347-7363.

［7］Uhlmann M. An immersed boundary method with direct forcing for the simulation of particulate flows［J］. J. Comput. Phys., 2005, 209（2）：448-476.

［8］Guan G, Xiangyu Z, Yunlong W, et al. Analytical and numerical study on underwater towing cable dynamics under different flow velocities based on experimental corrections［J］. Applied Ocean Research, 2021, 114.

［9］Gobat J I G. WHOI cable：time domain numerical simulation of moored and towed oceanographic systems［C］. Oceans. IEEE, 1998. 726374.

［10］唐国强. 立管涡激振动数值模拟方法及物理模型实验［D］. 大连：大连理工大学, 2011.

［11］Prasanth T K, Mittal S. Vortex-induced vibration of two circular cylinders at low Reynolds number［J］. Journal of Fluids & Structures. 2009, 25（25）：731-741.

［12］Qu Y, Wu Q, Zhao X, et al. Numerical investigation of flow structures around the DARPA SUBMARINE model［J］. Ocean Engineering, 2021, 239.

［13］张大朋, 白勇, 章浩燕, 等. 海洋缆索对水下航行器的动态响应［J］. 水道港口, 2019, 40（5）：600-605.

［14］付薇. 水下航行器拖曳系统运动仿真研究［D］. 北京：中国舰船研究院, 2015.

［15］Xu S, Wu J. The maneuverability and hydrodynamics of a tethered underwater vehicle based on adaptive mesh refinement［J］. Ocean Engineering, 2022, 265：112-130.

［16］Cao L, Zhu J, Zeng G. Viscous-flow calculations of submarine maneuvering hydrodynamic coefficients and flow field based on same grid topology［J］. Journal of Applied Fluid Mechanics, 2016, 9（2）: 817-826.

［17］李海燕，吴大愚，柳强. 战略战役兵棋多级多分辨率网格模型建模方法[J]. 计算机与现代化, 2023（6）: 27-32.

［18］Blevins R D, Saunders H. Flow-induced vibration［M］. Van Nostrand Reinhold Co., 1977: 6.

［19］陈正寿. 柔性管涡激振动的模型实验及数值模拟研究［D］. 青岛: 中国海洋大学, 2009.

第4章 海洋水下铺管铺缆

4.1 海洋铺管铺缆技术背景与铺管铺缆方法

海上管道是海上工业的脉络，从连接海上安装设备的小直径流动线，到从海上生产地点向海岸运输石油和天然气的大直径干线，海上管道提供了一种廉价的运输方式，但它们占海上项目总成本的很大一部分。设计、建造和安装海上管道所需工程的复杂程度已让管道工程成为专门的工程领域。海上管缆安装是由专用的水面船舶进行的。

海洋风电中，海洋水下铺管铺缆工程至关重要。海洋风电是利用海洋上的风能发电的一种可再生能源形式。铺设管道和缆线是将海洋风能从风力发电机输送到岸上电网的关键环节。图 4-1 所示为海上铺管的工程施工流程图。

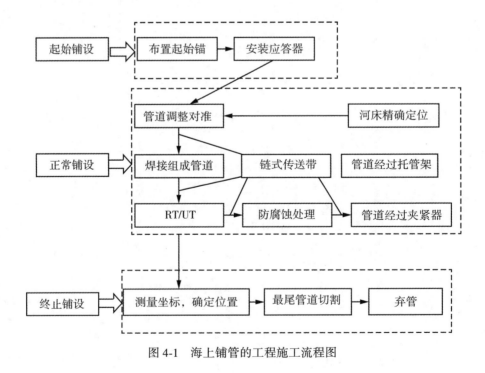

图 4-1　海上铺管的工程施工流程图

目前国际上使用最多的是采用铺管船铺管，这种方法适用于远离岸边的长距离管段铺管作业，经济指标较好。根据国内外的实际工程经验，铺管船舶铺管的方法主要有 6 种：S 形铺管法、J 形铺管法、卷管式铺管法、Reel-Lay 法、Carousel-Lay 法、Vertical-Lay 法，本节主要介绍工程中常用的 S 形铺管法、J 形铺管法、卷管式铺管法。

1. S 形铺管法

S 形铺管法是目前海底铺设管道的最常用方法，分为 S 形铺管船和半潜式 S 形铺管船。如图 4-2(a)、(b)所示，这种管道铺设法须安排一艘或多艘起抛锚轮来支持铺管作业。在作业开始前，托管架需要锚固定位在河床上，然后将锚缆引过托管架并系到第一根管子的端部。S 形铺管法的管线在铺管船的同一水平面内完成焊接、包覆工作，通过位于船尾的托管架支撑，靠管子的自身重力自然弯曲下放至海底，整个管线自然弯曲成 S 形曲线，故名为 S 形铺管[1]。该 S 形铺管法主要用于小于 1500m 的浅近海管道敷设。为提高铺管效率，在船上设置管道预制线，将单节管预制成双节管甚至三节管，再直接敷设双节管或三

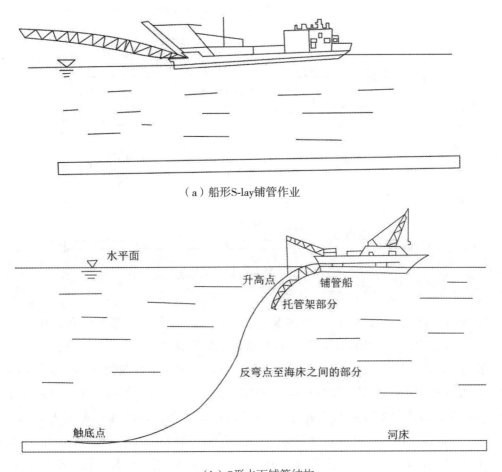

（a）船形S-lay铺管作业

（b）S形水下铺管结构

图 4-2　S 形铺管船与铺管法

节管，提升铺管速度。与直接敷设单节管相比，双节管的铺管速度提高近 1 倍。

2. J 形铺管法

J 形铺管法是目前最适于深水和超深水的铺设方法，在铺设过程中借助于调节托管架的倾角和管道承受的张力来改善管道的受力状态，达到安全作业的目的。如图 4-3 所示，J 形铺管法通过直立或倾斜一定角度的铺管塔将管子与主管线对接，在集合站内完成焊接、探伤、包覆等工作，整个管线以近乎垂直的角度进入水中，此时管道整体形状呈 J 形故而得名[2]。为提升 J 形铺管效率，J 形铺管船也可配备管子预制工厂，将单节管预制成双节管、三节管甚至四节管备用。J 形铺管法适用于深水、超深水管道敷设。由于所有工序都集中在一个装配站内完成，其铺管效率相对 S 形铺管方式低。

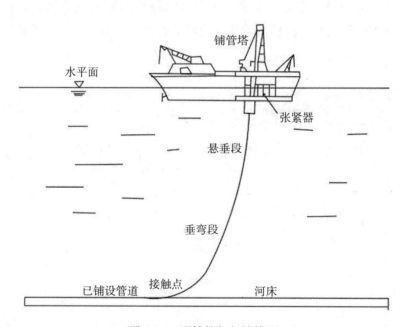

图 4-3　J 形铺管船与铺管法

在 J 形铺管过程中使用的设备有吊装设备、绞车、张紧器、锚泊设备、ROV 辅助系统。在这些设备中，主要由绞车和张紧器辅助管线下放铺设。

J 形铺管过程中绞车主要用于管道的弃置和回收，即在正常铺管开始、铺管结束、遇到恶劣海况无法正常作业需要收弃管时，辅助铺管船保证正常铺管或者保证管道安全。

J 形铺管船的张紧器在收放管道过程中起着重要作用。管线在作业线上坡口、焊接（预焊接、根焊接、填充焊接、盖面焊接）、无损检查、补口之后，由张紧器提供一定的夹紧力保证管道的 J 形弯曲，防止管线在风、浪、潮流作用下产生结构振荡，造成屈曲损坏。

张紧器可以分为两种，一种是水平张紧器，一种是垂直张紧器。水平张紧器如图 4-4

（a）所示，垂直张紧器如图 4-4（b）所示，在两种不同张紧器中，夹持系统在工作过程中分别处于水平方向和垂直方向，利用水平方向夹紧力来控制管道，完成铺管工作。

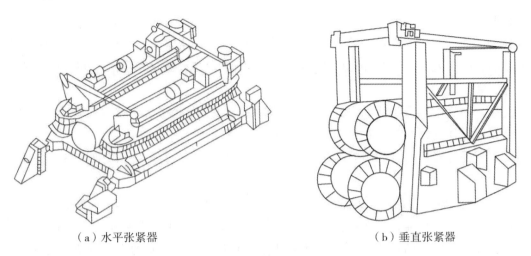

| （a）水平张紧器 | （b）垂直张紧器 |

图 4-4　张紧器类型

3. 卷管式铺管法

这种铺管法是将管道在陆地预制场地上接管，然后卷在专用滚筒上，再送到海上施工的方法。管道的陆地预制场地通常设在码头后沿，一次可以接若干根 500~1000m 的长管段。这种方法具有铺设效率高，管线焊缝质量高，铺管费用低，作业风险小和适合深海海底管线铺设的特点，最大铺设水深可达 1800m，卷管式铺管法如图 4-5 所示。

铺管方法优缺点归纳如下：

(1)S 形铺管：适合浅水和中层水深安装；因为工作站多，生产效率高，适合于混凝

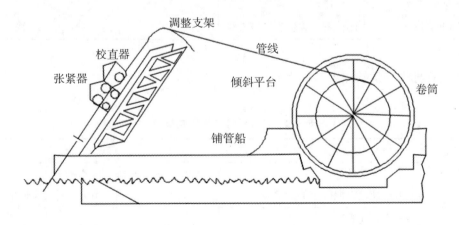

图 4-5　卷管式铺管法

土包铺管；深水铺管需更长的托管架（≥100m），这受限于船舶的作业能力。

优点：装配速度快，铺管效率高。

缺点：随着铺管水深加大，需更长的托管架[3]，管道张力更高，降低船舶稳定性，铺管管径减小。

（2）J 形铺管：J 形铺管法的铺管速度较慢，适合中深水铺管、大管径混凝土包铺管和易疲劳的管线，方便管道的弃置回收，特别适合水下生产设施项目安装，如脐带管和端部管线的安装。

优点：消除了 S 形铺管的拱弯段，消除残余应力，降低了水平拉力，管道张力较小，可取消长而脆弱的托管架，特别适合深水、超深水管道敷设。

缺点：受铺管塔高度和铺管工艺的限制，铺管作业线短，单工作站效率不高，铺管效率低[4]。

J 形铺管系统是为弥补 S 形铺管系统的不足而出现的。因此，S 形与 J 形铺管系统的优缺点呈较强的互补性。这两种类型系统具有互补性，将两种类型系统集中布置于一条船上，将大幅增强单船铺管的作业能力和铺管船利用率，增强单船的市场竞争力。无论是 J 形铺管还是 S 形铺管，为提高铺管效率，都普遍配备管道预制生产线，将单节管预制成双节管、三节管或四节管，可提升铺管效率。两型铺管系统存在大量共用设备，充分利用共性设备服务两型铺管系统，可减小船舶尺寸，并大幅提升单船投资的经济性。常用铺管方法及其适用范围如表 4-1 所示。

表 4-1　各铺管方式适用范围及铺管效率

铺管方式	适用管道	适用水深	铺管效率
S-Lay	刚性管	浅水、深水	适中
J-Lay	刚性管	浅水、超深水	慢
Reel-Lay	刚性管，柔性管	潜水、中等水域	快
Carousel-Lay	刚性管，柔性管	—	快
Vertical-Lay	刚性管，柔性管，脐带缆	—	快

各种铺管方法的优缺点列举如表 4-2 所示。

表 4-2　各种铺管方法的优缺点

铺管方式	优　点	缺　点
S-Lay	不存在管的塑性弯曲 可以铺设涂混凝土的管道	深海作业时，要求大的船舶推动 铺设过程中，管道应力大，易发生屈曲损坏
J-Lay	不需要托管架 不存在管的塑性弯曲	生产效率低，管子需有衬垫，导致费用较高

铺管方式	优　　点	缺　　点
Reel-Lay	作业效率很高 管的焊接在岸上进行	缠绕管道前需对管道进行预处理，管塑性弯曲，不能铺设涂混凝土的管，管最大直径一般要求不大于 0.5m
Carousel-Lay	作业效率很高 管的焊接在岸上进行	缠绕管道前需对管道进行预处理，管塑性弯曲，张紧器需垂直移动配合管升起，作业时需细而长的导管架来支撑被铺管道
Vertical-Lay	管在张力作用下不弯曲 设备轻便 定位于尾部、两侧或月池	不适用于刚性管

海底铺管与海上铺缆是两种不同的施工方法，有不同的用途。海上铺管是一种用于输送液体或气体的管道，通常用于输送油、天然气或其他液体化学品。这些管道可以沿海床铺设，连接油田或天然气田与陆地上的处理设施或终端用户。这些管道的直径通常较大，且相对厚重，以适应高压和大流量的要求。

海上铺缆是用于传输电信号和数据的缆线系统，通常用于互联网和通信行业。这些缆线是将数据信号从一个国家或地区传输到另一个国家或地区的关键通信通道。海上铺缆将光纤或缆线包裹在防水保护层中，然后沿海床铺设而成。这些缆线具有高度的可靠性和带宽，支持国际间的大量数据传输和通信。海上铺管主要用于输送液体或气体，而海上铺缆主要用于传输电信信号和数据。它们在结构、功能和用途上有很大的差异。

图 4-6 所示为铺缆船铺缆作业图，整个铺缆结构主要由铺缆船、埋设犁和拖链组成，其中埋设犁的作用是把缆线埋在海床上，保持一定的埋设深度。拖链的作用是连接铺缆船

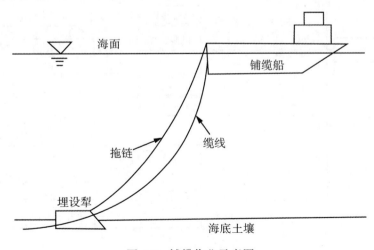

图 4-6　铺缆作业示意图

和犁，它有一定的操纵能力，以防犁进入高密度的海底土壤(如岩石和其他坚硬材质的海床)中。铺缆船的作用是用来控制埋设路线的。埋设犁需要按预先设定的铺缆路径运动，所以铺缆船必须保持合适的艏向和航迹。

4.2　铺管动力学模型

深海海底管线铺设作业是深海油气开发工作的重要环节，而通过计算机进行仿真评估是保证管线铺设安全的有效手段。本书针对铺管作业过程仿真对动力学模型准确性与实时性的双重要求，考虑铺管船实时运动、管线与非线性刚度海床的耦合作用，开展了 S 形管线、J 形管线的静力学与动力学模型研究工作。进行船舶动力学模拟的目的是表征船舶所受到的不同外力与船舶运动间的关系。在海上管道项目的设计阶段，需要管道动力学的数学模型来确定管道特性、铺管参数和作业条件。

随着水深的增加，为确保铺管过程中的安全，铺设过程中管道的动态行为变得非常重要。如图 4-7 所示，基于连续体弹性力学模型，这些离散化的模型使用有限元法或有限差

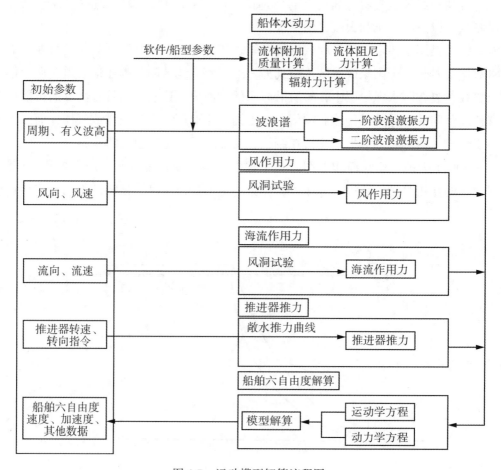

图 4-7　运动模型解算流程图

分法，通过计算机进行数值求解。常用有限元技术模拟铺管作业，建立管柱动力学非线性模型并扩展为有限应变梁公式，可描述三维空间模型，能够进行有限延伸、剪切和弯曲行为的模拟，利用叠加原理将重力、浮力、惯性力和其他环境载荷如水动力、阻力和海底相互作用的影响进行叠加。

1. S形铺管多分段模型

S形管线形态与受力分析是进行S形海底管线铺设设计的关键问题。由于管线各部分的受力不同影响了管线各部分形状，根据S形管线形态特点将管线划分为五个部分，根据各部分的受力特点建立微分方程，利用管线的几何与力学连续等边界条件通过牛顿迭代法求解管线形态与受力。需要考虑中间段与边界层段弯矩对管线的影响以及管线与弹性海底的耦合作用，也可忽略悬浮段弯矩的次要因素，从而保证了计算的准确性和快速性。

如图4-8所示，S形铺管法中的海洋管线自然悬垂成S形。S形管线被划分为以下五个部分：

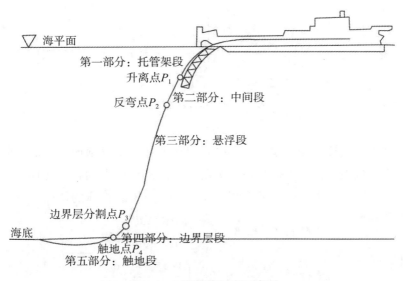

图4-8 S形管线形态示意图

第一部分为托管架段：此部分管线以托管架为依托，与托管架完全接触，在托管架上保持向上弯曲的形态，因此与托管架具有相同的曲率。管线与托管架分离的位置定义为升离点，托管架承弯矩 M_1 的模型可用如下式子表示：

$$M_1 = \frac{EI}{R_{st}} \tag{4-1}$$

式中，EI 为管线的抗弯刚度，R_{st} 为托管架半径。

第二部分包括托管架段和悬浮段之间的部分，称为中间段，此段既受到托管架段的弯矩影响也受到悬浮段的弯矩影响，这段计算中应当计算弯矩载荷。中间段任意点水平倾角 θ_{2i} 与管线纵向坐标 y_{2i}，如下式表示：

$$\theta_{2i} = \theta_{pi} + \int_0^{s_i} \frac{\mathrm{d}s}{R(S)} \tag{4-2}$$

$$y_{2i} = y_{pi} - s_i \sin\left(\frac{\theta_{p1} + \theta_{2i}}{2}\right) \tag{4-3}$$

式中，θ_{pi} 为管线升离点处水平倾角，θ_{2i} 为中间任一点水平倾角，y_{2i} 为管线纵向坐标。

图 4-9 所示为第二部分管道中间段受力示意图，图中 θ_2 为任意点水平倾角，W 为管线在水中的单位重量，T_2 为管线反弯点处的管线张力，M_2 为托管架段的弯矩，$\mathrm{d}l$ 为管元长度。

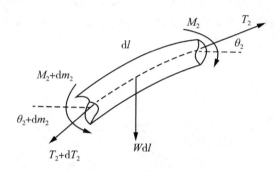

图 4-9　管线中间段受力示意图

第三部分：当管线离开托管架后，管线在自重的作用下逐渐向下弯曲，随着水深的增加，管线弯矩逐渐减为零，此处位置被称为反弯点。从反弯点到管线触地点附近称作悬浮段，这部分管线悬浮于水中，受到的弯矩很小，具有自然悬链线的特性。

$$M_3(x) = EI K_3(X) = \frac{EI\, W^3}{H^3} \left(\frac{\mathrm{d}^2 y_3}{\mathrm{d}\, x^2}\right)^{-2} \tag{4-4}$$

$$S_3(x) = \frac{\mathrm{d}M_3}{\mathrm{d}x} \frac{\mathrm{d}x}{\mathrm{d}s} = -2EI \left(\frac{W}{H}\right)^6 \frac{\mathrm{d}y_3}{\mathrm{d}x} \left(\frac{\mathrm{d}^2 y_3}{\mathrm{d}x^2}\right)^{-4} \tag{4-5}$$

式中，W 为管线在水中的质量，s 为管线的弧长，H 为管线在水平方向受到的拉力。

第四部分：悬浮段以下到触地点之间的部分(边界层段)。悬浮段与边界层段交接处的位置定义为边界层分割点。由于海床土体抗力的影响，边界层段比悬浮段受到的弯矩要大，边界层段表现出梁的特性，因此这段计算中应考虑弯矩的影响。管线受到的弯矩与剪切力可以表示为：

$$M_4(x) = -EI \frac{\mathrm{d}^2 y_4}{\mathrm{d}x^2} \tag{4-6}$$

$$S_4(X) = -EI \frac{\mathrm{d}^2 y_4}{\mathrm{d}x^3} \tag{4-7}$$

式中，EI 表示抗弯刚度，y_4 为边界层的形态。

第五部分：管线最开始与海平面接触的位置称为触地点，管线与海底接触的部分，称为触地段，可将海底假设为刚性底，以简化管线求解的过程，然而在触地段，管线受静水压力、海底与管线的相互作用力以及可能出现的冲击等外力作用，因此这部分影响是不可忽略的，可以用下式表示：

$$\alpha = 0.5\sqrt{2\sqrt{\frac{K}{EI}} + \frac{T_4}{EI}} \tag{4-8}$$

$$\beta = 0.5\sqrt{2\sqrt{\frac{k}{EI}} - \frac{T_4}{EI}} \tag{4-9}$$

式中，α，β 为土体刚度 k、抗弯刚度 EI 和轴向拉力 T_4 的函数。

2. J 形管线模型

J 形铺管方法被认为是在深水和超深水中铺设海底管线最可行的方法。考虑非线性土壤刚度的数学模型，如图 4-10 所示，铺设中的 J 形管线包括两个部分：一部分管线悬浮于其中，成 J 形，另一部分管线敷设在海底。根据这两部分管线的受力特性，分别利用数值迭代法和有限差分法进行求解。由这两部分边界中的位移、倾角、张力和弯矩的连续性，利用迭代法求解管线整体的形态与受力。最后，在此模型的基础上研究土壤特性参数、抗剪强度梯度和外管直径的变化对管线形态与受力的影响。

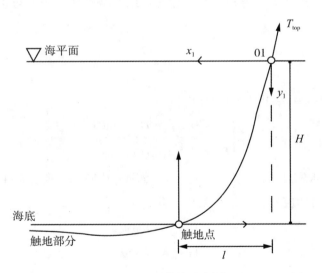

图 4-10　J 形管线示意图

第一部分模型为悬浮段数学模型。在局部坐标系 $o_1 x_1 y_1$ 中考虑图 4-11 所示管道的微分元素。通过忽略高阶力项，对微分等式进行力分析。因此我们可以得到如下的管道控制方程：

$$\begin{cases} \mathrm{d}T_{x1} = F_n \mathrm{d}l\sin\theta + F_\tau \mathrm{d}l\cos\theta \\ \mathrm{d}T_{y1} = F_\tau \mathrm{d}l\sin\theta - F_n \mathrm{d}l\cos\theta - w\mathrm{d}l \\ \mathrm{d}M_1 = T_{y1} \mathrm{d}l\cos\theta - T_{x1} \mathrm{d}l\sin\theta \end{cases} \tag{4-10}$$

式中，T_{x1} 和 T_{y1} 分别为张力的水平和垂直分量，θ 为管道轴向方向与水平方向之间的倾角，$\mathrm{d}l$ 为管道元件长度的微元，w 为管道单位长度的淹没重量，M_1 为弯矩，F_n 和 F_τ 分别为阻力的水平和垂直分量。

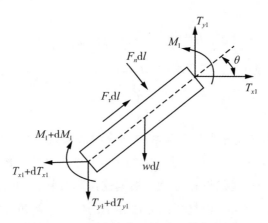

图 4-11　悬浮在水中的管道元素的力分析

因管道长度大、柔性大，弯矩与张力相比可以忽略不计。张力与角度 θ 之间的直接关系可以表示为：

$$\tan\theta = \frac{T_{y1}}{T_{x1}} \tag{4-11}$$

阻力分量 F_n 和 F_τ 用莫里森方程来计算：

$$\begin{cases} F_n = 0.5\rho_w c_n D\,(v\sin\theta)^2 \\ F_\tau = 0.5\rho_w c_\tau D\,(v\cos\theta)^2 \end{cases} \tag{4-12}$$

式中，ρ_w 为海水密度，v 为流速，c_n 和 c_τ 分别为法向和切向方向上的阻力系数。忽略管道的轴向应变和剪切应变，可以得到以下几何关系：

$$\begin{cases} \mathrm{d}x_1 = \mathrm{d}l\cos\theta \\ \mathrm{d}y_1 = \mathrm{d}l\sin\theta \end{cases} \tag{4-13}$$

第二部分为触地段数学模型。

海底管元受力分析如图 4-12 所示，基于有限差分法，管线的一般平衡方程可以用下式表示：

$$\frac{\mathrm{d}^2 M}{\mathrm{d}x^2} - T\frac{\mathrm{d}^2 h}{\mathrm{d}x^2} = w - p \tag{4-14}$$

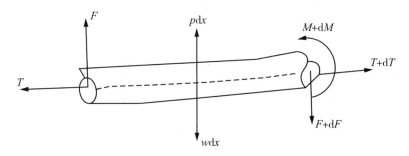

图 4-12   河床部分的管元受力分析

式中，M 和 T 分别为管线的弯矩和轴向拉力，p 为单位长度管线受到的土体抗力，w 为管线单位长度的浮重度，h 为管线嵌入土壤的深度。为了求解非线性方程组，用离散的非线性弹簧来表示土体的作用。非线性的土体刚度 $k(x)$ 通过以下方程的迭代方法来估算：

$$P = P_S + k_S(h - h_s) \tag{4-15}$$

4.3   铺管铺缆实例计算

本节对一个简化的 J 形铺设管道进行数值模型分析，用于说明铺管过程中的受力分布特点。该管道是直径为 0.6m 的钢管，铺设水深 2000m。计算在波浪作用下、有船干扰时、无船干扰时以及有船干扰时波流联合作用下管道的有效张力、弯矩。

本节在水深为 2000m 的情况下，对直径为 0.6m，壁厚为 0.025m 的 J 形铺设结构的自由浸水钢管进行了建模和分析。管道焊接坡道与水平面成 80°角，管道其他参数见表 4-3。使用兰多夫和 Quiggin[20] 建议的非线性土壤模型对海床进行建模。

极限贯入阻力 $P_U(Z)$ 和贯入度 Z 的关系为：

$$P_U(Z) = N_{C(\frac{z}{D})} S_{u(Z)} D \tag{4-16}$$

$$N_{C(\frac{z}{D})} = \alpha \left(\frac{Z}{D}\right)^b \tag{4-17}$$

式中，$N_{C(\frac{z}{D})}$ 是承载系数，$S_{u(Z)}$ 是不排水剪切强度，D 是管道直径，α 与 b 是无量纲贯入阻力参数。

J 形铺管船在外力作用下的水平面低频运动方程为：

$$(M + M_{aT}) \{\ddot{X}_{LF}(t)\} + B\{\{\ddot{X}_{LF}(t)\} = \sum (\{F_{LF}(t)\}) \tag{4-18}$$

式中，M 为船舶质量矩阵；M_{aT} 为附加质量矩阵；t 为求解方程时刻；$F_{LF}(t)$ 为 t 时刻的船舶水平低频位置；B 为船舶线性阻尼矩阵；$F_{LF}(t)$ 为 t 时刻施加在铺管船上的低频载荷。

PID 控制器根据船位与设定位置的差值来决定推力大小：

$$
\begin{cases}
X_{\text{req}} = -\overline{X}_e + c_{tx}\Delta x + b_{tx}\Delta\dot{x} + a_{tx}\int\Delta x\mathrm{d}t + F_{wx} \\[2mm]
Y_{\text{req}} = c_{ty}\Delta y + b_{ty}\Delta\dot{y} + a_{ty}\int\Delta y\mathrm{d}t + F_{wy} \\[2mm]
M_{\text{req}} = c_{tz}\Delta z + b_{tz}\Delta\dot{z} + a_{tz}\int\Delta z\mathrm{d}t + F_{wz}
\end{cases}
\tag{4-19}
$$

式中，X_{req}，Y_{req}，M_{req} 是为了保证船位、艏向要求的推力；$\overline{X}_e$ 为铺管作业力；c_t，b_t，a_t 分别为比例、微分、积分增益；Δx，Δy，Δz 为铺管船当前位置与设定位置的差值；F_{wx}，F_{wy}，F_{wz} 分别为风前馈力。

对于主船体采用三维势流理论计算波浪载荷，求解满足流场控制方程的格林函数获得速度势，在频域中求解运动方程以确定附加质量系数、阻尼系数、运动响应和波浪力。利用水动力系数求解铺管船的时域运动方程以确定船舶运动与受力。

采用 Pierson-Moskowitz 谱计算作用在船体上的波浪载荷。P-M 谱表达式为：

$$
S(\omega) = 4\,\pi^3\frac{H_S^2}{T_Z^4}\frac{1}{\omega^5}\exp\!\left(-\frac{16\,\pi^3}{T_Z^4}\frac{1}{\omega^4}\right)
\tag{4-20}
$$

式中：ω 为频率；H_S 为有义波高；T_Z 为平均跨零周期。

一阶波浪力引起船体在平衡点附近做往复运动，动力定位系统不可能也无须抵消一阶波浪力。因此，动力定位中只平衡波浪二阶漂移力、风载荷、流载荷。对于波浪载荷主要关注二阶波浪力，根据下式计算：

$$
\begin{aligned}
F_D(t) &= \Big[\sum_{j=1}^{N_{\text{wave}}}\text{QTF}(\alpha_{\text{wave}},\ \omega_j,\ \omega_j)\ \alpha_j\cos(\omega_j t + \varphi_j - k_j x)\Big] \\
&\quad\times\sum_{j=1}^{N_{\text{wave}}}\alpha_j\cos(\omega_j t + \varphi_j - k_j x) \\
&\quad+\Big[\sum_{j=1}^{N_{\text{wave}}}\text{QTF}(\alpha_{\text{wave}},\ \omega_j,\ \omega_j)\ \alpha_j\sin(\omega_j t + \varphi_j - k_j x)\Big] \\
&\quad\times\Big[\sum_{j=1}^{N_{\text{wave}}}\alpha_j\sin(\omega_j t + \varphi_j - k_j x)\Big]
\end{aligned}
\tag{4-21}
$$

上式中 $F_D(t)$ 为二阶漂移力的 3 个分量之一，即 F_{Dx}，F_{Dy}，M_{Dx}；α_{wave} 为相对于船舶艏向的波浪入射角；$\text{QTF}(\alpha_{\text{wave}},\ \omega_j,\ \omega_j)\ \alpha_j$ 为用瞬时 α_{wave} 进行差值得到的相关对角参数；$(\omega_j,\ \varphi_j,\ k_j)_{1\leqslant j\leqslant N_{\text{wave}}}$ 为波谱中 N_{wave} 的 Airy 波参数。

海底泥线处的土壤抗剪强度为零，假设剪切强度为 1.5 kPa/m[21-22]。饱和土壤密度取 1500 kg/m³，其他土壤模型参数，如吸力阻力和再渗透值取设计规范推荐的参数范围。

为了简单起见，不考虑风的影响。法向阻力系数为 1.2，轴向阻力系数为 0.024[23-24]，附加质量系数为 1.0，海面处最大流速为 0。一般来说，海底管道在平静的海况下安装。随机海况为使用 JONSWAP 谱建模。

表 4-3 管道参数

参数	值	参数	值
弹性模量（E）	2.1×10^5 MPa	管道内径（D_i）	0.55m
水的密度（ρ_w）	1030 kg/m³	水深（d）	2000m
管道材料密度（ρ_p）	7850 kg/m³	倾斜角（β）	80°
管道外径（D_o）	0.6m		

采用 JONSWAP 谱生成波浪，波谱参数如表 4-4 所示，垂线间长（L_{BP}）为 103m，用于研究管道安装过程中船体相互作用的影响，管道参数如表 4-3 所示。它的运动仅受一阶波效应的影响。

表 4-4 波浪和 JONSWAP 波谱参数

参数	值	参数	值
波浪航向角（θ）	270°	峰值增强因子（γ）	3.3
有义波高（H_s）	1.77m	光谱能量参数（α）	0.002
峰值期（T_p）	8.5s	谱宽参数（σ_1、σ_2）	0.07、0.09
平均周期（T_z）	6.61s	峰值频率（f_m）	0.1176Hz
峰值频率（f_m）	0.1176Hz		

表 4-5 铺管船的主尺度系数

L_{BP}	B	D	重量	横向稳心高度	纵向稳心高度	方形系数
103.00m	15.95m	6.66m	9017950kg	1.84m	114m	0.804

对管道进行静态分析得到管道所受的应力大小。静态分析没有考虑波浪、水流和船舶相互作用的影响。在管道中引起这些应力的内部载荷包括有效张力、弯矩和静水压力。沿着管道长度的总体配置和内部载荷分量（如静态数值模型的有效张力、弯矩）的曲线图与 Lenci 和 Callegari[41] 的曲线图进行了比较，如图 4-13（a）、（b）所示。这两个图是验证的数值模型。由图可以看出，有效张力在悬链线顶部最大，此处支撑管道悬跨的总重量，而弯矩因曲率增加而沿悬跨增大，并随管道接触海床而减小，如图 4-14（a）所示。von-Mises 应力是管段上所有类型载荷的等效应力。最大 von-Mises 应力是管道横截面上应力最大值的估计值，沿着管道轴线的变化如图 4-14（b）所示。

悬链线区域顶部附近的 von-Mises 应力利用有效张力进行控制，此处弯矩和静水压力的影响忽略不计。随着有效张力的减小，von-Mises 应力沿着悬跨逐渐减小，当弯矩和静水

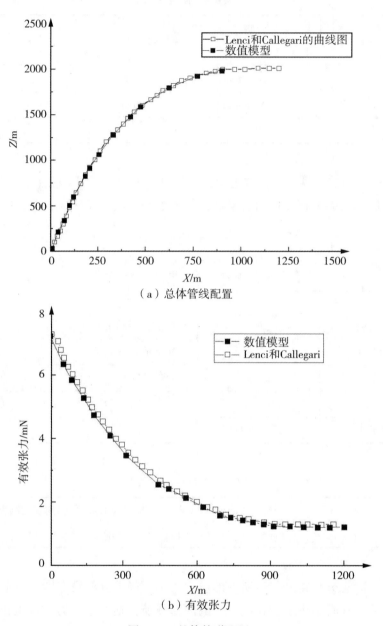

（a）总体管线配置

（b）有效张力

图 4-13　整体管道配置

压力的增加变得显著时，von-Mises 应力再次增加，与沿悬管跨的有效张力相比有所减小。管线触地点区域附近的 von-Mises 应力由弯矩和静水压力控制，其峰值略早于管线触地点，此处有效张力、弯矩和静水压力的综合影响最大。

　　由于波浪和船舶运动的动力效应，管道在安装过程中的应力被放大。在管道安装过程中，管道内应力的动态放大可能对管道的安全构成潜在威胁。为了确定波浪、水流和船舶运动的动力效应，在下列情况下研究了管道的动力特性：

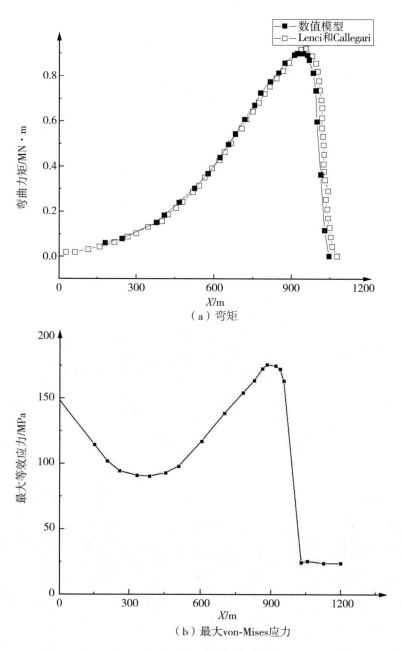

（a）弯矩

（b）最大von-Mises应力

图 4-14　弯曲力矩与最大等效应力

（1）仅受到波浪作用；

（2）受到波浪与船的相互作用；

（3）受到波浪、水流与船体的共同作用。

所有情况下的有效张力、弯矩和最大 von-Mises 应力沿着管道长度的变化如图 4-15 所示。在没有船舶共同作用的情况下，波浪载荷对管道的影响是微不足道的。这是因为管线太小，波浪无法传递过大的载荷。当管道受到波浪载荷和船舶的相互作用时，管道内载荷和等效应力的动态增量变得非常显著。由于船舶受到波浪载荷作用，船舶被设置成随机振荡，并且这种随机振荡被传递到从船放出的管线，最大有效张力增加了 36%。这表明船舶的相互作用对管道内部载荷和动态应力的重要性。由于铺管船中的张紧器必须设计为具有足够的容量来适应这些波动，因此有效张力的增加具有重要意义。在管道安装过程中，水

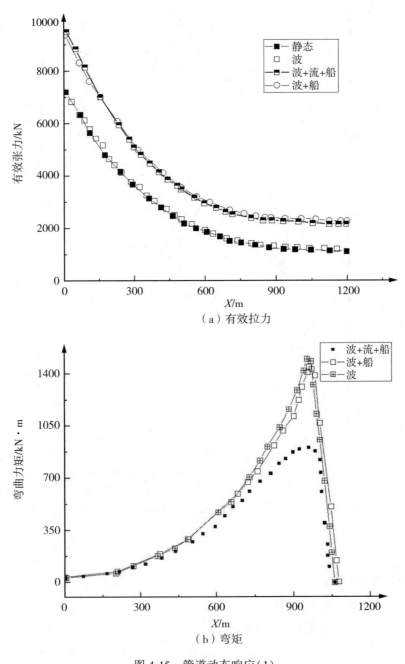

（a）有效拉力

（b）弯矩

图 4-15　管道动态响应(1)

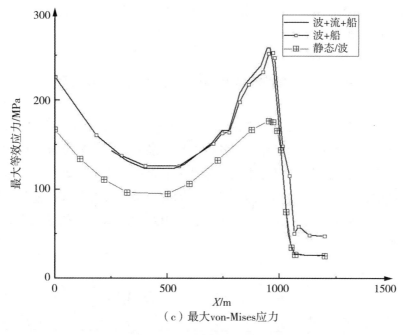

（c）最大von-Mises应力

图 4-15　管道动态响应(2)

流的存在改变了管道中的内部载荷和应力。假设水流方向与铺设方向相反，则使管线触地点区域附近的弯矩和等效应力最大化，最大弯曲力矩和最大 von-Mises 应力的最大值增加了 64% 和 47.7%。表 4-6 总结了静态与动态作用下的有效张力与最大弯矩的比较，结合图 4-15，可以看出加入水流作用后峰值有效张力逐渐降低，出现上述情况的原因是加入水流作用后回流减少，从而减少了管道静态下的有效张力、弯矩和最大 von-Mises 应力的最大值。

表 4-6　静态和动态结果的比较

结果	静态分析	动态分析	增量/%
最大有效张力/kN	7292	9920	36
最大弯矩/kN·m	909	1491	64
最大 von-Mises 应力的最大值/MPa	174	257	47.7

对 2000m 水深的 J 形铺管施工的动态过程的计算总结如下：

（1）与在静态作用下相比，管道的最大有效张力增加了 36%。这种干扰发生在静态条件下，以及在波浪激励和船舶相互作用条件下。

（2）与管道中的最大弯矩相比，静态最大弯矩的增加百分比为 64%，在波浪和海流的激励下，发生于船舶相互作用条件下。

（3）管道最大 von-Mises 应力值与静态相比最大增加百分比为 47.7%，在波浪和海流的激励下，发生于船舶相互作用条件下。

4.4　铺管铺缆船总布置与动力定位

如图 4-16 所示，缆线将管道连接到船舶上，管道在触地点（管线触地点）开始与海床接触。控制铺管船的位置和运动是作业成功的关键。随着作业在越来越深的水中进行，船舶通常采用动力定位系统。安装过程中的安全性显然是另一个关键问题。影响安全性的因素包括：在不同的运行阶段，缆和管道中的张力和弯矩可能会有很大的差异；铺管船的设计不是为了安装管道终端，可能无法正常操作；管道终端的运动必须受到良好的控制；海况对作业有很大的影响。

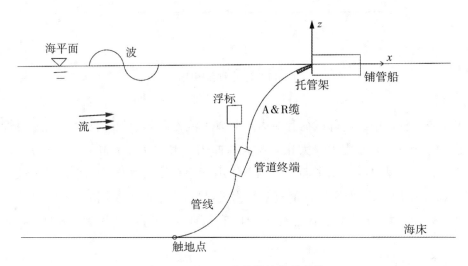

图 4-16　基于 S 形敷设的管道安装

整个模型的耦合系统如图 4-17 所示，模型各部分均受环境荷载的作用，本书中的环境载荷指波浪力和水流力。管道的触地段由海床接触支撑。管道终端承受浮标提供的升力，其值等于管道终端在水中的重量。管道终端与管道、缆线通过张力连接。船舶和缆绳通过缆绳顶部的张力相互拖曳。船舶上的船舶动力定位系统作为反馈控制系统工作。船舶的运动测量结果被传递到船舶动力定位模块。该模块根据目标位置输入得到偏差，然后计算每个推进器应该提供的力。推进器产生的力对船的运动进行调整。由于环境载荷对船舶的影响，系统必须一直工作以便船舶保持在目标位置。

全局坐标的建立如图 4-18 所示，坐标的原点固定在海面上。xy 平面与平静的水面重合，并且正 z 轴指向上。此外，还建立了船舶的局部坐标系，其原点固定在船中部的水线面上。正 x' 轴指向船首，而正 y' 轴指向左舷，正 z' 轴垂直向上。船固定原点在全局坐标系

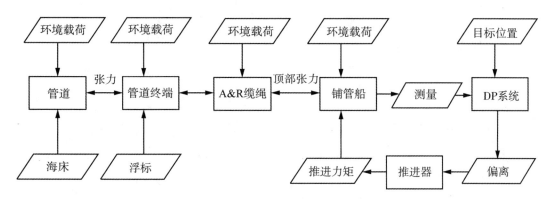

图 4-17 模型的耦合系统

中的初始位置为船舶的重心位置,并且局部轴的正方向在开始时与全局坐标系重合。6-DOF 船体运动基于局部坐标来定义。

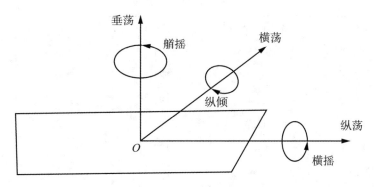

图 4-18 船舶的局部坐标和六自由度运动

以 HYSY201 型铺管船为例。HYSY201 船(如图 4-19 所示)是深水 S 形铺管船,该船可提供 19.2~192mm 管道和 2×200t 张紧系统的双接头系统的铺管能力。上甲板可存放的管道重量为 9000t。铺管船的主要参数如表 4-7 所示。

表 4-7 铺管船主要参数

主尺度	值	主尺度	值
总长 L_{OA}	204.65m	平均吃水 T	8m
垂线间长 L_{BP}	185.00m	排水量 D	47866.7kg
船宽 B	39.20m	横向转动惯量 I_{XX}, I_{YY}	15.93 kg·m²
船深 D	14.00m	纵向转动惯量 I_{ZZ}	55.24kg·m²

动态定位系统控制船舶在平行于海面的 xy 平面内做三自由度运动，包括横摇、横荡和艏摇运动。它通过安装在船底部的推进器工作。推进器的布置如图 4-19 所示，每个推进器的参数如表 4-8 所示。

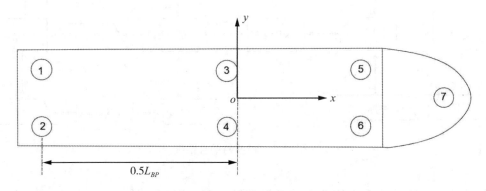

图 4-19　HYSY201 船的推进器的布置

表 4-8　推进器的参数

序号	x 方向位置/m	y 方向位置/m	转速/(r/min)	推进器直径/m	推力/kN
1	-92.5	9.45	181	3.6	680
2	-92.5	-9.45	181	3.6	680
3	-11.25	15.4	192	3.2	540
4	-11.25	-15.4	192	3.2	540
5	39.15	14	192	3.2	540
6	39.15	-14	192	3.2	540
7	54.21	0	192	3.2	540

管道主要参数见表 4-9。单位管道的浮力等于管道浸没在海水中时的重量，浮力平衡管道的重力。浮标处于完全浸没状态，这意味着浮标提供的浮力是恒定的。此外，在本研究中进行的所有模拟都是在低海况下进行的，也就是模拟的所有波高都较缓，这对管道没有太大的影响。

表 4-9　管 道 参 数

参　数　名	值
空气中的重量	17.3kg
体积	2.3m^3
各方向无量纲阻力系数	1
各方向无量纲附加质量系数	1

本书用来模拟的管道参数详见表 4-10，缆线参数见表 4-11，管道和缆线的总长度保持在 820m，管道每段长度在不同的操作阶段是不同的。环境参数列于表 4-12 中。用于分析的水深为 110m，海床的正常刚度为 $10^5 kN/m^2$。

表 4-10　管 道 参 数

参数名	值	参数名	值
管道外径	0.3239m	混凝土涂层厚度	0.06m
管厚度	0.0175m	混凝土涂层密度	2950kg/m³
材料密度	7850kg/m³	防腐层厚度	0.0035m
弹性模量	$2.07×10^{11} N/m^2$	防腐层密度	940kg/m³
泊松比	0.3	无因次阻力系数	1.2
最小屈服强度	450×10⁶ kg/m³	无因次附加质量系数	1

表 4-11　缆 线 参 数

参　数　名	参　数　值
直径	0.1082m
单位重量	571.9kg/m
轴向刚度	8.05×10⁸ N/m
最小断裂载荷	9.81×10⁶N

表 4-12　环 境 参 数

参数名	参数值	参数名	参数值
水深	110m	海床刚度	$10^5 kN/m^2$
锚点的 x 坐标	−739.8m	有义波高	1.0m
海水密度	1025kg/m³	波周期	7.9s
重力加速度	9.81m/s²		

铺管船与管线之间的作用关系如图 4-20 所示。实际铺管船作业过程中，管道通过铺管船铺管塔向下铺设。将 J 形铺管过程简化，铺管塔与管线是通过一个张紧器和一个管线上部绞车连接起来的，如图 4-21 所示。

张紧器对管线的作用有两部分：一部分是将管线夹紧，给管线提供一个弯矩和张紧力来保证管线的弯曲；另一部分是给管线提供一个沿管线向上的摩擦力来平衡管线竖直向下

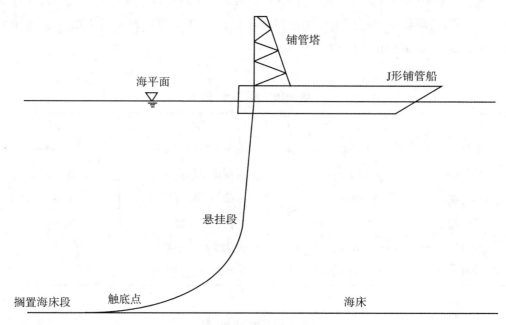

图 4-20　J 形铺管方式示意图

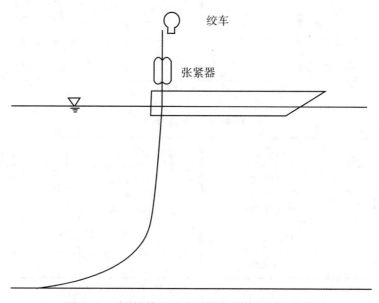

图 4-21　J 形铺管方式中管线与船体作用示意图

的重力。如图 4-22 所示，图中 T 表示张紧器对管线的张紧力，从力的角度保持一种力平衡关系，左右张紧力作用点错开产生一个力矩保证管线的弯曲。$f = 2\mu T$ 表示张紧器对管线的摩擦力。F 为绞车对管线的作用，辅助管线的缓慢下放过程。

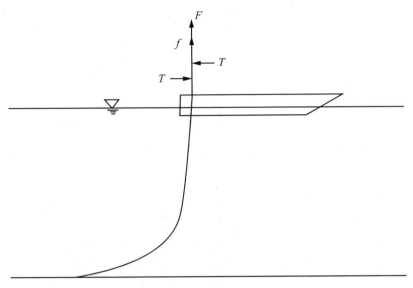

图 4-22　船体对管线作用力示意图

如图 4-23 所示为所计算模型的管道和缆线的缆形、轴向张力和弯矩。管道用于输送管线，它是铺设的主要结构物。由图 4-23 可见，管道着陆段的轴向张力最小，并保持不变，因为该段水平位于海床上，轴向不需要承受重力载荷。在管线触地点结束后，随着管道悬浮部分的延长，张力开始上升。当管道到达末端，轴向张力继续增加，但速度较低。这是因为缆线单位长度的重量比管道要小。当缆线开始接触时达到了 $700N \cdot m$ 的峰值，管道的曲率也达到了峰值。然后它随着曲率急剧下降，直到它在管道的末端趋于零。由于缆线基本上是一个柔性结构，缆线部分的弯矩基本为零。图 4-24 描绘了船体的纵荡运动、垂荡运动和纵摇运动，其他三个自由度的运动忽略不计。

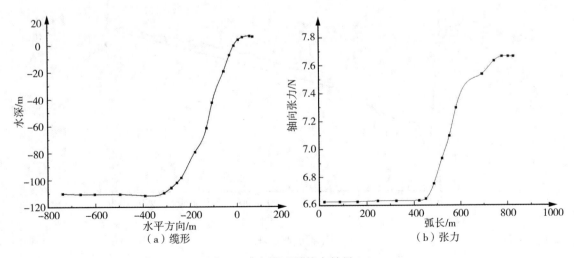

图 4-23　本模型的静态结果（1）

115

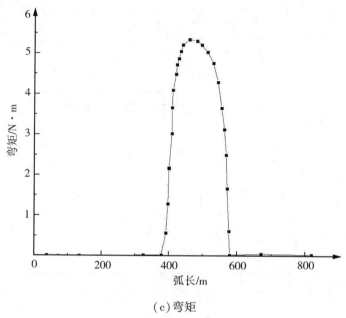

(c) 弯矩

图 4-23　本模型的静态结果(2)

　　为了研究铺管船的耦合效应，将当前耦合模型中船舶的六自由度运动结果与在相同条件下的单船脱耦模型中的结果进行比较。在两个模型中，船舶都使用相同的动力定位系统将其初始位置定位在 123.46m(x 坐标)和 0m(y 坐标)，且无航向角度。两个模型的环境载荷保持不变。波浪和水流的方向为 45°，以便更好地观察船舶在所有六自由度中的运动情况。

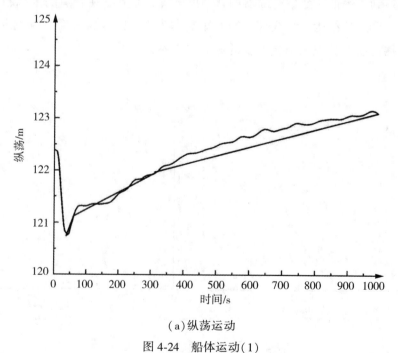

(a) 纵荡运动

图 4-24　船体运动(1)

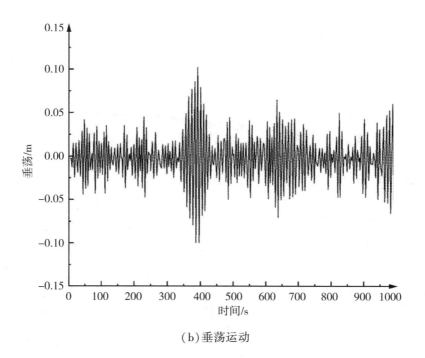

（b）垂荡运动

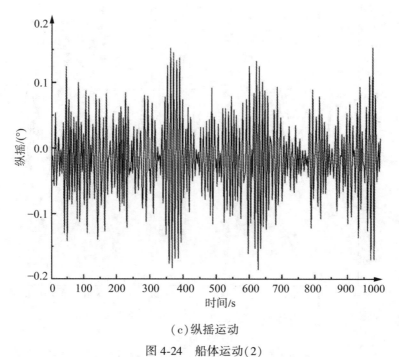

（c）纵摇运动

图 4-24　船体运动（2）

　　如图 4-25 所示，尽管船舶的目标位置与其初始位置相同，但在耦合模型的动态模拟开始时，船舶可能会稍微偏离其初始位置。原因在于缆绳张力对船舶的影响。由于上述耦合效应，静态计算后船舶可能在与初始不同的位置达到平衡。动态计算模型将始终以静态位置为初始状态。

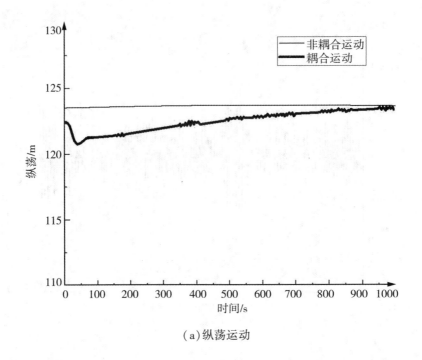

（a）纵荡运动

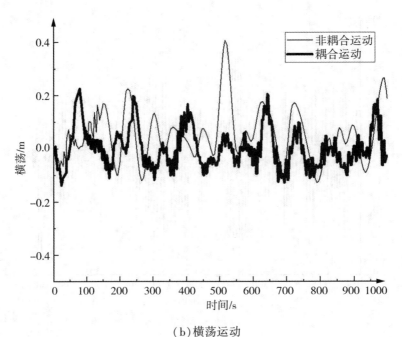

（b）横荡运动

图 4-25　自由度运动之间的比较（1）

对于由船舶动力定位系统控制的纵荡运动，船只本身一直保持在接近目标位置。耦合模型中的船舶从全局 x 坐标的 122.36m 开始，从初始位置后退约 1m，然后在第一分钟内由于耦合效应而进一步偏离目标位置，最大偏差约为 3m。非耦合和耦合模型的摇摆运动均受

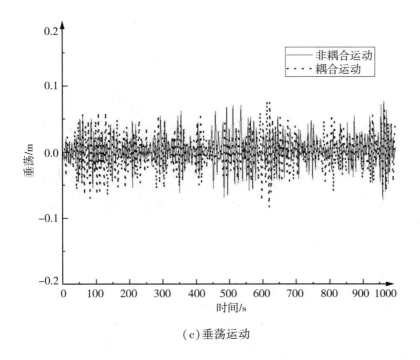

（c）垂荡运动

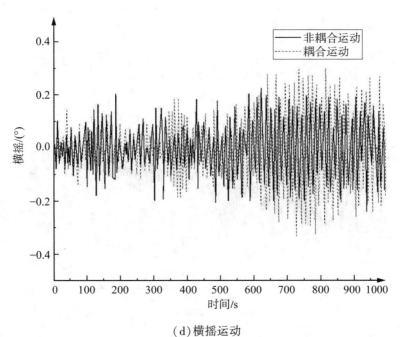

（d）横摇运动

图 4-25　自由度运动之间的比较（2）

船舶动力定位系统的良好控制。两种模型的运动范围都限制在 0.5m 以内。耦合纵荡运动的值比未耦合纵荡运动的值略小。船舶动力定位系统的摇摆运动强度要大于耦合系统。同样受船舶动力定位系统控制的船舶的偏航运动，会受到耦合效应的影响。单船的横摇运动

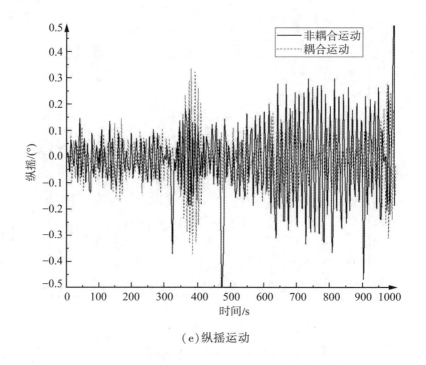

（e）纵摇运动

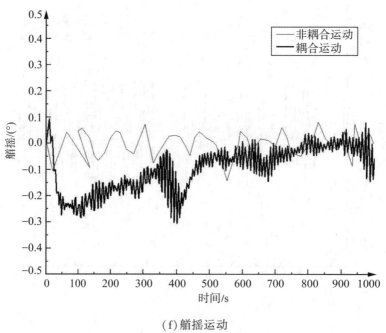

（f）艏摇运动

图 4-25 自由度运动之间的比较（3）

始终保持在良好的控制状态，平均值为－0.01°，其偏离零点的最大值从未超过 0.17°。然而，被缆绳拖动的成对船只在模拟开始时产生了不断增大的航向角度，并且需要相当长的时间才能恢复，这实际上反映了海流对管道和缆绳的影响。无论如何，该偏差小于 0.32°，其影响太小,不会对船舶操纵造成任何影响。

从其他不受控的三自由度运动的结果来看,船舶动力定位系统基本上以更高的频率波动。两个模型中的纵摇运动和横摇运动在模拟的大部分时间里,似乎受耦合影响不大。在这两种模型中,横摇运动的振幅低于0.4°,纵摇运动小于0.1m。波动范围耦合的俯仰运动似乎略微变宽,耦合的函数比未耦合的函数更稳定,这两个函数的值都在[-0.4, 0.4]内。耦合船的俯仰运动始于-0.02°,而不是初始的0°。在动态模拟中,由于缆绳的牵引作用,船舶必须进行平衡调整。但实际上,两个模型中船舶的横摇运动幅度太小,几乎无法察觉。耦合模型中船舶的平均横摇角度为-0.018°,而未耦合模型中仅为0.002°。

为了研究环境负荷对管道安装操作的影响,对实际操作获得的环境数据进行了动态研究,分析了船舶和管道的运动响应以及缆线在波和水流不同方向下的顶部张力变化。船舶的6-DOF运动响应如图4-26所示,在大部分自由度上,波和水流方向对船舶运动有明显的影响。当波和水流方向接近90°时,船舶运动变化范围较大。波和水流对船舶横向分量有较大的影响。在纵荡运动结果中,0°、45°和90°方向下的1/3有义值分别为0.004m、0.294m和0.684m。180°结果的值与0°值几乎相同。135°结果的有义值略高于45°结果。

在0°、45°、90°、135°和180°方向下,提升运动的1/3有义值分别为0.105m、0.107m、0.672m、0.166m和0.153m。

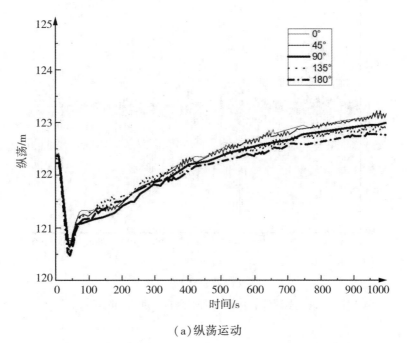

（a）纵荡运动

图4-26　不同波、水流方向下六自由度运动响应(1)

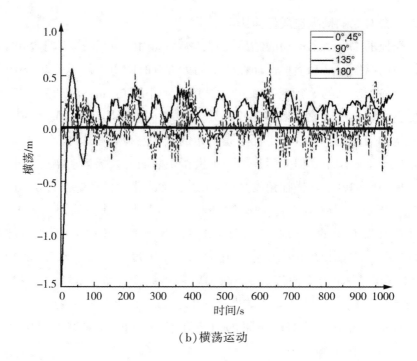

（b）横荡运动

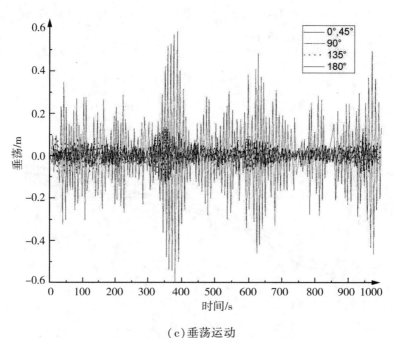

（c）垂荡运动

图 4-26　不同波、水流方向下六自由度运动响应（2）

　　对于纵摇运动，垂直于船体纵剖面的波浪和潮流对船体的纵摇运动有显著影响。对于横摇运动在 0°、45°、90°、135°和 180°方向下，纵摇运动的 1/3 有义值分别为 0.01°、0.50°、2.26°、0.53°和 0.002°，横摇与纵摇运动的统计值表明它与横向波浪和潮流载荷

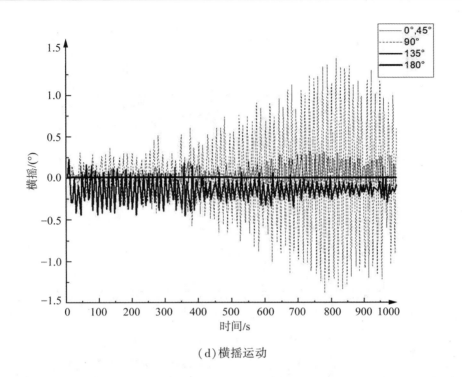

（d）横摇运动

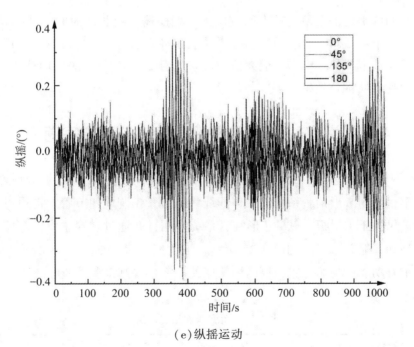

（e）纵摇运动

图 4-26 不同波、水流方向下六自由度运动响应（3）

的紧密关系。这种影响在偏航运动中主要体现在最大偏离 0°的角度上。在 90°波浪和水流条件下与 0°的最大偏差为 0.50°，约为 0°结果偏差的 16.7 倍。

对于纵荡运动，船舶处于动态定位系统的有效控制下，因此对环境负载方向的影响并

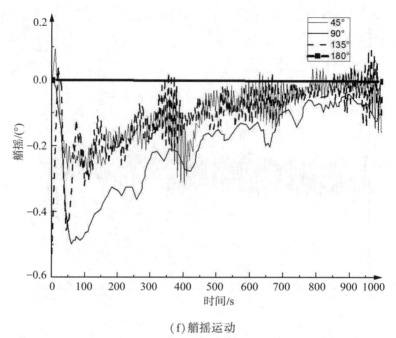

(f)艏摇运动

图 4-26 不同波、水流方向下六自由度运动响应(4)

不明显。唯一的区别是，在角度较大的方向下，船舶需要更长的时间才能到达目标位置。螺距运动是另一个例外，因为船舶运动主要受波和水流纵向分量的影响。在任何环境载荷方向下的螺距运动范围都很小，其最大值在 0.4° 以下。每个方向的平均螺距值基本相同，为−0.02°，再次表明耦合效果。

4.5 兼具 S 形与 J 形铺管系统布置方案简介

本节介绍一种新型铺管船的设计方案，该设计方案结合前文介绍的两种铺管系统的特点和布置方案，利用 S 形铺管系统的主作业线将双节管预制成四节管，再通过升降机提升至露天甲板，供位于主甲板右舷的 J 形铺管系统使用，并通过贯穿主甲板至船底的月池敷设管线。新型铺管船总布置图如图 4-27 所示，铺管船主尺度如表 4-13 所示。本设计方案可大幅减少重复功能设备的配置，提高铺管船使用率，提高工程作业经济性。

表 4-13 新型铺管船主尺度

主尺度参数	值	主尺度参数	值
总长	220m	夏季载重线吃水	7.9m
型宽	49m	最大航速	12.5kn
型深(干舷甲板)	14.7m	载管能力	15000t
型深(主甲板)	22.4m		

图 4-27 所示新型铺管船的主要铺管设备和系统包括：①管子预制线：含左右舷双预制线，可将单节管预制成双节管，并可在 S 形铺管主作业线上将双节管预制成四节管，并通过传输系统输送至主甲板，供 J 形铺管系统使用。②S 形铺管系统：管径 0.1524 ~ 1.524m，铺设双节管，铺管水深为 3000m，铺管速度约 7km/d。③J 形铺管系统：管径 0.127 ~ 0.9144m，敷设四节管，铺管水深为 3000m 及以上，铺管速度可达 3.5km/d。④张紧器：4×175t＝700t。⑤绞车：2×600t，含波浪补偿系统，可 2 台联合使用。⑥起重机：1 台 5000t 主起重机，2 台 50t 甲板起重机，1 台 35t 甲板起重机，1 台 25t 甲板起重机。

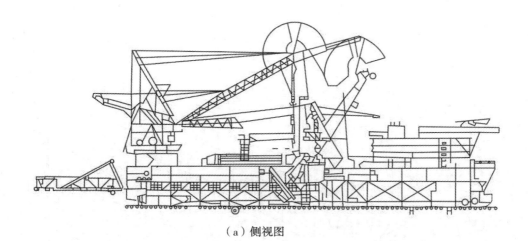

（a）侧视图

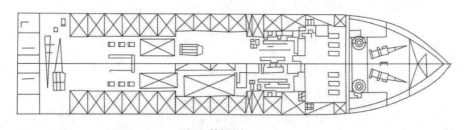

（b）俯视图

图 4-27　新型铺管船总布置图

铺管系统布置方案为：管子堆场，该船主甲板共有约 2000m² 储存面积，甲板载荷按 15t/m² 设计；储管架可以存储长度为 13m 的单节管，也可以直接存放双节管和四节管；管子堆场布置在主甲板上，最大可装载 20000t 管子，如图 4-28 所示。在 J 形铺管模式下，右舷管子堆场改造成四节管传输线如图 4-29 所示。管子堆场的搁架采用螺栓连接。

管子堆场上的管子通过左右两舷的理管起重机，吊至舱口位置或传输系统，再由管子升降机下送至下一层 14700 干舷甲板。14700 干舷甲板的作业线可分为 4 个区域：左舷双节管预制线、右舷双节管预制线、待作业横移和对中区、主作业线。左、右两舷双节管预制线由 15 个工作站组成，可同时将单节管预制成双节管。除管子传输设备外，预制线含

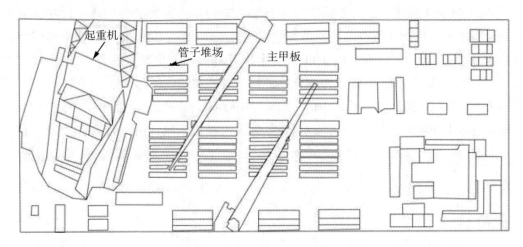

图 4-28　管子堆场效果图

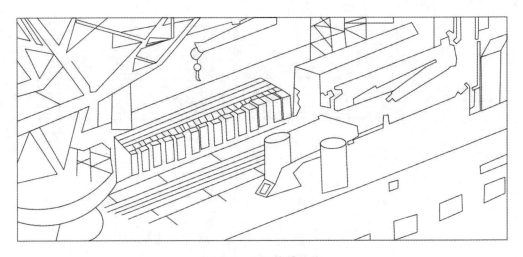

图 4-29　四节管传输线

管子端部处理、坡口、对中、焊接、探伤等工作站。采用左、右舷双预制线的布置方式，可在两舷同时预制 3.5km 的双节管，提高管子预制速度，提升铺管效率，是实现 7km/d 铺管速度的保障。待作业横移和对中区位于干舷甲板箱部，预制的双节管存放在该区域，并通过横移小车移至船中心线，与主线对接。主作业线沿干舷甲板中心线布置，含端部处理、坡口、对中、焊接、探伤、包覆等工作站，舰部配备 4 台 175t 张紧器。如图 4-30 所示，托管架和托管架起升系统都布置在船尾。其中，托管架起升系统采用插销连杆方案，布置在主甲板上的主吊机筒体内。

　　如图 4-31 所示，本船的 J 形铺管系统直接铺设四节管。干舷甲板两侧的管子预制线将单节管预制成双节管后，再利用 S 形铺管线的主作业线将双节管预制成四节管，并完成包覆作业，形成完整的四节管。完成预制的四节管通过横移小车移向主作业线左侧，并通过

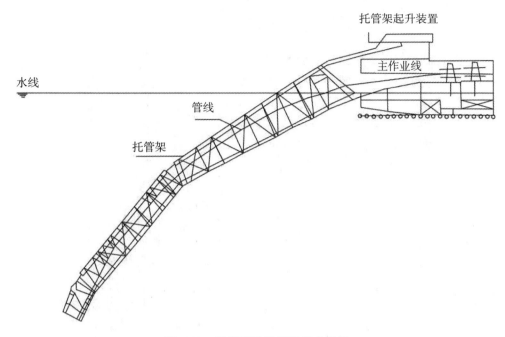

图 4-30 托管架及托管架起升系统

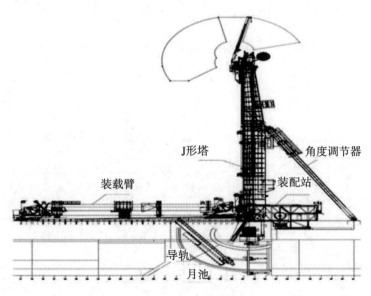

图 4-31 J 形铺管系统

管子电梯将四节管向上输送至主甲板,再经由主甲板上的传输系统输送给 J 形铺管系统。J 形塔布置于该船的船中靠右舷位置。塔下方设置从主甲板直通船底的月池,J 形铺管塔通过月池敷设管道。在 J 形铺管作业时,仅需运行单侧管子预制线即可实现 3.5km/d 的铺管速度。如图 4-32 所示是本船的 2 台 600t 绞车,可单台或并车服务于 J 形、S 形铺管系统。如图 4-33 所示,绞车布置于船中区域,在干舷甲板下,可通过滑轮将钢丝绳引导至干舷甲板和主甲板，服务于 S 形铺管系统和 J 形铺管系统。

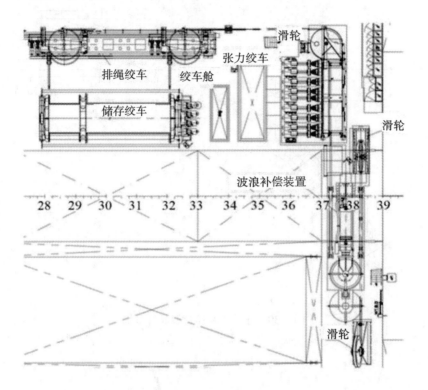

图 4-32　绞车舱布置图

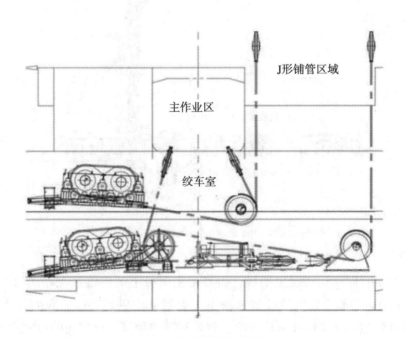

图 4-33　绞车滑轮布置图

通过对比 S 形和 J 形两种铺管系统的共性及差异，通过实船方案介绍优化布置方案，实现两形铺管系统在一条船上的完美结合。该船具有 S 形和 J 形两种铺管系统，通过优化布置，合理利用空间和共性设备，不仅所有通用设备能服务于两形铺管系统，还充分利用 S 形铺管系统的主作业线设备预制四节管，供 J 形铺管系统使用，进一步缩小非共用设备范围。多功能起重铺管船对船舶保有量较少、铺管功能单一的海工工程公司来说非常实用，避免一次作业需多条船舶，可提高船舶利用率，满足各种铺管方式，使用灵活，减少资金投入总量以及船舶维护保养费用。

随着海洋资源开发的深入，国外起重/铺管船正向着大型化、深水化、多功能化、环保、舒适性方向发展，该船的设计理念具有前瞻性，也是今后铺管船发展的主要方向。

本章介绍了 S 形铺管法、J 形铺管法、卷管式铺管法、Reel-Lay、Carousel-Lay、Vertical-Lay 六种铺管方式，并对几种铺管方式的优缺点进行了对比；为了实时精确地描述铺管船在海洋环境中的运动情况，本章根据船舶运动学和动力学理论，建立了铺管船在波浪中的时域船舶六自由度模型，该模型包括：船舶数学模型与环境模型，其中环境模型包括海风模型、海流模型和波浪模型，最终建立了可用于仿真的船舶时域运动模型。并对铺管船在静水与风浪流联合作用下的运动进行了仿真。最后对铺管船进行了设计，该设计利用 S 形铺管船预制线、主作业线为 J 形铺管系统预制四节管，实现两型铺管系统相互结合。一艘船兼备两种铺管方式，能完成浅水、中深水的连续铺管作业，为海上及水下作业、安装等工程提供服务，该设计方案可以提高铺管船及其设备的利用率。

◎ 参考文献

［1］黄维平，曹静，张恩勇. 国外深水铺管方法与铺管船研究现状及发展趋势［J］. 海洋工程，2011，29(1)：135-142.

［2］Zhang X, Yue Q, Zhang W, et al. Study on the design of a model experiment for deep-sea S-laying［J］. Ocean Engineering, 2014, 84(2): 194-200.

［3］昝英飞. 船舶铺管作业动力学模型研究［D］. 哈尔滨：哈尔滨工程大学，2016.

［4］Han D. Huang K, Zan Y, et al. Coupling time-domain analysis for pipeline end termination installation based on pipelaying［J］. J Mar Sci Technology, 2020, 25(2): 808-827.

［5］Chern F Lee, Guomin J, Marek J J, et al. Numerical simulation of piggyback pipelaying under current loadings［J］. Marine Structures, 2023, 51(2): 90-100.

［6］周俊. 深水海底管道 S 形铺管形态及施工工艺研究［D］. 杭州：浙江大学，2008.

［7］Chern F L, Guomin J, Marek, et al. Numerical simulation of piggyback pipelaying under current loadings［J］. Marine Structures, 2023, 91(2): 103-478.

［8］Ying-fei Z, Chi Y, Duan-feng H, et al. Numerical model for pipelaying on nonlinear soil stiffness seabed［J］. Journal of Hydrodynamics, Ser. B, 2016, 28(1): 10-22.

［9］Senthil B, Panneer Selvam R. Dynamic Analysis of a J-lay Pipeline［J］. Procedia Engineering, 2015, 116(3)：730-737.

［10］韩健, 冷喜嘉. 兼具 S 形与 J 形两种铺管系统的新型设计方案［J］. 造船技术, 2019, 43(2)：12-16, 22.

［11］王文亮. S-lay 型铺管船选型方法研究［J］. 电子测试, 2019, 52(20)：35-36.

［12］王晶. J 形铺管船运动响应及对铺设管线的影响分析［D］. 上海：上海交通大学, 2015.

［13］Jiwa M Z, Kim D K, Mustaffa Z, et al. A systematic approach to pipe-in-pipe installation analysis［J］. Ocean Engineering, 2017, 142(1)：478-490.

［14］Gao F. Flow-pipe-soil coupling mechanisms and predictions for submarine pipeline instability［J］. Journal of Hydrodynamics, 2017, 29(5)：763-773.

［15］Hensel W. Automatic control systems of rectifier-loaded synchronous alternators and of D. C. motors in the constant-current loop aboard a pipelaying barge［J］. IFAC Proceedings, 1974, 7(2)：231-243.

［16］Zweni M, Joe P. Using the direct current voltage gradient technology as a quality control tool during construction of new pipelines［J］. Engineering Failure Analysis, 1998, 5(2)：99-104.

［17］Matteo C, Bård N, Bjørn S, et al. Efficient fracture assessment of pipelines. A constraint-corrected SENT specimen approach［J］. Engineering Fracture Mechanics, 2001, 68(5)：527-547.

［18］王玉红, 李磊, 张兆德, 等. 铺管船运动响应及对铺设管线的耦合作用［J］. 中国舰船研究, 2018, 13(4)：86-92.

［19］舒德健. 基于 LQG 算法和复合形法的深水铺管船动力定位数值模拟［D］. 天津：天津大学, 2020.

［20］王玉红. 铺管船运动响应分析及系泊系统研究［D］. 舟山：浙江海洋学院, 2017.

［21］曾骥, 李陈峰, 任慧龙, 等. 铺管船铺管作业锚泊系统分析［J］. 船舶工程, 2013, 35(5)：24-27.

［22］Benito R, Sebastian B, Wilson G, Feasibility study of flopper stoppers as a passive roll compensation system for offshore construction vessels［J］. Ocean Engineering, 2022, 264(2)：112-380.

［23］Gong S, Xu P, Bao S, et al. Numerical modelling on dynamic behaviour of deepwater S-lay pipeline［J］. Ocean Engineering, 2014, 88(2)：393-408.

［24］Bruschi L, Vitali L, Marchionni A, et al. Pipe technology and installation equipment for frontier deep water projects［J］. Ocean Engineering, 2015, 108(2)：369-392.

［25］Zhao T, Feng X. Up heaval buckling solution for submarine pipelines by segmented ditching and hot water flushing［J］. Ocean Engineering, 2015, 102(1)：129-135.

[26] Liang C, Cheng W H. The optimum control of thruster system for dynamically positioned vessels[J]. Ocean Engineering, 2004, 31(1): 97-110.

[27] Van Nuffel D, Vepa K S, De Baere I, et al. A comparison between the experimental and theoretical impact pressures acting on a horizontal quasi-rigid cylinder during vertical water entry[J]. Ocean Engineering, 2014, 77(2): 42-54.

[28] Guachamin-Acero W, Portilla-Yandún J. A study on vessel fatigue damage as a criterion for heading selection by application of 2D actual bimodal and JONSWAP wave spectra[J]. Ocean Engineering, 2021, 226(1): 108-822.

[29] Gowtham R, Xu H, Bernt J L, et al. Calibration of high-fidelity hydrodynamic models utilizing on-site vessel response measurements[J]. Ocean Engineering, 2023, 278(2): 76-114.

[30] Guachamin W, Li L, et al. Methodology for assessment of the operational limits and operability of marine operations[J]. Ocean Engineering, 2016, 125(2): 308-327.

[31] Gullik A J, Niklas S, Tu D N, et al. A nonlinear PDE formulation for offshore vessel pipeline installation[J]. Ocean Engineering, 2010, 37(4): 365-377.

[32] Marti-Bonmarti E, Lloris J M, Bolant J M, et al. Diesel marine international (DMI) strengthens hold in Chinese industries[J]. Ocean Engineering, 1992, 19(2): 215-216.

[33] Guachamin-Acero W, Li L. Methodology for assessment of operational limits including uncertainties in wave spectral energy distribution for safe execution of marine operations[J]. Ocean Engineering, 2018, 165(1): 184-193.

[34] Wang P, Tian X, Peng T, et al. A review of the state-of-the-art developments in the field monitoring of offshore structures[J]. Ocean Engineering, 2018, 147(2): 148-164.

[35] Natalia S E, Jeroen R, Martijn P M K. Hocking behaviour of single and multiple-rope systems[J]. Engineering Failure Analysis, 2008, 15(1): 142-153.

[36] Steve W, Otto H, Denmark. A small state's role in global energy politics[J]. Energy Policy, 2021, 148(2), 111-991.

[37] Tadeusz B, Daniel S. Multi-criteria decision aid for the selection of open trenching technology for modernisation of municipal infrastructure systems[J]. Tunnelling and Underground Space Technology, 2014, 39(1): 94-101.

[38] Croll J G A. Bending boundary layers in tensioned cables and rods[J]. Applied Ocean Research, 2000, 22(4): 241-253.

[39] Chapman D N, Falk C, Rogers C D F, et al. Experimental and analytical modelling of pipe bursting ground displacements[J]. Tunnelling and Underground Space Technology, 1996, 11(1): 53-68.

[40] Zhao X Y, Yue Q, Andrew C P. Dynamic loading history and collapse analysis of the pipe

during deepwater S-lay operation[J]. Marine Structures，2015，40(1)：183-192.

[41]Lenci S，Callegari M. Simple analytical models for the J-lay problem[J]. Acta Mechanica，
2005，178(1-2)：23-39.

本 章 附 录

符 号 表

符号	解释	符号	解释
S	预紧卡扣的轴向力	α	管道的线性热膨胀系数材料
S_{1st}	霍布斯第一横向模式下预扣的轴向力	v	管材的泊松比
S_∞	横向预紧力与霍布斯的无限模式	$\int_L^{LB} 1$	土壤侧向阻力下限
S_{pre-0}	初始曲线铺设段的横向预紧力段	$\int_L^{BE} 1$	最佳估计土壤侧向阻力
$S_{pre-tension}$	缓解措施引起的平均预紧力解决方案	$\int_\alpha^{LB} 1$	下限轴向土体阻力
$S_{UHB-min}$	动摇屈曲最小临界轴向力	L_{pre}	沟渠开挖作业中每个剩余段的长度挖沟作业
H	铺设管道产生的残余轴向力	d_1	正弦不平滑最大振幅
L_0	热水冲洗溶液中的预扣长度	L_S	轴向馈入长度，不包括预扣件
R_∞	对应于霍布斯的无限模式的初始不完美半径	y_0	海底初始曲线铺设段的挠度函数
AE	海底管道的延伸刚度	y	预扣的挠度函数
p_∞	自由流流量压力	ρ	流动压力
C_p	压力系数	C_l	升力系数
C_d	阻力系数	D_0	圆柱直径
D_1	管道直径	D_2	缆线直径
$\vec{f}_{dn}$	垂直于管道每单位长度受力	f_{lift}	每单位长度的升力
G	大小圆柱之间的间隙	Re	雷诺数

第 5 章　水下缆索振动的主被动控制技术

各类海洋平台采用锚泊系统进行定位。随着海洋风电技术的发展，海洋风电锚泊定位能力越来越重要，对风机的锚泊定位更多地依赖水下缆索的主被动控制技术。随着海洋油气和矿产资源对探测仪器设备的探测定位精度要求不断提高，拖曳系统的定深控制能力要求不断地提升，抵近目标区域的拖曳探测需求越发强烈，拖曳系统的抵近海底探测对拖曳系统的定深控制要求越来越高。这就需要利用各种主动和被动控制技术抵抗拖曳过程中的各类扰动，实现拖曳系统的定深控制。拖曳系统的定深控制主要包括拖曳系统的主动收放缆技术，拖曳系统的缆索涡流控制技术；拖曳系统的多段式设计与定深控制技术等。这些定深控制技术均是平抑拖曳过程中的动态载荷来提升拖曳系统的定位精度。

5.1　缆索尾流整流控制

锚固系统和拖曳系统在工作过程中，线缆周围会周期性地产生脱落涡旋，导致线缆周期性地振动。如果涡旋脱落频率接近线缆的自然频率，将会发生锁定现象，从而导致较大的涡旋诱导振动(Vortex-Induced Vibration，VIV)位移振幅和高振动频率，对管线系统造成疲劳激振等消极影响。

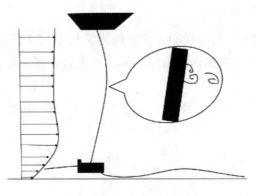

图 5-1　涡激振动示意图[1]

涡激振动是一种典型的流–固耦合现象[2]。为了准确分析涡激振动的特性，描述涡激振动的无量纲控制参数包括雷诺数 Re、斯特劳哈尔数 St、缆的长径比 λ、质量比 m^*、阻

尼比 ξ 以及约化速度 V_r。

雷诺数 Re 是与流体密度、黏性和结构主尺度相关的无量纲参数。雷诺数本质上为惯性力和黏性力的比值。雷诺数较小时，黏性力的作用较强，流体流动状态稳定，为层流。随着雷诺数的增大，惯性力占据主导地位，流体为湍流状态。

对于圆柱结构的绕流问题

$$Re = UD/v \tag{5-1}$$

式中，U 为流体流速，D 为圆柱外径，v 为流体的运动黏性系数。

流体流经圆柱结构过程中，当流体抵达圆柱前缘，由于阻滞作用，流体压力增大，圆柱表面的边界层在压力作用下沿圆柱外表面向后缘发展。若雷诺数 Re 较小，流体压力较大，边界层将拓展至圆柱背面，此时流体不会分离。若 Re 较大，流体压力较小，边界层不能完全拓展至圆柱背面，而在圆柱后缘处与圆柱外表面发生分离，形成向下游自由发展的剪切层。剪切层外侧流速大于内侧流速，流体发生旋转形成漩涡泄放，最终在圆柱后缘形成周期性交替出现的漩涡。不同雷诺数，圆柱后缘形成的尾涡形式不同。由于漩涡在圆柱后缘周期性交替产生，垂直来流方向上圆柱两侧将产生周期性变化的压力差，即升力。在周期性变化的升力作用下，圆柱产生横流向振动。漩涡的周期性泄放，使圆柱沿来流方向受到周期性增减的阻力。由于阻力的周期性增减，圆柱亦会产生顺流向振动。顺流向振动的频率一般为横流向的 2 倍。

当雷诺数大于 40 时，圆柱后缘交替出现漩涡脱落，对漩涡脱落频率进行无量纲化得到斯特劳哈尔数 St

$$St = \frac{f_S U}{D} \tag{5-2}$$

其中 f_S 为漩涡脱落频率。斯特劳哈尔数与雷诺数、圆柱表面粗糙度、流体湍流度等参数有关。斯特劳哈尔数在雷诺数为 300 ～ 300000 的亚临界区域一般为 0.2。如图 5-2 所示为 St 随 Re 的变化图。

长径比 $\lambda = L/D$，其中 L 为结构的长度，海洋工程中柔性圆柱结构的长径比一般可达 $10^4 \sim 10^5$，大长径比圆柱结构的涡激振动特性表现出诸多新的现象，如多模态竞争、行波特性、宽频振动等。

质量比 m^* 为结构单位长度质量与结构排开流体质量的比值。质量比对结构涡激振动的响应特性有重要影响。

$$m^* = \frac{4m}{\pi\rho D^2} \tag{5-3}$$

式中，m 为单位长度结构质量，ρ 为流体密度。

阻尼比 ξ 表示结构每个振动循环内耗散能量的多少。可通过空气中的自由衰减实验获得结构阻尼比。

约化速度 V_r，其中 f 为结构频率，为了便于研究涡激振动特性，总结一般性规律，可

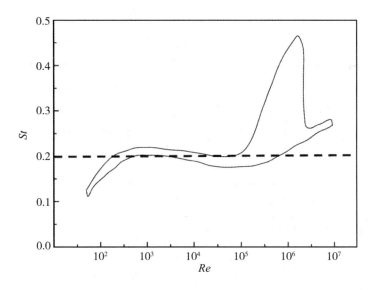

图 5-2 St 随 Re 的变化图

用结构固有频率，也可用结构响应频率。

$$V_r = \frac{U}{fD} \qquad (5\text{-}4)$$

垂直柔性圆柱 VIV 水动力系数特性分析，图 5-3 和图 5-4 为柔性圆柱横流向和顺流向振动位移均方根随约化速度 $\left(V_r = \frac{U}{f_1 D} \right)$ 的变化情况。横流向在 $5.0 < V_r < 15.0$ 时激发二阶模态，顺流向在 $5.0 < V_r < 10.0$ 时激发二阶模态。图 5-5 和图 5-6 为柔性圆柱升力系数和脉动阻力系数随约化速度变化规律。升力系数和脉动阻力系数分别与横流向和顺流向位移保

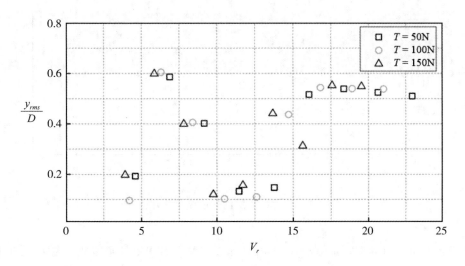

图 5-3 横流向最大位移均方根随约化速度变化规律

持相同的变化趋势，在一阶模态区，先增大后减小，分别在横流向、顺流向位移最大处达到峰值。进入二阶模态区，升力系数和脉动阻力系数急剧增大。二阶模态的响应位移与一阶模态的响应位移处于相同水平，但升力系数和脉动阻力系数却显著增大，原因在于升力系数和脉动阻力系数不仅与振动位移有关，而且与响应频率密切相关。一阶模态的控制频率约为 2.5Hz，而二阶模态的控制频率约为 8.5Hz，二阶模态激发时的响应频率远远高于一阶模态，所以二阶模态激发时升力系数与脉动阻力系数显著增大。

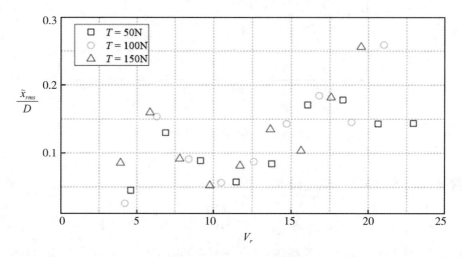

图 5-4　顺流向最大位移均方根随约化速度变化规律

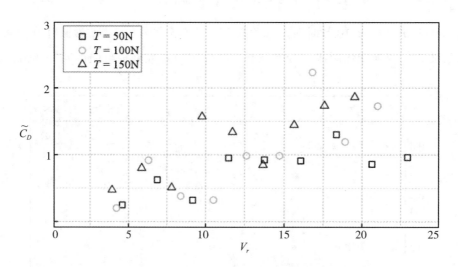

图 5-5　升力系数随约化速度变化规律

如图 5-6 所示为 Gopalkrishnan[3]、Sarpkaya[4]、Moe 和 Wu[5] 通过刚性圆柱受迫振动实验获得的升力系数。在一阶模态区，柔性圆柱与刚性圆柱升力系数的变化趋势基本相同，均先增大后减小。刚性圆柱的升力系数在 $V_r \cdot St$ 值约为 0.98 时取最大值。柔性圆柱实验中的 $St = 0.17$，升力系数在 $V_r = 6.3$ 时取最大值，此时 $V_r \cdot St = 1.07$，与刚性圆柱十分接近。关于圆柱顺流向涡激振动水动力系数的研究较少，已有的研究大多集中在 $1.0 < V_r < 5.0$ 时柔性圆柱顺流向和横流向的振动同时激发，柔性圆柱的脉动阻力系数随 V_r 的变化趋势与升力系数相同，同样在 $V_r = 6.3$ 时取得极大值。观察图 5-3～图 5-5，可发现与刚性圆柱相比，柔性圆柱的升力系数和脉动阻力系数值均偏大，原因可能在于以下几点：柔性圆柱长径比较大，VIV 具有三维特性；小质量比结构涡激振动顺流向与横流向之间的耦合作用显著，刚性圆柱的水动力系数来自单自由度受迫振动实验，忽略了两个方向的耦合作用。

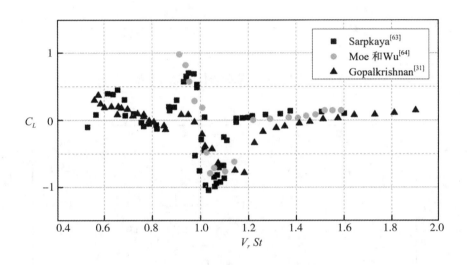

图 5-6　刚性圆柱升力系数

图 5-7 为柔性圆柱和刚性圆柱平均阻力系数随约化速度的变化规律图。柔性圆柱平均阻力系数位于 0～3.0 之间，整体均值为 1.72，大于静止圆柱在水中的平均阻力系数 1.2。一阶模态控制区平均阻力系数先增大后减小，$V_r = 7.8$ 时取得峰值 2.68，进入二阶模态控制区平均阻力系数逐步增大，最大可达 2.98。Jauvtis 和 Williamson[6]通过刚性圆柱两自由度自由振动实验获得了平均阻力系数，整体位于 0.5～3.0 的范围内，在 $V_r = 7.5$ 时取得最大值 3.0。Huarte 和 Beraman[7]开展柔性圆柱涡激振动实验获得的平均阻力系数位于 1.0～4.0 之间，一阶模态控制区内在 $V_r = 6.3$ 时取得极大值。进入二阶模态控制区，平均阻力系数先升高后降低，一阶模态和二阶模态的平均阻力系数最大值位于相同水平。柔性圆柱平均阻力系数在一阶模态控制区与刚性圆柱平均阻力系数的变化趋势基本相同，并位于同一量级。二阶模态控制区，柔性圆柱平均阻力系数随约化速度的变化与一阶模态控制区相似，亦是先增大后减小，实验中的平均阻力系数在二阶模态控制区仅表现为升高部分，是因为实验中的来流速度最高为 1.0m/s，来流速度继续增大，平均阻力系数将呈现下降趋势。

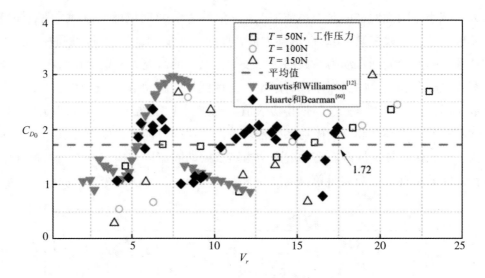

图 5-7　平均阻力系数随约化速度变化规律

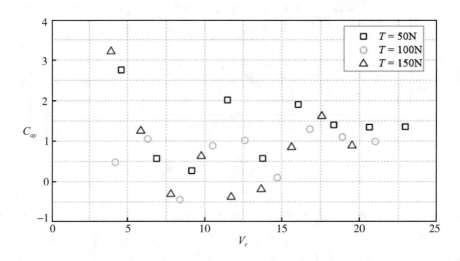

图 5-8　横流向附加质量系数随约化速度变化规律

　　图 5-8 和图 5-9 为柔性圆柱横流向和顺流向附加质量系数随约化速度变化规律图。一阶模态控制区，横流向与顺流向的附加质量系数随着约化速度的升高而降低。附加质量系数能改变结构的实际固有频率，附加质量系数降低表明结构的固有频率随约化速度升高，从而使结构维持"锁定"状态。横流向附加质量系数随约化速度的升高而降低，变化趋势与柔性圆柱一阶控制模态下的横流向附加质量系数大致类似，附加质量系数最终会降为负值，最小值在 $-0.8 \sim -0.4$。柔性圆柱横流向附加质量系数亦降为负值，最小值为 -0.44。在模态转化区，柔性圆柱横流向附加质量系数随约化速度变化较为剧烈，导致结构固有频率变化较大，使结构振动产生了激烈的模态竞争。在二阶模态控制区，柔性圆柱附加质量系数表现平稳，横流向附加质量系数趋于 1.3，顺流向附加质量系数趋于 0.8。

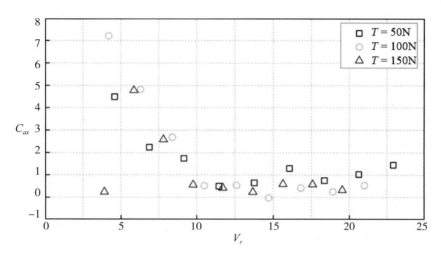

图 5-9　顺流向附加质量系数随约化速度变化规律

　　图 5-10 和图 5-11 为柔性圆柱一阶和二阶模态控制区振动位移均方根、升力系数和附加质量系数的轴向分布图。由图 5-10 可知，一阶控制模态区，升力系数在横流向位移最大处为负值，表明涡激振动的自限制特性，为了限制振动位移继续增大，升力系数变为负值，升力起到了振动阻尼的作用，能量由结构转移到流体，位移较大的区域为柔性圆柱的能量耗散区。图 5-11 进一步表明，二阶模态控制区，横流向振动位移较大处，升力系数的值也较大，即在柔性圆柱位移较大的区域能量仍由流体转移到结构，上述区域仍为能量输入区。产生这一现象的原因在于二阶模态下结构响应频率偏高，为了维持此时的振动状态，流体向结构继续输入能量，响应频率较低时的能量耗散区将变成能量输入区。

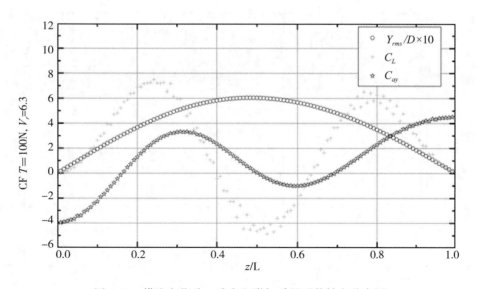

图 5-10　横流向位移、升力和附加质量系数轴向分布图

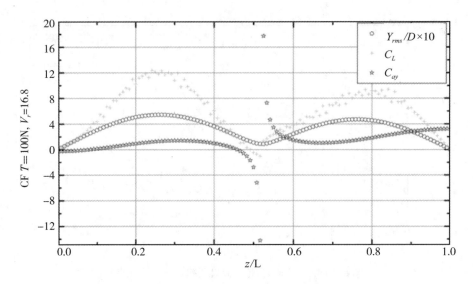

图 5-11　横流向位移、升力和附加质量系数轴向分布图

由图 5-10 和图 5-11 中附加质量系数的轴向分布可知，一阶模态控制区，附加质量系数沿轴向变化剧烈，而二阶模态控制区附加质量系数沿轴向变化趋于缓和。产生上述结果的原因可能是，附加质量系数不仅与响应频率相关，还与响应位移相关。一阶模态时响应频率较低，附加质量系数与振动位移的相关性强，附加质量系数变化幅度大；二阶模态时响应频率较高，附加质量系数与振动位移的相关性减弱，附加质量系数变化幅度减小。二阶模态下，附加质量系数在位移节点处产生突变。一阶模态下，柔性圆柱两端点的附加质量系数较大，情形类似于二阶模态下位移节点处的突变，柔性圆柱端点处的位移为零，可

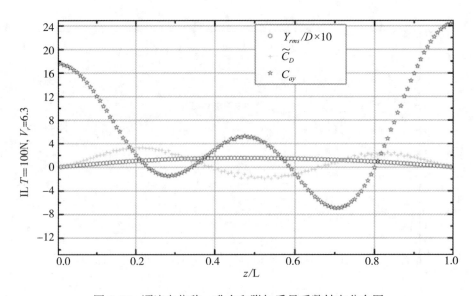

图 5-12　顺流向位移、升力和附加质量系数轴向分布图

看作位移的节点。突变现象产生的原因为节点处的位移较小近乎为零，导致附加质量系数的不连续。顺流向附加质量系数空间分布与横流向呈现相同的趋势，如图 5-12 和图 5-13 所示。

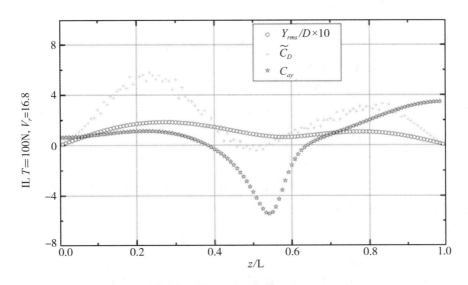

图 5-13　顺流向位移、升力和附加质量系数轴向分布图

高效抑制细长潜艇结构的流激振动是海洋工业和科学界面临的一个挑战。在过去的几十年里，人们研究了各种抑制涡激振动的方法[8]。通常，被动型的涡激振动抑制装置抑制柱体结构涡激振动的机理是通过装置的外形破坏漩涡的结构，旋涡泄放的主频被打散，其频率大幅度降低，远离了结构的固有频率，从而达到降低系统涡激振动振幅的目的。被动型涡激振动抑制装置在工程中得以广泛应用，优点突出，但也有一定的缺点。比如使用涡激振动抑制装置，往往会使系统的阻力增大，并且还会引起其他形式的振动。尽管如此，适当改变截面的形状对于涡振的抑制是非常有效的。

国内外最常用的扰流装置是：涡流发生器、控制杆、螺旋列板、整流罩等。工业上常用的主要有 2 种形式：螺旋列板和流线形的导流板。

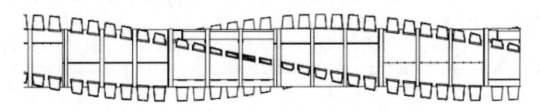

图 5-14　涡激振动抑制装置

　　涡激振动抑制装置是海洋工程中应用程度最广泛的一种装置。导流板也称整流罩，是一种具有流线形的，可以随着来流方向自适应的涡激振动抑制装置，其工作原理是通过导流板的自由摆动来适应周围的流场，通过其流线形减少涡旋的产生，从而大幅度地降低了旋涡脱落频率，远离了结构固有频率，最终达到降低柔性柱体涡激振动横向幅值的目的[9]。

　　以螺旋列板为例，形状可用齿高 h、螺距 p、列数表示，如图 5-15 所示；列板高度和螺距通常用柱体外径 D 的倍数表示。不同的螺旋列板形状，抑制效率不同。结合以往的螺旋列板试验以及海内外螺旋列板产品数据获得如下结论：螺旋列板的列数为 3 或 4，对柱体横流向振幅抑制效率基本没有影响。但列数为 4 比列数为 3 的拖曳力系数更高，造成海洋立管大幅度的弯曲，加剧其疲劳损坏。因此，工程上一般都会选用列数为 3 的螺旋列板涡激振动抑制装置。固定列板齿高和列数，不同的螺距对涡激振动抑制效率影响不大，螺距可以选取 $(5\sim17.5)D$，均可产生较好的抑制效果，但是高螺距的螺旋列板的拖曳力系数比低螺距的稍大些。而螺距太小会导致螺旋列板的重量加大，因此合理地设计螺旋列板的参数十分重要。

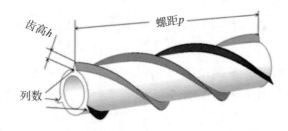

图 5-15　带螺旋列板的柱体结构示意图

　　除上述 2 种最为常用的抑振装置（螺旋导板、流线型的导流板）外，还有其他几种常见的抑振装置形式：安装覆盖物（见图 5-16(b)）、轴向板条（见图 5-16(c)）、分隔板（见图 5-16(e)）、飘带（见图 5-16(f)）、阻流片（见图 5-16(g)）等[10]。

　　整流罩是由非常轻的乙烯基制造的[11]，在覆盖率为 100% 或 80% 且水流均匀的情况下，带状整流罩在抑制 VIV 方面非常有效。随着覆盖率进一步降低到 60% 和 40%，整流罩动态响应明显变化，效果明显降低。

　　不加 VIV 控制装置。将模拟得到的数据进行后处理，可以得到不安装附加装置的隔水管的流场，它们描述了圆柱绕流的基本水动力学特征，其代表性的特征参数包括以下三个：压力、速度、涡量。下面将分别详细讨论[12]。

　　压力场，无穷远均匀来流绕过圆柱时，其压力场分布与圆柱尾迹的涡街构成紧密相关，也显现出交替的涡街式形态。图 5-17 给出了圆柱尾迹旋涡脱落周期内瞬时总压力分布。从图中可以看出，在圆柱同侧的压力都是交替地增大或者减小的，并在尾迹中心形成

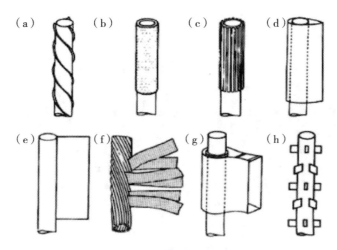

图 5-16 常见的涡激振动抑制装置

一个中等压力区，在此区域内流体的压力受旋涡脱落的影响不显著。

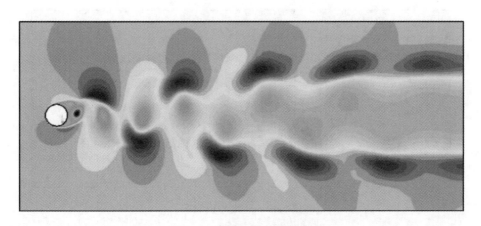

图 5-17 流场压力等值线图

尾迹流场的压力系数分布与圆柱受力情况相关，而且圆柱受力情况对涡激振动的频域特征也有明显影响。图 5-18 给出了圆柱尾迹旋涡脱落周期内平均压力系数分布。压力在圆柱表面有明显的对称性，而在两侧远离圆柱的区域，压力系数分布较少受圆柱的影响。

速度场，圆柱绕流的速度场与压力场对应，从来流到远离尾迹区形成稳定的涡街，上下两侧的旋涡脱落速度相互干涉，形成一个整体不稳定系统。图 5-19 给出了圆柱尾迹形成规则卡门涡街的速度等值线。可以看出，在两列旋涡区，各个单体涡中流速有从涡心向外减小的趋势，而在两列涡之间的区域速度分布较均匀。速度矢量图能充分体现流体在绕流过程中的动态变化特征，是分析流体流动的水动力学特征的重要参考依据。图 5-20 给出了圆柱尾迹形成规则卡门涡街的速度矢量图。从图中可以看出来流经过圆柱时的变化过

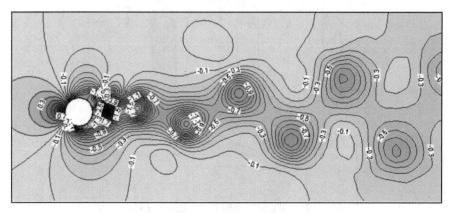

图 5-18　圆柱尾迹压力系数等值线图

程。在圆柱上下两侧端点后的某点，边界层开始脱落，形成逆压梯度区，造成圆柱近尾迹区出现回流，不断累积后形成旋涡脱落和周期性的涡街。

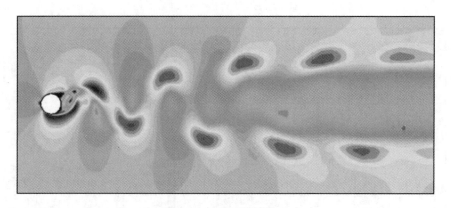

图 5-19　速度等值线图

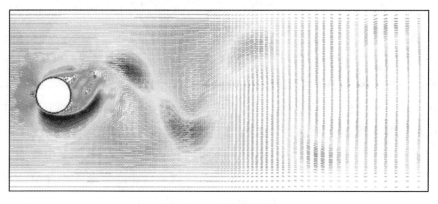

图 5-20　速度矢量图

　　流线图能充分体现单个流体微团在绕流过程中的变化特征，对分析流体在流场各位置的形态有很直观的效果。特别是像隔水管这类有显著旋涡脱落现象的流动，流线可以揭示旋涡的演化历程。图 5-21 给出了圆柱尾迹形成规则卡门涡街的流线图。从流线图中可以明显看出流绕过圆柱到形成涡街的整个变化过程。流线在圆柱后的尾迹中随旋涡的流动而上下摆动，但在远离圆柱区域，流线分布呈均匀的态势，几乎与无穷远来流不绕过圆柱流动的效果一样。

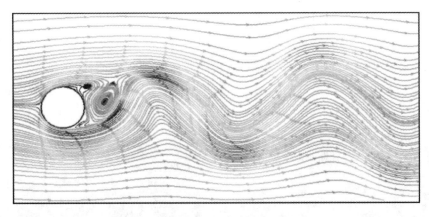

图 5-21　圆柱流线图

　　涡量场，对于圆柱绕流所形成的经典卡门涡街现象，尾迹区的各个旋涡都相互作用，它们对圆柱的流场分布有非常重要的影响。分析涡量场对于弄清圆柱旋涡脱落的机理和涡激振动的演化都是必不可少的。通过数值模拟的结果，分析尾迹流场各个不同量级的单体涡，可以用涡量等值线直观地描述各旋涡的分布情况。图 5-22 给出了圆柱尾迹形成规则卡门涡街的涡量等值线图。从图中可以看出各单体涡在圆柱后滞点生成后，在相互作用下

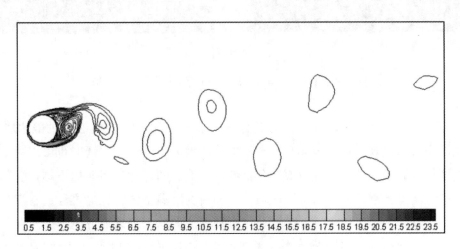

图 5-22　涡量等值线图

逐渐分离，在尾迹两侧形成交替的旋涡中心，并向尾迹上下两侧扩散，最终形成了稳定的涡街脱落过程。

　　附加分离盘，将模拟得到的数据进行后处理，可以得到安装不同结构尺寸的分离盘后的隔水管的流场，它们描述了分离盘对水动力的影响，其特征参数包括：压力、速度、涡量。针对 4 种不同长度的分离盘，下面分别详细讨论并对比分析。

　　压力场，无穷远均匀来流绕过隔水管时，其压力场分布与尾迹的旋涡脱落模态紧密相关。安装分离盘后，隔水管的旋涡脱落受到干扰，尾迹流场的压力分布发生了较大的改变。不同长度的分离盘对尾迹流场压力分布的影响存在较明显的差异。图 5-23 给出了安装不同长度的分离盘后的隔水管尾迹旋涡脱落周期内瞬时总压力分布。尾迹流场的压力系数分布与隔水管受力情况相关，而且隔水管对涡激振动的频域特征也有明显影响。图5-24给出了安装不同长度的分离盘后的隔水管尾迹旋涡脱落周期内平均压力系数分布。

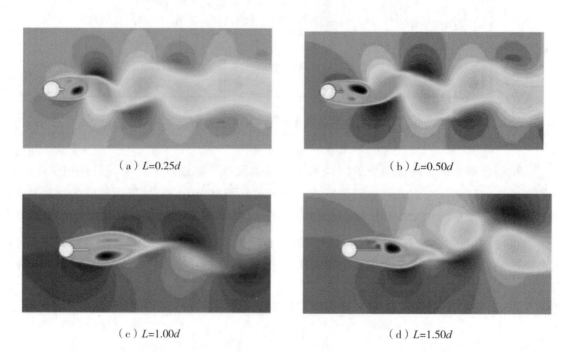

（a）$L=0.25d$　　　　　　　　　　　　　　（b）$L=0.50d$

（c）$L=1.00d$　　　　　　　　　　　　　　（d）$L=1.50d$

图 5-23　加装不同长度的分离盘后隔水管尾迹的压力等值线图

　　将各不同长度分离盘的隔水管压力场分布特征与不加 VIV 控制装置的隔水管（圆柱）对比，从图中可以直观地得到分离盘对圆柱尾迹压力分布的影响，同时也可以对比分离盘的长度对圆柱及涡激振动的改变效应。分析各个等值线图，对比得到以下结论：隔水管后的回流区被分离盘分割成两个对称的区域，尾迹后的旋涡整体被向后推移。在近隔水管后滞点处产生了新的中等高压区，并随着分离盘长度 L 的增大朝来流方向推进。在 $L=0.50d$ 之前，分离盘对尾迹的旋涡脱落改变效果不明显，到 $L=1.00d$ 时，此时旋涡脱落模态已

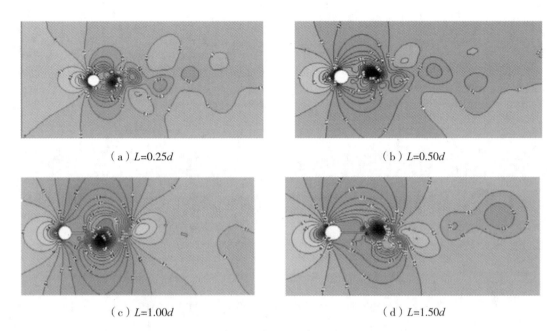

（a）$L=0.25d$ 　　　　　　　　（b）$L=0.50d$

（c）$L=1.00d$ 　　　　　　　　（d）$L=1.50d$

图 5-24　加装不同长度的分离盘后隔水管尾迹的压力系数等值线图

发生了明显变化，经过理论对比知道此时垂向脱落模态成分增加，尾迹的涡街变得较不稳定；当 $L=1.50d$ 时，生成了沿垂直来流方向的两个次高压区，分离盘后的涡街又重新趋于规则，尾迹宽度增加。

　　速度场，隔水管绕流的速度场与压力场对应，从无穷远来流到尾迹区旋涡脱落的过程，流场各个位置的速度分布能充分体现流动的动态变化。安装分离盘后，隔水管的旋涡脱落过程受到干扰，尾迹流场的速度分布也发生了较大的改变。不同长度的分离盘对尾迹流场速度分布的影响存在较明显的差异。图 5-25 给出了安装不同长度的分离盘后的隔水管尾迹速度等值线。速度矢量图能充分体现流体在绕流过程中的动态变化特征，对于分析控制装置对隔水管涡激振动的改变效应有直观的参考意义。图 5-26 给出了安装不同长度的分离盘后隔水管的速度矢量图。对于隔水管这类有显著旋涡脱落现象的流动，绘制流场的流线并分析其特征，可以揭示旋涡的演化历程。图 5-27 给出了安装不同长度的分离盘后的隔水管的流线图。

　　涡量场，对于安装 VIV 控制装置后的隔水管绕流所形成的旋涡脱落现象，尾迹区的各个旋涡相互作用，它们对隔水管的流场分布有非常重要的影响。分析涡量场对弄清隔水管旋涡脱落的机理和装置对涡激振动的改变效应都是必不可少的。分析尾迹流场各不同量级的单体涡，可以用涡量等值线直观地描述各旋涡的分布情况，同时对比不同长度的分离盘对隔水管 VIV 的改变的差异。图 5-28 给出了安装不同长度的分离盘后的隔水管尾迹的涡量等值线图，显示了隔水管尾迹旋涡脱落的演化过程以及脱落模态的变化。

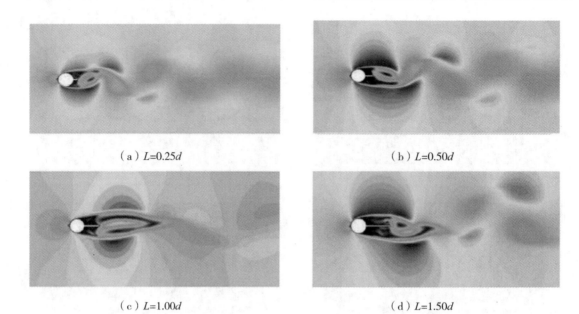

（a）L=0.25d　　　　　　　　　　　（b）L=0.50d

（c）L=1.00d　　　　　　　　　　　（d）L=1.50d

图 5-25　安装不同长度的分离盘后的隔水管尾迹速度等值线

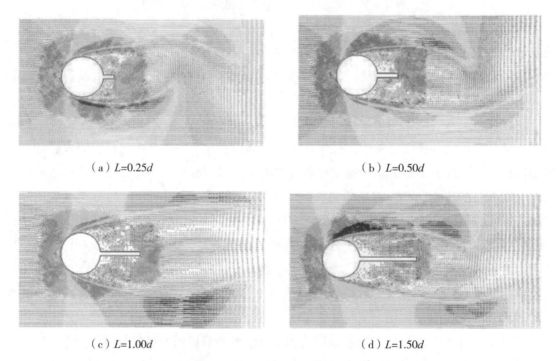

（a）L=0.25d　　　　　　　　　　　（b）L=0.50d

（c）L=1.00d　　　　　　　　　　　（d）L=1.50d

图 5-26　安装不同长度的分离盘后隔水管的速度矢量图

与未安装分离盘的隔水管相比，当 $L=0.25d$ 时分离盘对旋涡脱落的影响不大，分离盘只是使近尾迹处的旋涡向后产生了较小的推移，涡街还能保持；当 $L=0.50d$ 时，旋涡向后推移的距离加大，在分离盘末端开始形成与盘面对称的次生旋涡；当 $L=1.00d$ 时，

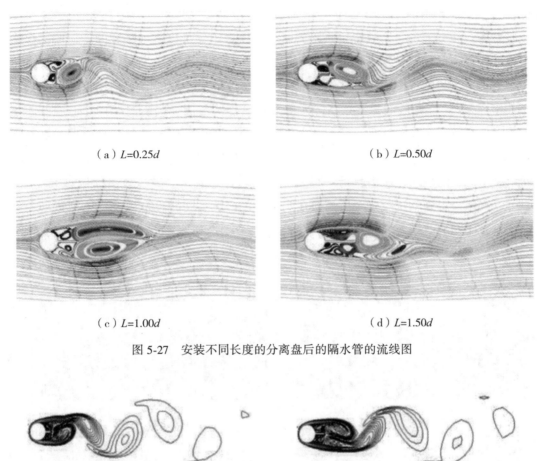

（a）L=0.25d

（b）L=0.50d

（c）L=1.00d

（d）L=1.50d

图 5-27 安装不同长度的分离盘后的隔水管的流线图

（a）L=0.25d

（b）L=0.50d

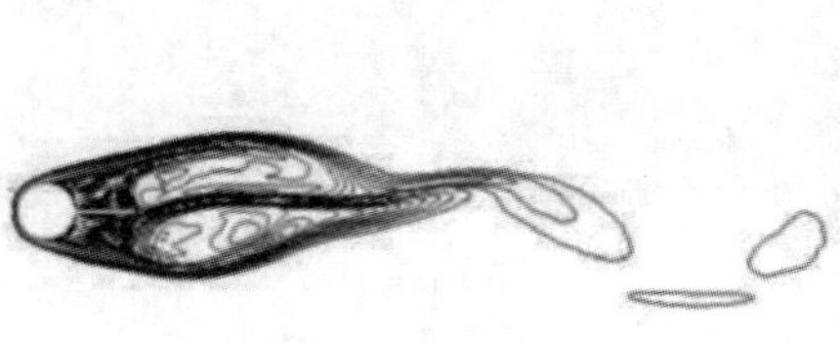

（c）L=1.00d

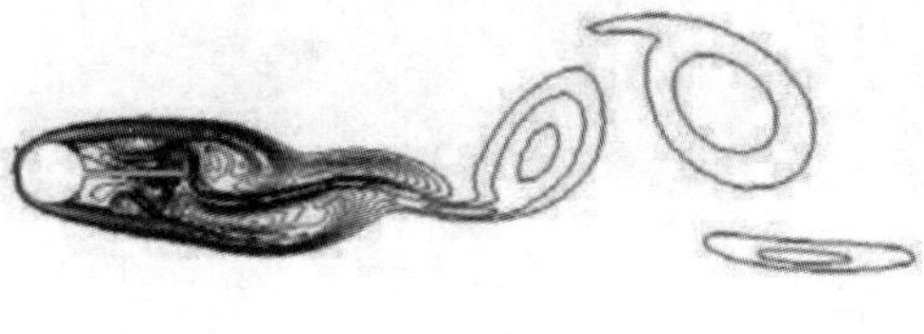

（d）L=1.50d

图 5-28 安装不同长度的分离盘后的隔水管尾迹的涡量等值线图

新生成的次生涡变大并向尾迹区推移，此时涡街脱落已趋于不规则模态；当 $L=1.50d$ 时，新生成的次生涡继续加大，并在其中一支的末端开始泄放，从而在分离盘后又开始形成稳定的规则涡街脱落。

附加整流罩，将模拟得到的数据进行后处理，可以得到安装不同结构的整流罩后的隔水管的流场，它们描述了整流罩对隔水管流动的水动力学特征的影响，其代表性的特征参数包括以下三个：压力、速度、涡量。针对 4 种不同角度的整流罩，下面详细讨论并对比分析。

压力场，无穷远均匀来流绕过隔水管时，其压力场分布与尾迹区域的旋涡脱落模态紧密相关。安装整流罩后，隔水管的旋涡脱落受到干扰，尾迹流场的压力分布也随之发生了较大的改变。顶角度数不同的整流罩对尾迹流场压力分布的影响存在较明显的差异。图 5-29 给出了安装不同角度的整流罩后隔水管尾迹旋涡脱落周期内瞬时总压力分布图。尾迹流场的压力系数分布与圆柱受力情况相关，而且对涡激振动的频域特征也有明显影响。图 5-30 给出了安装不同角度整流罩后的隔水管尾迹旋涡脱落周期内平均压力系数分布。将各不同角度整流罩的隔水管压力场分布特征与不加 VIV 控制装置的隔水管（圆柱）对比，从图中可以直观地得到整流罩对圆柱尾迹压力分布的影响，同时也可以对比整流罩的角度对圆柱及涡激振动的改变效应。

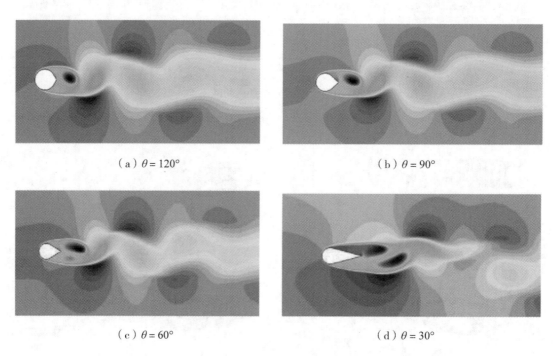

（a）$\theta = 120°$　　　　　　　　　　（b）$\theta = 90°$

（c）$\theta = 60°$　　　　　　　　　　（d）$\theta = 30°$

图 5-29　加装不同角度的整流罩后隔水管尾迹的压力等值线图

隔水管后的回流区被整流罩分隔成两个沿整流罩外围对称的区域，隔水管尾迹后的旋涡整体向后推移。在近隔水管后滞点处产生了新的中等高压区，并随着整流罩角度 θ 的增大朝来流方向推进。在 $\theta = 120°$ 时，整流罩对隔水管尾迹的旋涡脱落的改变效果不明显，只是旋涡生成区被推到了整流罩顶角附近；当 $\theta = 90°$ 时，旋涡脱落模态已发生了变化，经过理论对比知道此时垂向脱落模态成分增加，而且尾迹的涡街变得较不稳定；当 $\theta = 60°$ 时，生成了沿垂直来流方向的两个次高压区，它们在两侧交替对称，整流罩后的涡街又重

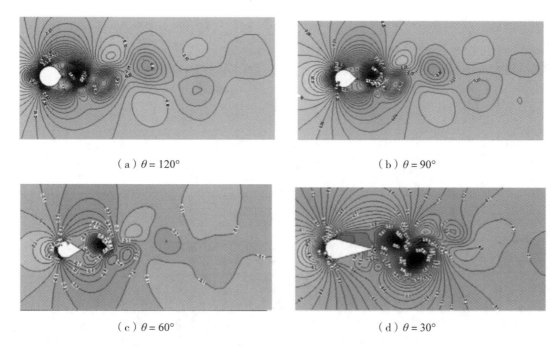

（a）$\theta = 120°$　　　　　　　　　　　（b）$\theta = 90°$

（c）$\theta = 60°$　　　　　　　　　　　（d）$\theta = 30°$

图5-30　加装不同角度的整流罩后隔水管尾迹的压力系数等值线图

新趋于规则，尾迹宽度增加；当 $\theta = 30°$ 时，次生区域被长整流罩尾端破坏并在垂直来流方向扭曲变形，次生高压区域反过来作用于隔水管尾迹区使得尾迹漩涡脱落不再规则，尾迹宽度又开始变小。

　　压力场，隔水管绕流的速度场与压力场对应，从无穷远来流到尾迹区旋涡脱落的过程中，流场各个位置的速度分布能充分体现流动的动态变化。安装整流罩后，隔水管的旋涡脱落过程受到干扰，尾迹流场的速度分布也发生了较大的改变。不同角度的整流罩对尾迹流场速度的分布的影响存在较明显的差异。图5-31给出了安装不同角度的整流罩后的隔水管尾迹速度等值线。速度矢量图能充分体现流体在绕流过程中的动态变化特征，对于分析控制装置对隔水管涡激振动的改变效应有直观的参考意义。图5-32给出了安装不同角度的整流罩后隔水管的速度矢量图。对于隔水管这类有显著旋涡脱落现象的流动，绘制流场的流线并分析其特征，可以揭示旋涡的演化历程。图5-33给出了安装不同角度的整流罩后隔水管的流线图。

　　涡量场，对于安装 VIV 控制装置后的隔水管绕流所形成的旋涡脱落现象，尾迹区的各个旋涡相互作用，它们对隔水管的流场特征有很重要的影响。分析尾迹流场各不同量级的单体涡，可以用涡量等值线直观地描述各旋涡的分布情况，同时对比不同角度的整流罩对隔水管 VIV 的改变的差异。图5-34给出了安装不同角度的整流罩后的隔水管尾迹涡量等值线图。显示了隔水管尾迹旋涡脱落的演化过程以及脱落模态的变化。

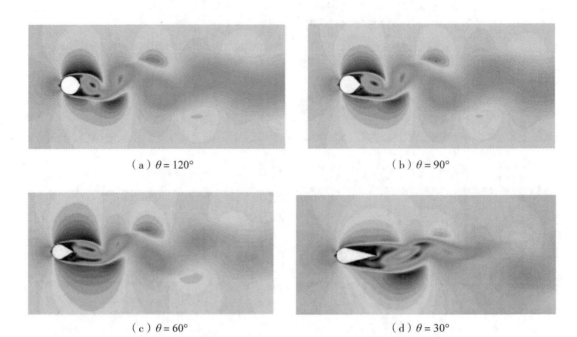

（a）$\theta = 120°$　　　　　　　　　（b）$\theta = 90°$

（c）$\theta = 60°$　　　　　　　　　（d）$\theta = 30°$

图 5-31　安装不同角度的整流罩后的隔水管尾迹速度等值线

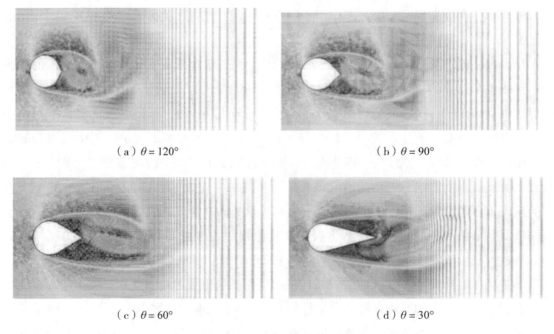

（a）$\theta = 120°$　　　　　　　　　（b）$\theta = 90°$

（c）$\theta = 60°$　　　　　　　　　（d）$\theta = 30°$

图 5-32　安装不同角度的整流罩后隔水管的速度矢量图

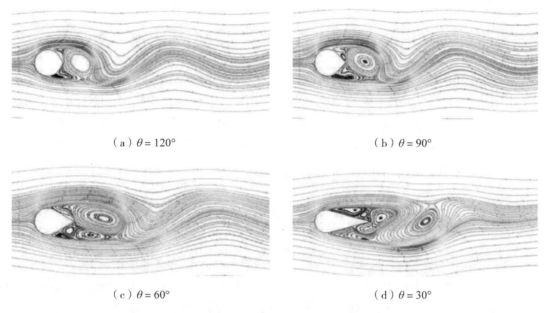

（a）$\theta = 120°$ （b）$\theta = 90°$

（c）$\theta = 60°$ （d）$\theta = 30°$

图 5-33　安装不同角度的整流罩后隔水管的流线图

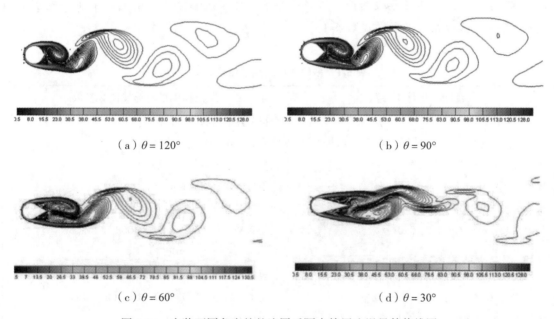

（a）$\theta = 120°$ （b）$\theta = 90°$

（c）$\theta = 60°$ （d）$\theta = 30°$

图 5-34　安装不同角度的整流罩后隔水管尾迹涡量等值线图

　　与未安装整流罩的隔水管相比，当 $\theta = 120°$ 时整流罩对旋涡脱落的影响不大，整流罩只是使近尾迹处的旋涡向后产生了较小的推移，涡街还能保持；当 $\theta = 90°$ 时，旋涡向后推移的距离加大，在整流罩末端开始形成与盘面对称的次生旋涡，各个单体涡的量值增大；当 $\theta = 60°$ 时，新生成的次生涡变大并向尾迹区推移，分布在整流罩两侧的两列涡变得狭长，各单体涡向尾迹中心区域开始泄放，此时涡街脱落已趋于不规则模态；当 $\theta = 30°$ 时，新生成的次生涡继续加大，生成一个更加狭长的区域，并且其中一支的末端旋涡泄放加强，而各单体涡量又有所减小，从而在整流罩后端较远的区域又开始形成比较稳定的涡街脱落。

总体上，在加装整流罩后，隔水管尾迹的对称旋涡都有向尾迹方向延伸的趋势。在整流罩角度达到 90° 后，在隔水管后滞点和整流罩侧面生成新的次生涡区，并且在 $\theta = 60°$ 后，次生涡对尾迹的旋涡脱落有明显影响，使脱落模态发生一定程度的改变，但旋涡脱落还保持稳定；当整流罩角度达到 30° 后，次生涡使尾迹在整流罩远端形成了稳定的涡街，而隔水管后滞点附近的旋涡区却存在不同的脱落模态，呈现出不稳定特征。

5.2 拖曳缆多段式隔振控制技术

采用拖曳缆多段式设计增强水体与振动传递路径的能量交换是该设计的核心思想，采用多段式设计，充分地利用每段拖曳体作为独立的能量耗散单元，不仅能够有效分散并吸收来自振动源的能量，还能在水体中诱导产生更为复杂的流体动力学效应，从而进一步削弱振动波的传播。基于 Huang(1994) 模拟的拖曳系统回转运动算例来验证本研究的算例，并在尾端添加尾段，改变尾段的长度等设计参数，在尾段端点处的拖曳体采用轻盈质量的小型拖曳体，拖曳系统的参数见表 5-1。

表 5-1 多段式拖曳系统结构参数

主缆与拖曳体 1 参数	尾段拖曳缆与拖曳体 2 参数
缆直径：0.047m；	分段长度：200m；
缆长：300m；	缆直径：0.027m；
张拉模量：$9 \times 10^9 \text{ N/m}^2$；	张拉模量：$9 \times 10^9 \text{ N/m}^2$；
线密度：5.4kg/m；	线密度：0.587kg/m；
单位缆长水中重量：17.42N/m；	单位缆长水中重量：0.0 N/m；
阻力系数：C_d，$C_t = 1.2$，0.01；	阻力系数：C_d，$C_t = 1.2$，0.008；
主拖曳体重量：3000kg；	分段拖曳体重量：30kg；
主拖曳体阻力系数：	分段拖曳体阻力系数：
C_{mx}，C_{my}，$C_{mz} = 1.0$；	C_{mx}，C_{my}，$C_{mz} = 1.0$，5.0，10.0；
主拖曳体迎流面积：	拖曳体迎流面积：
S_x，S_y，$S_z = 0.5\text{m}^2$；	S_x，S_y，$S_z = 0.06\text{m}^2$；
主拖曳体体积：	拖曳体的排水体积：Vol $= 0.03\text{m}^3$
Vol $= 0.354\text{m}^3$；	
回转半径与回转速率：	
$R = 150\text{m}$，Vel $= 2\text{m/s}$	

　　针对上述多段式的拖曳体的运动展开扩展计算。由于原模型中的拖曳体重量较大，拖曳体和主缆的重量比达到了1.85，可进一步降低主拖曳体的重量来考查运动传递。

　　从图5-35中可以看出，拖曳系统的振动沿着多段式传递的基本规律，水面端的运动传递到拖曳体1时，运动形式几乎保持不变，但传递到拖曳体2时，升沉形式发生了很大的变化。呈现出微幅振动、慢速下潜的运动响应。这是由于第二段缆长为200m，拖曳体2对拖曳体1的升沉运动的响应近似于单摆运动，由于第二段缆是中性缆，近似水平姿态的拖曳缆，受到了十分显著的水流阻尼力阻滞作用，由于缆的张紧松弛作用，造成了拖曳体2的长周期的升沉，拖曳体2的微幅振动与拖曳体1的振动相比存在一定的滞后时差。图5-36显示了水面端和两个拖曳体振动的谱密度函数曲线，拖曳体1的升沉谱密度规律和水面端基本一致，但是因第一段缆具有一定的阻尼耗散作用，谱密度峰值有所降低，而拖曳体2的升沉运动谱密度只体现在长周期范围内。

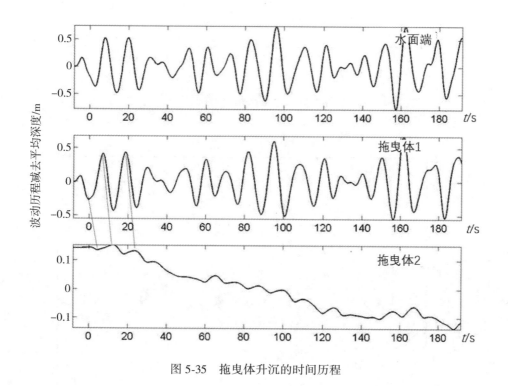

图5-35　拖曳体升沉的时间历程

　　为进一步抑制拖曳体2的升沉运动，增加拖曳体2的水深方向的附加质量系数，计算拖曳体的运动响应特征。在将拖曳体2的附加质量系数设置为5，10，15，20时，对比计算得到的谱特征曲线的部分特征段如图5-37所示。随着拖曳体的附加质量系数的增大，对传递而来的运动的响应越来越小，对比图5-36和图5-37可知，拖曳体的运动特征逐渐趋向于只含有一个长周期的升沉运动，而水面端传递而来的振动频谱特征如谱密度峰值呈下降分布规律，反映了拖曳体系统对外部激励的动态响应特性的调整，体现了附加质量效

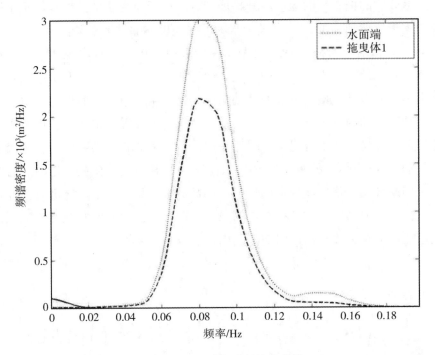

图 5-36　升沉运动谱特征曲线

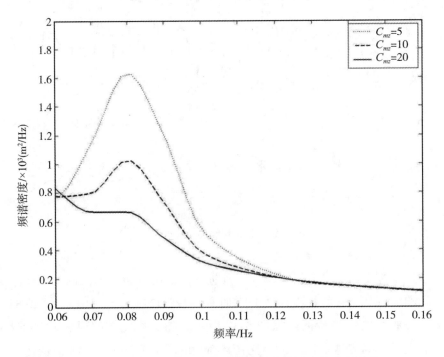

图 5-37　不同附加质量系数对传递而来的运动的响应频率

应在改善系统稳定性和减少不必要振动方面的积极作用。

增加拖曳体水深方向的附加质量，使得拖曳体能够起到"滤波"作用，最终将随机振动的影响较好地隔离。在多段式拖曳系统中，改变各拖曳体的附加质量特征，由于缆的振动总是以沿着缆轴传递的纵向运动以及沿着缆径的横向振动，经过第一个拖曳体对振动的传递形式的改变后，第二段缆内的振动转换成缆的横向振动为主，缆内的张力下降，通过增大第二个拖曳体的水深方向的附加质量系数，使其横向振动的隔离效果增强。在随后的各段拖曳缆的设计中，通过增加多个用于隔振的拖曳体单元，进一步降低传递来的振动，从而起到良好的隔振效果。在表 5-1 给出的设计参数的基础上，增加拖曳缆段和拖曳体的数量。模拟对服从 JONSWAP 谱的运动的传递和响应谱，见图 5-38~图 5-40。

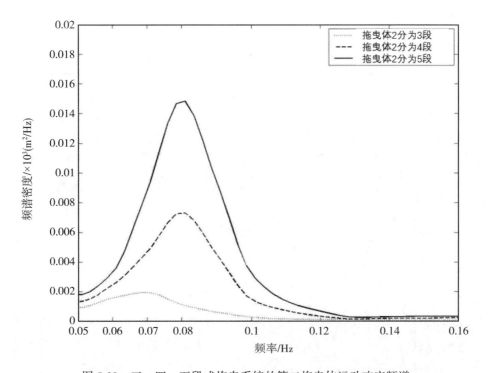

图 5-38　三、四、五段式拖曳系统的第二拖曳体运动响应频谱

图 5-38 对比了三、四、五段式拖曳系统中拖曳体 2 的运动频谱，可见随着缆段的增多，第二拖曳体的微幅运动逐渐趋向于服从 JONSWAP 谱运动的特征。这是因为拖曳段增多，使得第二段拖曳缆的张力增大，缆段数量增多，第二段缆内的张力就会成倍增长，缆的刚度增强，对拖曳体 1 的运动传递效果的线性行为逐渐显著。而图 5-39 和图 5-40 显示了随后几个拖曳体的响应频率均逐渐减小，运动缓和，这说明随后的缆段+拖曳体结构的运动响应逐渐呈现了非线性的响应规律。可见拖曳系统的非线性响应与缆内的张力成反比。

多段式拖曳系统对随机振动的隔振效应是通过改变振动传递形式来实现隔振的。利用

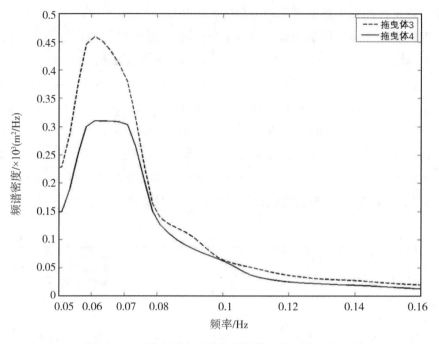

图 5-39　四段式拖曳系统的尾端拖曳体运动响应频谱

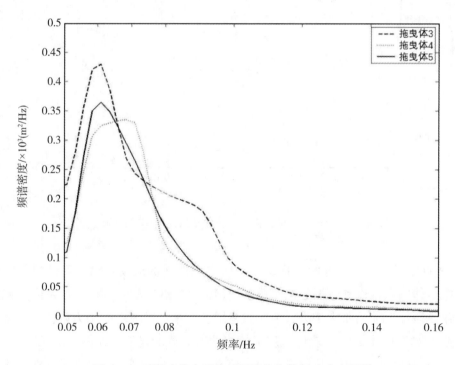

图 5-40　五段式拖曳系统的尾端拖曳体运动响应频谱

中性缆的隔振效应增强，具体表现为中性缆作为系统中的一个重要组件，其独特的物理特性（如材料阻尼、截面形状等）能够吸收并耗散部分振动能量，从而有效隔离或减弱振动向拖曳体的传递。拖曳缆运动传递的线性特征随着缆内的张力增大而逐渐显著，而拖曳缆内的张力降低，那么拖曳缆的阻尼效应增强。拖曳体的垂向附加质量系数增大可起到较好的降低振动的作用。

数值结果表明，两部分水下拖曳系统改善了拖曳体的动态性能[13]，两部分水下可操纵拖曳系统可以使拖曳体能够在海洋环境下以稳定的姿态在大范围内运动[14]。在研究水波中多浮标系泊的动力学问题时[15]，Vineet 建立在六段模型下讨论了水下拖曳式海缆阵列系统，并对拖曳式电缆进行了动态分析[16-17]。

两段式和多段式的拖曳系统，从母船到沉降器的缆段部分处于高张力水平，缆内的高张力增强了扰动传递的速度频率，可将这一段缆看成轴向高刚度而阻尼极低的结构，扰动几乎无衰减地从水面传递到沉降器[18]。在沉降器之后是低张力缆段，张力降低了，那么缆对扰动的传导作用下降，阻尼增强。所以张力水平的下降能够增强缆对扰动传递的阻尼效应，这是多段式拖曳系统设计的基本思想。然而拖曳缆对运动传递的阻滞作用不仅与缆内张力水平的高低有关，还与拖曳系统各缆段的长度、浮态等参数有关，应当从增强拖曳系统的阻尼水平的角度出发来分析这些参数对提高拖曳系统抵抗扰动传递的能力的影响[19]。

如图 5-41 所示，单体拖曳系统由母船–缆–拖曳体组成，是典型的高刚度低阻尼拖曳系统，对于这类拖曳系统的动力学模型，可借助有限元方法结合瑞利阻尼模型，较好地近似模拟拖曳缆的阻尼特性。但随着放缆长度的增大，缆的空间弯曲效应形成的阻尼比重会有所增强，仅仅采用简单的瑞利模型不能准确获得低张力缆段在高水平阻尼作用下的隔振性能。根据拖曳系统阻尼行为的形成原因，可把阻尼分为三部分：缆张拉状态对应的结构阻尼，这部分阻尼随着缆倾角和扭转角的增加而增大；水流阻尼，水流阻力这一分布力增大了缆倾角和扭转角度，当缆径与来流方向垂直时，水流阻尼会显著增强，进而有效增大

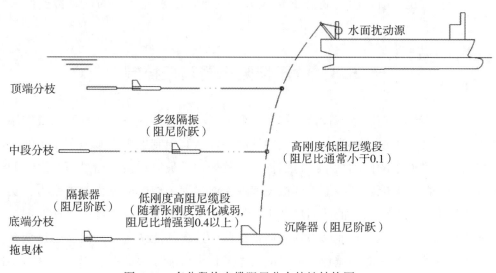

图 5-41　多分段拖曳缆阻尼分布特性结构图

缆绳的倾角和扭转角度的稳定性，并快速衰减缆绳上横向振动的传递；空间运动阻尼，包括倾角和扭转角度阻尼项，空间倾角将部分沿着轴线传递的扰动转换为沿着径向的扰动。

　　依据有限差分法计算模拟如图 5-42 所示的多分段运动响应，在低张力缆的初始条件下，缆轴线与来流平行，这种情况下容易引起数值求解器不稳定，引入一个微小的缆初始倾角 θ_b，从而使缆处于略有迎流，这样可克服初始缆形求解趋于发散的现象。强迫振动源设计为缆端的强迫位移，服从正弦规律的强迫振动：

$$X_0 = 0, \quad Y_0 = 0, \quad Z_0 = A_0 \sin\omega t$$

为便于比较，本研究中的振动源的振幅设定为单位振动，幅度为 $A_0 = 1\text{m}$，振动周期为 $T = \dfrac{2\pi}{\omega} = 8\text{s}$。对应的振动速度为：

$$u_0 = 0, \quad v_0 = 0, \quad w_0 = A_0 \cos\omega t$$

利用欧拉角转换将缆端强迫振动换算到拖曳缆的随体坐标系中，进而可利用弦振动传递能量衰减定性模型来定性地模拟扰动的传递。

图 5-42　缆的径向和轴向迎流效应的差异

　　沉降器处的强迫振动视作振动源，连接体 1 和 2 的设计目的是起到阻尼作用，以使强迫扰动的传递快速消减，而尾端连接的拖曳体将保持平稳航行。从拖曳体的水动力性能角度来看，降低拖曳体航行阻力将降低牵缆力，进而降低由缆在空间振动传递而来的扰动作用。

5.3　拉压型阻尼器隔振控制

　　采用阻尼器进行控制系统设计，旨在改变缆索的振动传递频率，从而有效抑制其不必要的振动。液压型阻尼器作为这一领域的核心部件，其控制思想精妙地利用了油液作为介质，将缆索传递而来的振动能量进行捕捉、变频处理及最终耗散。通过精心设计的油液输运路径，液压阻尼器能够巧妙地抵消拖曳缆在作业过程中产生的巨大冲击张力，实现平抑这些冲击张力的显著效果。液压阻尼器不仅展现出了卓越的抵抗拖曳缆传递冲击振动的能力，而且更为独特的是，它能够将这些冲击载荷所蕴含的能量进行转换，通过变频输出的方式加以利用或安全释放，避免了能量的无意义积聚可能导致的系统损坏。这一特性使得液压阻尼器在拖曳系统中扮演着至关重要的角色，成为保障系统稳定运行、延长设备寿命不可或缺的一部分。

在现代反潜、海洋水文和资源勘探测量中，拖曳线列阵声呐得到了越来越广泛的应用和发展。但是拖曳线列阵声呐在探测远距离信号或弱信号时，流噪声对探测效果影响很大。因此抑制拖曳线阵列声呐的流噪声，就成了提高拖曳线阵列声呐性能的关键。用隔振模块可以抑制流噪声[20]。祝献发现采用"海绵包裹"的柔性安装结构对流激缆阵振动引起的噪声具有 2~6dB 的抑制效果[21]。在对若干隔振模块所做的拖曳自噪声测量中，研究人员发现由质量、弹簧、黏弹性阻尼系统构成的隔振模块具有良好的隔振性能，声阵样模块装了隔振模块样模块后，在拖速为 3m/s 时可使声阵的自噪声降低 5~10dB[22]。

在海洋上搬运设备可能是一项艰巨的任务，特别是在波涛汹涌的海面上。当在海上提升、降低或保持负载时，升沉补偿用于去除船舶升沉运动的影响，将负载运动与船舶运动解耦，减少缆绳张力的变化。1980 年以来，升沉补偿系统在许多海上作业中变得司空见惯[23]。升沉补偿可分为两大类：被动升沉补偿（PHC）和主动升沉补偿（AHC）。无论补偿器类型如何，升沉补偿的目标是将负载运动与船舶升沉运动解耦。

在最简单的情况下，PHC 振动隔离器是开环系统，其中输入是船舶运动，输出是附着物体的减小幅度的运动，部分地将负载与船舶解耦。PHCs 不需要输入能量来运行。在图 5-43 中，简化的 PHC 被表示为放置在起重机和负载之间中心处的平行弹簧，尽管补偿器可以放置在承载线上的任何地方，包括可放置在船的甲板上。

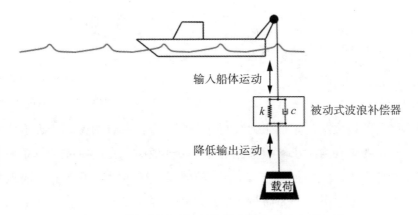

图 5-43   使用被动升沉补偿器牵引负载的小型船舶

缆的轴向（横截面的法向）迎流与缆的径向迎流状态相比，具有完全不同的流动特征。比较两个方向拖曳缆的水流作用力成分可知，沿着轴向的流动阻力以摩擦阻力为主，而沿着径向的流动阻力以压差（漩涡）阻力为主。因而轴向的水流阻力远比径向的阻力小，缆在传递扰动的过程中，发生了小幅度的径向振动运动，振动幅度越大，水流阻力越大，因此缆的振动很快被水流阻力衰减，所以低张力缆段空间缆型要保持为近似水平。缆受到的水流阻尼力、缆内张力取决于水流阻力和尾端悬挂物体的水流阻力。若不考虑缆内张力的张

拉作用，假设振动源传递而来的径向激振为规则正弦激励

$$P = P_0 \sin \omega t$$

其中 P_0 是扰动幅，ω 是扰动频率，拖曳缆上任意一点的横向响应运动位移

$$x(t) = B\sin(\omega t - \varphi)$$

其中振幅为 B，φ 为相位差。对应的扰动速度为 $v(t) = \dfrac{\mathrm{d}x(t)}{\mathrm{d}t} = B\omega\cos(\omega t - \varphi)$；

对应的水流阻尼力为 $H(t) = \dfrac{1}{2}C_f\rho v(t)^2 = \dfrac{1}{2}C_f\rho B^2\omega^2\cos^2(\omega t - \varphi)$，其中 C_f 为水流阻尼力系数，那么缆上任意点上的扰动力合力做功 W 写为：

$$W_f = W_{f1} - W_{f1} = \int_0^T Px\mathrm{d}t - \int_0^T Hx\mathrm{d}t \tag{5-1}$$

$$W_{f1} = \int_0^T (P_0\sin\omega t)\,B\sin(\omega t - \varphi)\,\mathrm{d}t$$

$$W_{f2} = \int_0^T \frac{1}{2}C\rho B^2\omega^2\cos^2(\omega t - \varphi)\,B\sin(\omega t - \varphi)\,\mathrm{d}t$$

由 $P_0\sin\omega t = P_0\cos\varphi\sin(\omega t - \varphi) + P_0\sin\varphi\cos(\omega t - \varphi)$，代入上式计算积分整理可得：

由周期 $T = \dfrac{2\pi}{\omega}$ 得 $W_{f1} = \pi B P_0\sin\varphi\dfrac{\Delta y}{\Delta x}$，$W_{f2} = \dfrac{1}{3}C\rho B^3\omega\cos^3\varphi$，缆上当地点受到的水流作用力对扰动的消减比率为：

$$\frac{W_{f2}}{W_{f1}} = \frac{1}{3}\frac{C\rho B^2\omega^2\cos^3\varphi}{\pi P_0\sin\varphi} \leqslant \frac{1}{3}\frac{C\rho B^2\omega^2\cos^3\varphi}{\pi P_0\sin\varphi} \tag{5-2}$$

由上式可以看出，缆的当地密度越大，沿着横向振动的阻尼力系数越大，对扰动的消减效果越好，而且扰动的频率越大，扰动消减得越迅速。因此在设计中应当注重引入阻隔横向振动的阻尼器抵抗扰动和改变运动频率，但是要注意到，额外的水中重量增大的设计不应引起缆内张力的增大。对于低张力缆与拖曳体组合在一起的振动传递响应特性应当逐段建立模型，利用缆索动力学求解模型分别计算传递效应，在此首先计算单段低张力拖曳缆的强迫扰动的传递规律。根据式(5-2)给出的分析，横向阻尼可起显著隔振效果。以某二段式的拖曳系统中的水下低张力脐带缆的运动进行建模，该缆段将沉降器的受迫振动简化为点源扰动，第二段缆的结构参数见表 5-1，拖曳系统设计采用阻尼增强型设计方法，尽可能增加水动力阻尼对振动的衰减效应，同时多次改变运动传递的路径。如表 5-1 所示选用水中中性的脐带缆、阻尼单元、拖曳体，以维持低张力状态下的水平漂浮状态；采用圆柱水流阻力系数计算缆的水流阻力；由于扰动以 Z 向升沉运动传递而来，通过增大阻尼单元的垂向阻尼系数 C_{maz} 来考查对扰动的隔振效果，如将缆的尾端拖曳体的垂向阻尼增大到阻尼单元质量的 $5\sim1000$ 倍。为了考察阻尼单元的布置方式对隔振效果的影响，如表 5-2所示设置了四种布置方式，尾端拖曳体的阻力决定了整个缆段的张力大小，采用流线型设计得到较小的拖航阻力系数 C_X。

首先采用缆+尾端拖曳体的形式，模拟低张力缆不加装任何阻尼单元的运动传递。改变拖曳缆的长度，分析扰动传递的规律。随着缆长度的增加，缆发生横向振动传递的周期性振幅增多。缆受到的横向扰动的阻尼增强。这种抵抗扰动的效应随着缆长度的增加而递减。

基于表 5-2 给出的脐带缆，长度在 500m 以内，取不同长度的缆长计算扰动的传递，并设置不同的拖曳体阻力系数和拖曳速度，使缆内张力处于不同的水平。对比图 5-44 中不同的缆长但同一个拖曳速度下的运动传递至尾端的情况可知，随着缆长的增大，扰动的周期增大，幅度减小。这说明随着缆长的逐渐增加，缆对扰动的传递周期逐渐增大，扰动衰减趋于平缓，阻尼效果增强，例如当缆长增加到 500m 时，扰动幅度迅速衰减成为微幅扰动。同一缆长下随着张力和拖速的增大，拖曳缆扰动周期略有减小，但是幅度却增大。

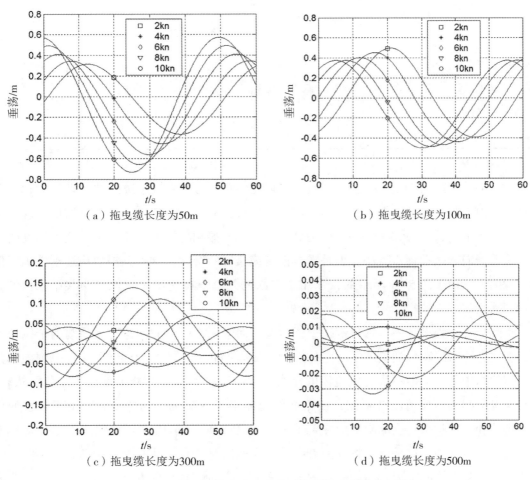

（a）拖曳缆长度为50m　　　　　　　（b）拖曳缆长度为100m

（c）拖曳缆长度为300m　　　　　　　（d）拖曳缆长度为500m

图 5-44　缆长与缆内张力变化对扰动传递的衰减规律

表 5-2　含有阻尼型设计的脐带缆参数表

结构参数	参数范围	结构参数	参数范围
缆长/m	≤500	阻尼单元附加质量系数 C_{max}，C_{may}，C_{maz}	1.1，1.2，2.6
缆径/mm	18	阻尼单元质量/kg	12
缆线密度/(kg/m)	0.26	阻尼单元阻力系数 C_X，C_Y，C_Z	0.1，1.2，0.5
缆的附加质量/(m_1/m)	1.1		
缆的水中重量/(kg/m)	0	阻尼单元特征面积/m^2 L_X^2，L_Y^2，L_Z^2	0.37，0.41，1.7
缆元径向阻力系数 C_t	1.16	阻尼单元沿着缆的分布规律:	
缆元轴向阻力系数 C_n	0.004	I）等间距布置	
拖曳体质量 m_0/kg	110	II）近扰动源布置	
拖曳体纵向附加质量系数 C_{max}，C_{may}，C_{maz}	0.2，0.8/0.8 （10，50，100）	III）近尾端布置	
拖曳体水中重量/kg	0	IV）近中间布置	
阻力系数 C_X，C_Y，C_Z	0.0035，0.13，0.3		
拖曳体特征长度/m L_X，L_Y，L_Z	1.5，0.35，0.35		

　　图 5-45 给出了不同拖曳速度下传递到拖曳体端的扰动幅与振源处的扰动幅的比。对比可知，振动幅的衰减与缆长并非呈现完全的线性关系，对于表 5-2 中给出的拖曳缆结构参数，较小的缆长度（<200m）在低张力状态下存在共振响应峰值，而后随着拖曳速度的增大，沿着径向的振动逐步减小。但是随着拖曳缆长度的增大，这种共振效应逐渐消失，值得注意的是，由于图 5-44 显示的仅采用了有限的几个拖曳速度，仅能说明共振张拉状态在 4kn 附近。

　　实际拖曳工程设计中，常常因搭载探测设备而带来拖曳体的净浮力，使缆的牵拉角度有所变化，这对振动传递造成了一定的影响。如图 5-46 所示，在[±30%]质量范围内调整拖曳体的水中重量，但不改变拖曳体的浮力，这使得拖曳体分别处于重载和轻载的状态，此时拖曳缆绳的牵缆角度就不同，横截面的流体阻尼效应也会随之变化，由于缆重的作用，重载和轻载状态对应的阻尼效果略有区别。图 5-46 显示出这两种状态下，扰动传递的幅度均有所增加，这是由于扰动沿着缆的传递是以缆轴为基准的横向振动，微小的空间倾角造成了拖曳体的重力与缆内张力的夹角增大，扰动传递而来将继续增大该夹角，造成了缆端拖曳体需要较大的回复运动。

　　减小拖曳体航行阻力，将有助于减小缆内张拉力。在拖曳体设计中常采用板与框架的

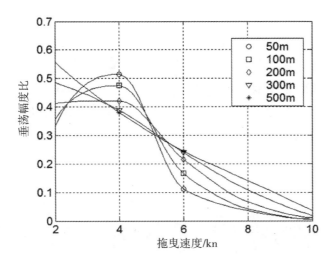

图 5-45 不同拖曳速度下扰动幅度比例的衰减

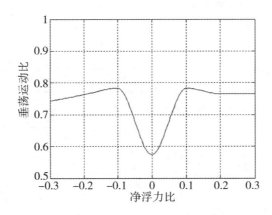

图 5-46 拖曳缆对应的拖曳体浮力变化对牵拉角度的影响和扰动传递的影响

组合，虽然便于安装探测设备，但是却增大了拖曳体的附加质量。例如，在框架式的拖曳体设计中，由于平板的附加质量系数 $m_h = K\pi\rho\dfrac{a^2}{4}b$，对于 $a/b > 3$ 的情况下 K 取 1.0，以长度为 2m，宽度为 0.5m 的拖曳平板，水中重量为 0kg 的水平拖曳状态的薄板的面法向附加质量可达到自身重量的 1000 倍。

仍以 50m 的拖曳缆为例，从图 5-47 可看出，升沉方向的附加质量过大，这会造成不同阻尼水平的振动响应，依据附加质量的水平不同，运动响应逐渐变换为过阻尼、临界阻尼和欠阻尼运动。低附加质量水平下，拖曳系统处于欠阻尼状态，随着拖曳体附加质量的增大，垂向附加质量系数的增大使得拖曳体的升沉幅度逐渐增大，运动周期也逐渐增加。但是增加拖曳体的垂向附加质量会增大拖曳缆内张力，这与图 5-44 给出的张力增大升沉幅度也增大的规律是一致的，但是附加质量水平改变了强迫振动传递周期。图 5-48 给出的超调量随附加质量水平的变化表明了附加质量可抑制振动的临界阻尼，进入另一个阻尼响应系统特性，本研究称之为第二阻尼状态。欠阻尼状态，拖曳体垂向的分量较小，m_{az} 与拖曳体质量相当时，缆体系统显示出缆与拖体的高度耦合，呈现了低阻尼系统对扰动源的响应状态；第二阻尼状态，在附加质量继续增加的情况下，拖曳体对振动的阻滞效应增强，对传递而来的扰动出现了一个低频长周期响应，并且扰动的幅度减小，对扰动的抑制效应增强，但是仍然具有两个响应频率。随着附加质量的进一步增大，拖曳系统的响应逐渐进入了另一个长周期的响应运动。

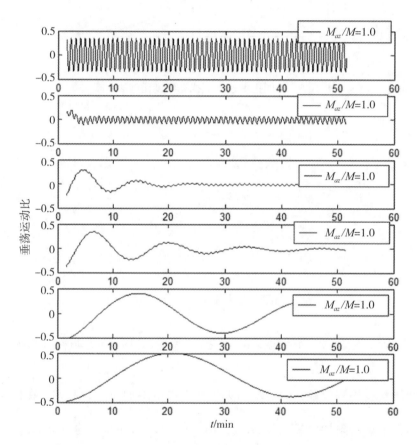

图 5-47　拖曳体不同附加质量系数情况下抵抗扰动的情况

　　在缆与缆端的拖曳体之间增加水动力阻尼器的设计应当强调阻尼对升沉运动的阻尼作用，并且尽量减小附加质量作用，但是不能显著地增大缆内张力或对其他自由度产生耦合影响。对于多个阻尼器的排布，可通过调整重力和浮力，进而改变空间牵缆角度，增加阻尼作用。依靠重力和浮力形成不同的牵缆角，如果间隔设置过小，则形成直线的牵拉状态，间隔设置增大缆呈现出弯曲状态。

　　表 5-2 给出了阻尼器的相关参数，在设计中均采用了低附加质量和高水流阻尼的设

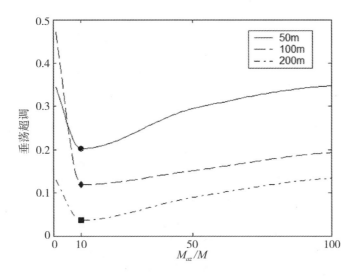

图 5-48 拖曳体不同附加质量水平造成的振动响应超调量分布

计，如图 5-49 所示显示了三种通过设置阻尼器将缆划分为 2~6 段在定常拖曳情况下的空间缆型。随着阻尼单元的增多，拖曳缆沉降效应增大。图 5-50 显示了拖曳系统的张力阶跃情况，阻尼器布置数量越多，首段的张力水平越大，那么该段拖曳缆的阻尼水平降低，对振动的阻滞作用减小，但尾段张力仅仅取决于拖曳体的阻力大小。由图 5-51 可知，并非阻尼器越多对振动的隔离效果就越好，缆内低张力的尾端保持适当的长度对振动的阻隔效果显著；缆段的增多只是改变了振动传递的相位，但不能改变缆传递来的周期。

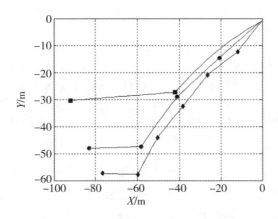

图 5-49 多分段设置静态缆形

通过改造 Ablow 的数值模型，将多段式拖曳系统增添了描述阻尼单元和尾端拖曳体的模型，并对初始条件进行了改进。在此基础上研究受迫振动下的低张力缆+阻尼单元+拖曳体的运动响应，增加缆的长度将显著地改善隔振效果，适当增大尾端拖曳体的附加质量，

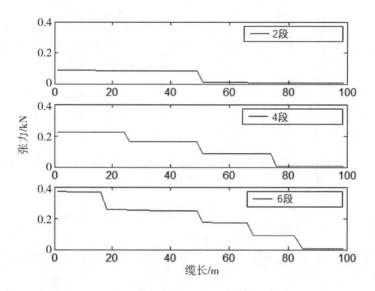

图 5-50　加装阻尼器的 100m 缆长对应的缆内张力分布

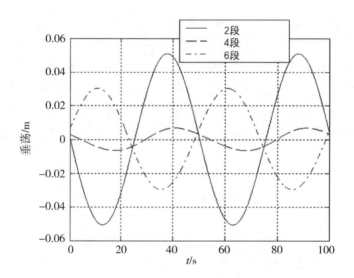

图 5-51　不同阻尼器布置的振动传递周期与微小幅度

可显著地改变运动响应，但是若附加质量设计过大，虽能抑制扰动源的响应频率，但是引入了与尾端缆长及附加质量相关的另一类长周期振动响应。含有阻尼器的多段式设计中要保持一定长度的低张力缆段，否则会有相反的效果。

　　在海上作业的船舶，由于风、浪、流的联合作用，将产生三个方向上的六个自由度的运动，如图 5-52 所示，起重母船上的作业起重机也将随着工作母船一起产生六个自由度的运动，使得起重机吊载不能按照指定命令平稳下放。通常可以通过对起重母船安装船舶动力定位装置（DP）来减小或者限制其横荡、纵荡和艏摇等运动。但是其升沉方向上的运动无法通过固定手段来减小或者限制，所以，母船的升沉运动是影响深海作业起重机正常工作的主要因素，但是母船的横摇、纵摇运动对其升沉运动产生的影响也是不能忽略的。所以，在研究海上作业起重机升沉补偿问题时，需要把横、纵摇运动对母船升沉运动的影响考虑进去[24]。

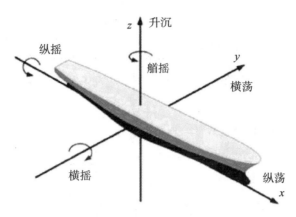

图 5-52　船舶运动姿态示意图

当未对起重母船的运动进行补偿时，母船的升沉、横摇、纵摇等运动，将会对作业起重机造成如下影响：当吊载接近被补给船甲板或者即将到达指定安放位置时，吊载会突然下沉撞击到被补给船甲板或者放置平台，或者突然升起再次悬空，导致吊载无法平稳下放。吊载随着起重母船上下往复运动，使起吊钢丝绳的张力急剧变化，甚至可能将钢丝绳突然拉断，引起安全事故。另外吊载的往复运动会对整个起重设备造成很大的冲击，折损起重设备的使用寿命。

因此，对起重机的升沉进行补偿是极其必要的。根据补偿系统所要消除的外界干扰的不同，主动升沉补偿系统的补偿方式分为以下三种：速度补偿，消除起重母船与吊载安放装置(海洋平台或者是被补给船舶)之间的相对运动，使吊载以指定速度下放；位移补偿，使吊载在离被安放装置的指定高度处静止悬挂；张力补偿：使起重钢丝绳的张力维持在一定的范围内。

速度补偿基本原理通过实时控制起重机的转速和转向，使吊载相对于被补给装置或者被放置平台的升沉速度为零，进而使吊载按照要求的速度平稳地下放到指定的位置。其补偿原理示意图如图 5-53 所示。

设起重母船上起重机基座处的升沉速度为 V_A，起吊钢丝绳的下放速度为 V_S，吊载被要求下放的指令速度为 V_C(一般为一常数)，吊载的实际速度为 V_M，起重机的补偿速度为 V_B。当未对吊载实施升沉补偿时，V_S 应等于指令速度 V_C，对吊载实施升沉补偿之后，V_S 为指令速度 V_C 与系统补偿速度 V_B 的矢量叠加。

故未对吊载进行升沉补偿时：

$$V_M = V_S + V_A = V_C + V_A \tag{5-3}$$

169

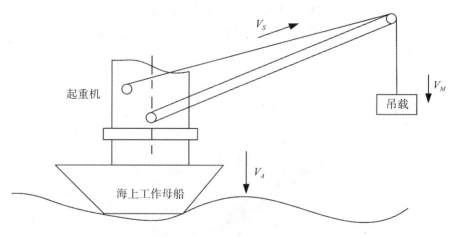

图 5-53　速度补偿原理示意图

对吊载进行升沉补偿后：

$$V'_M = V_S + V_A = V_C + V_A + V_B \tag{5-4}$$

而对吊载进行升沉补偿后的目标速度：

$$V'_M = V_C \tag{5-5}$$

故补偿速度应为：

$$V_B = -V_A \tag{5-6}$$

即升沉补偿系统的补偿速度和起重机基座处的升沉速度大小相等，方向相反，以此来消除起重机升沉运动对起重吊载的影响。

升沉补偿系统的位移补偿原理与其速度补偿原理相似，目的是使吊载能够在距离被放平台指定高度处平稳悬挂。此时，升沉补偿系统控制器的跟踪对象就是吊载的升沉位移。升沉补偿系统选取位移补偿方式时，会通过控制钢丝绳的收放来使吊载保持在指定位置，即起重设备时刻带着吊载不停地上下反复运动，因此会消耗很大的能量，不适合长时间开启位移补偿功能。

张力补偿，又被称作加速度补偿，主要是补偿吊载随母船升沉加速运动所造成的起重钢丝绳张力的急剧变化。对吊载实施张力补偿后，可以确保在起重钢丝绳起吊过程中张力恒定不变或者维持在一定范围之内。

设吊载的质量为 m，起重机基座处的升沉加速度为 a，起吊钢丝绳的张力为 T，张力补偿系统的补偿张力为 T_B，当吊载匀速下放时，有：

$$T - T_B = m(g + a) \tag{5-7}$$

若要使吊载钢丝绳所受的张力恒等于吊载自身的重力，补偿张力 T_B 需要满足：

$$T_B = -ma \tag{5-8}$$

由于已经测得了起重机基座处的升沉加速度 a，所以只要按照式(5-8)控制起吊钢丝绳的收放速度，就能够确保起吊钢丝绳的张力始终等于吊载的重力。起重机升沉补偿系统设计为四个组成部分：起重母船升沉运动检测系统、控制系统、基于二次调节的静液驱动系统以及机械执行部分。四个子系统协调工作，共同实现主动升沉补偿系统的补偿功能。其结构组成示意如图 5-54 所示。

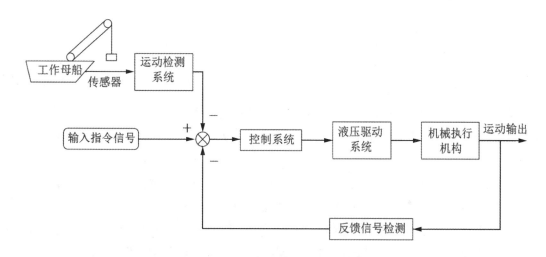

图 5-54　主动升沉补偿系统结构示意图

母船升沉运动检测系统主要由高性能的检测传感器和数据处理单元组成，检测传感器检测到的母船原始加速度和角速度信号，经过相关数据处理单元的算法计算处理，得到起重机基座处的升沉速度和升沉位移，并以此作为主动升沉补偿系统的补偿输入信号。具体来讲，母船升沉运动检测系统主要检测母船在垂直方向上的运动，垂直方向上的运动主要由两部分组成：一是由于海风、海浪造成的船舶本身直接的升沉运动；二是由于船舶横摇和纵摇而引起的间接升沉运动。其中，船舶本身的直接升沉运动可通过加速度传感器直接测出船舶的加速度；船舶的间接升沉运动主要是通过角速度传感器测量出船舶的横摇和纵摇角，然后按照一定的对应关系转换为船舶的升沉加速度，把两者叠加，得到起重母船总的升沉加速度。对得到的加速度进行一次积分、二次积分进而得到升沉速度、位移。

控制系统主要由控制算法和硬件平台两大部分组成，本节只对控制算法进行研究。控制系统是整个升沉补偿系统的核心部分，它根据下放速度指令、母船实时的升沉运动以及吊载的实际速度的反馈量，经由自身的控制算法计算出相应的控制指令并发送给二次调节静液驱动装置，驱动装置再根据具体的指令做出相应的转动，从而实现对吊载升沉运动的补偿。

液压驱动系统是整个升沉补偿系统的动力装置，当吊载的重量很大时，不得不考虑节能性能。基于二次调节的静液驱动系统，可以把吊载的惯性能转化为高压油源，从而实现对能量的回收，大大地降低能源的消耗。其主要组成部件包括蓄能器、电液伺服阀、变量液压缸、恒压变量泵、液压马达/泵等，各个部件相互协调工作，共同实现二次调节静液驱动系统的驱动功能。其中，电液伺服阀作为整个液压驱动装置的控制元件，是控制系统控制信号指令的"翻译者"，可将控制指令翻译为具体的执行动作。

机械执行机构连同液压驱动装置，共同构成了升沉补偿系统的驱动执行系统。机械执行部分，作为完成对吊载升沉运动的最终执行结构，主要由滑轮、起吊钢丝绳、卷扬机等机械元件构成。

5.4　拖曳体主被动控制技术

组合翼舵主动控制，采用主动控制技术控制水下拖曳体的翼舵，使得水下拖曳航行器能够主动调整翼舵入流攻角，进而微调潜水深度和运动姿态，适用于抵近海底目标区域的高精度探测。因拖曳速度较低，可调的拖曳速度范围小，这些拖曳体需要采用尺寸较大的翼舵才能产生足够的水动力。改变拖曳体的姿态角度，调节拖曳体的潜水深度，调节拖曳体的俯仰角速度，从而适应拖曳体搭载的探测设备的高精度要求。

水下拖曳体在作业过程中，有时需要定深拖曳，以测量某个水深的环境参数；而有时又需要改变拖曳体深度，以连续测量多个水深层面。对于不带控制水翼的拖曳体，其拖曳深度主要由拖缆长度决定，因此，通过绞车收放缆即可实现拖体深度调节。而对于目前普遍都具有固定水翼或可控制迫沉水翼的水下拖曳体来说，主要是通过调节控制水翼的攻角，以产生迫沉力或上升力来改变拖曳深度[25]。

如日本九州大学研制的 Delta[26] 固定控制翼面拖曳体，通过纵倾调节滑块，调节拖曳体重心位置，以改变翼面攻角，进而实现深度变化。而 FlyingFish[27-28]、Batfish、Seasoar 等，则是通过调节自身可控制水翼的攻角来实现拖曳深度控制。收放缆改变拖曳深度的方式虽然具有快速调节深度的能力，但控制比较粗糙，难以对拖曳体进行小深度范围准确定位，不便进行姿态控制。具有代表性的是加拿大 Bedford 海洋研究所研制的第一代可升沉的水下拖曳系统 Batfish[29]。Batfish 采用流线形外形，设置有几对迫沉水翼，其攻角可通过电磁阀控制，当拖船速度一定时，通过调节水翼攻角，产生一定的迫沉力，实现拖曳体定深拖曳；水平尾翼起调节纵倾的作用，保证拖曳体的纵稳性；Batfish 的主体相当于一个垂直舵，使得拖曳体在拖行过程中具有良好的航向稳定性。所有水翼都具有流线形翼剖面，且两端都设置有边板，目的是增大有效展弦比，提高翼的效率和升阻比。

水下拖曳体在水中所受到的升力主要来自主体和各种水平翼，而主体受到的升力相比于水翼要小得多，因此，若要控制拖曳体的升沉运动，通过改变迫沉水翼的攻角，提供足够的升力，使拖曳体所受合力和外力矩发生变化，进而使拖体在水中上浮或下潜，将是一种有效的调节方式。而迫沉水翼的水动力性能将影响调节效果，为了达到预期效果，需要对迫沉水翼的翼型、外形及尺寸进行优选计算，迫沉水翼的优选设计直接决定了拖曳体的深度操纵性能。控制水翼都是根据机翼原理工作的，因此迫沉水翼的翼型及尺寸设计优选也是按相关的机翼理论展开的[30]。

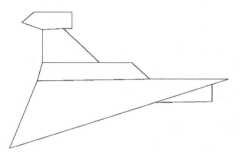

图 5-55　日本九州大学的 Delta 拖曳体

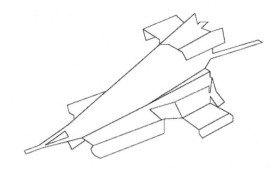

图 5-56　Batfish 水下拖曳体

迫沉水翼在水中运动时不可避免地受到水阻力作用。因此，一般要求水翼具有尽可能大的升力 L 和尽量小的阻力 D，也就是希望获得最佳的升阻比 L/D，这就要求水翼采用适当的几何形状。翼平面形状是指水翼在 xz 平面投影的形状。水翼常用的平面形状有矩形、椭圆形、梯形和三角形等，如图 5-57 所示，水翼两翼端之间的长度 l 称为水翼展长，沿来流方向的截面称为翼剖面，其长度为水翼弦长。水翼根部弦长为 b_0，水翼梢部弦长为 b_e，两者的比值称为水翼尖削比 $\eta = b_e / b_0$。对于矩形水翼，其尖削比 $\eta = 1$。水翼的平均弦长 $b = S/l$，展弦比 $\lambda = l^2/S$，S 为翼平面投影面积。对于矩形水翼 $\lambda = l/b$。$\lambda < 2$ 的为小展弦比翼，$\lambda > 3$ 的为大展弦比翼，$\lambda > 12$ 可视为无限翼展机翼。船用舵的展弦比很小，λ 介于 $0.5 \sim 1.5$ 之间，水下拖曳体选用的迫沉水翼是可控制转动的，类似于船用舵，因而展弦比一般都比较小，λ 一般不大于 2。

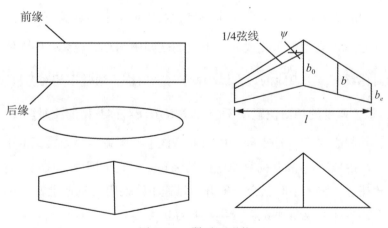

图 5-57　翼平面形状

水翼迎向来流的最前边缘叫前缘，背向来流的边缘称为后缘。前缘和后缘均向后掠的翼称为后掠翼，其后掠的程度用后掠角 ψ 的大小来表示，后掠角 ψ 为沿翼展四分之一弦线与展长方向的夹角。低速水翼的平面形状以椭圆最为有利，但由于制造不太方便，实际应用较少。早期低速飞机机翼大多采用矩形机翼，现在用得较多的是梯形、三角形及后掠式翼。对于用于船舶或水下航行器上的水翼，大多采用矩形翼。

翼剖面形状又称为翼型，低速翼型都是圆头尖尾的流线形。翼剖面最后面的尖点为后缘点，最前端的点为前缘点。前、后缘两点间的直线段称为几何翼弦，简称翼弦。翼弦的长度为弦长 b。翼型上下表面的坐标都从几何翼弦量起，如图 5-58 所示，而且通常都用相对值 $\bar{x} = x/b$，$\bar{y} = y/b$。垂直于翼弦，位于上下弧间的直线段长度，称为翼型厚度，通常以厚度中的最大值作为厚度的代表，以 t 表示。翼剖面最大厚度定义为

$$\bar{t} = \frac{t}{b} = (\overline{y_上} - \overline{y_下})_{\max}$$

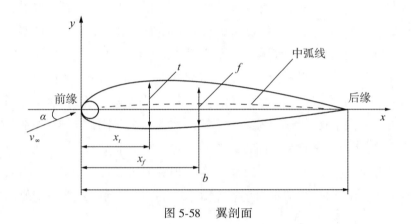

图 5-58　翼剖面

常用低速翼型的 $\bar{t} \approx 6\% \sim 30\%$。最大厚度位置至前缘的距离为 x_t，则最大厚度的相对位置用 $\bar{x}_t = x_t/b$ 表示。翼型的中弧线是上下表面之间中间点的连线；中弧线与几何翼弦重合的翼型称为对称翼型。中弧线的最大纵坐标 f 称为弯度，通常用相对弯度 $\bar{f} = f/b$ 表示，一般 $\bar{f} \leq 3\%$，最大弯度的相对位置用 $\bar{x}_f = x_f/b$ 表示。对称翼型的相对弯度 $\bar{f} = 0$，翼型前缘是一段圆弧，其圆心在 $\bar{x} = 0.05$ 处的中弧线切线上，圆弧半径因翼型的不同而不同。翼型的几何攻角 α 是指来流 v_∞ 和几何翼弦之间的夹角。一定范围内，攻角 α 越大，水翼升力也越大，当攻角超过一定大小时，会导致升力迅速下降而阻力迅速上升，称之为失速角。对于非对称翼型，当几何攻角为 0 时，升力不为 0。

如图 5-59 所示坐标系中，设翼型上下表面的坐标分别为 (x_u, y_u)、(x_l, y_l)，中弧线方程 $y = y_f(x)$，y_t 为局部厚度的一半，随弦长的分布为 $y = y_t(x)$，则有

$$x_u = x - y_t\sin\theta, \ y_u = y_f\cos\theta \tag{5-9}$$

$$x_l = x + y_t\sin\theta, \ y_l = -(y_t\cos\theta - y_f) = y_f - y_t\cos\theta \tag{5-10}$$

其中，θ 为中弧线在点 (x, y_f) 处的切线与几何翼弦之间的夹角，由于弯度很小，薄翼，所

以 θ 近似为 0, 则上式改写为

$$x_u = x_l = x, \quad y_u = y_f + y_t, \quad y_l = y_f - y_t \tag{5-11}$$

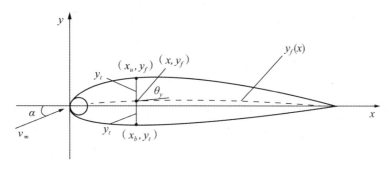

图 5-59　翼表面坐标

翼剖面前缘半径也是一个重要的几何参数, 对 NACA 系列翼型, 前缘半径中心通常取在 0.5% 弦长处中弧线的斜率线上。由理论公式, 升力 $L = \dfrac{1}{2} C_L \rho v^2 S$, 阻力 $L = \dfrac{1}{2} C_D \rho v^2 S$, 其中 ρ 为流体密度, v 为来流速度, S 为水翼翼平面面积, C_L 为升力系数, C_D 为阻力系数。由于不同的翼型具有不同的几何参数, 水动力特性不同, 对应的 C_L、C_D 曲线不同, 对不同类型的翼型需要分别进行分析。现今应用范围最广的是 NACA 系列翼型, 还有一些用于理论分析的理论翼型, 在实际中没有应用。

襟翼安装在机翼后缘附近的翼面, 是后缘的一部分。飞机上的襟翼一般都可以绕轴向下方偏转, 主要是靠增大机翼面积以及翼型的弯度来增加升力的一种增升装置。对于上下表面对称的翼型来说, 若在翼的后缘安装既可向下又可向上偏转的襟翼, 襟翼还起到了扰流板的作用。且由于是对称翼型, 襟翼向上或向下偏转相同角度时, 翼周围流场相似。

传统的水下航行器如潜艇等使用螺旋桨作为主要推进装置, 存在结构笨重、能源利用效率低、噪声大、转向迟钝、环境干扰大等缺点, 难以完成操作日益复杂、要求快速拔高的水下任务, 因此, 发展一种能够适应水下环境, 克服传统水下航行器缺点的新型航行器意义重大。仿生机器鱼作为海洋探索的重要载体, 不仅能够探索海洋资源, 还在军事应用、水下考古发掘、水生生物研究、海洋地貌检测以及水下搜救等领域发挥重要作用, 应用广泛。仿生机器鱼基于仿生学原理, 将鱼类的身体构造、游动模式应用到水下机器人领域, 能够在复杂环境中穿行, 游动速度高、机动性好、隐蔽性强, 结合其仿鱼类的流线形设计, 能够获得较高的推进效率, 从而延长水下执行任务的时间, 对于具有工程时间长、军事隐蔽性要求高、环境恶劣等特点的水下任务有着极高的实用价值和应用前景。

鱼类快速、灵活、高效的游动与鱼类外形结构、推进模式、运动行为等存在复杂的联系[31]。仿生机器鱼在水中游动涉及多体系统动力学、流体力学、机械电子工程、控制理论等知识, 从理论、数值模拟、实验等角度对鱼类游动机理的研究均有突出成果。随着计

算机计算能力的提升、数值模拟方法的进步，鱼类游动机理的研究快速发展，许多学者从数值建模仿真的角度对仿生类游动机理展开了研究。由于数值模拟能够获得更为全面的结构件和流场信息，对于结构和流场的参数调节也更加便捷，所以通过数值方法建立流体和鱼体的简化模型，实现鱼体运动与流场变化的耦合求解成为当前研究鱼类游动的重要途径之一。

目前对于鱼尾或者摆动水翼在黏性流中的数值仿真主要依赖于对 N–S 方程的数值求解方法，例如有限单元法、有限差分法等，在其中引入不同运动参数的鱼尾模型，研究其水动力特性。利用有限差分法求解 N–S 方程，引入浸入边界法描述鱼体边界，研究了鳗鲡模式的鱼类游动性能，并根据尾涡分布分析了推进过程中的涡动力学[32]。胡健利用重叠网格方法模拟了摆动水翼在匀速流场中的非自主游动，分析了摆动水翼的水动力特性和流场分布情况[33]。国内对仿生机器鱼的研究开展得较晚，但发展迅速。北京航空航天大学课题组[34]设计研发了 SPC–II 仿生机器鱼，对其进行了直线巡游和转向灵敏度的测试，并投入海试。哈尔滨工程大学课题组[35]研制了"仿生–I"水下机器人，通过胸鳍和尾鳍协同推进，能完成鱼类基本的游动行为。

水下滑翔机的概念最初由 Henry Stommel 于 1989 年提出，起初设想一个水下浮体"Slocums"，可以进行垂直面的运动而被用来进行海洋环境检测，可以大大改善传统浮标系统检测的局限性。此后他创建公司以研究这种浮力驱动的航行器，并最终演变为水下滑翔机系统。滑翔机类型按结构形式可以分为常规鱼雷型、带螺旋桨的混合推进型以及飞翼构型，在这些结构形式下的滑翔机局部系统发展也呈现出多样化。调节系统、控制系统、传感器系统和能源系统等迅速发展，推动了水下滑翔机的应用和发展[40]。

在国内，水下滑翔机的发展已经取得大量成果，"海翼"大潜深水下滑翔机是我国水下滑翔机性能和实用化程度最高的一型。最新的 7000m 级"海翼"号拥有轻质碳纤维外壳，平衡了深潜需要的厚重耐压壳体。2017 年 3 月它在马里亚纳海沟成功下潜至 6329m，为目前世界水下滑翔机的最大深潜记录。飞翼式水下滑翔机原理和常规形式水下滑翔机一致，在运行过程中净浮力一般不再做调节，使之在零净浮力附近变化，在潜浮运动中交替产生向上和向下的净浮力；在运动过程中，滑翔机的净浮力、水动力和机身重力处于平衡状态，净浮力调节装置调整水下滑翔机系统的浮力，因此水下滑翔机的姿态控制主要通过调整机体的参数来进行，采用的方式是在滑翔机内部设置可移动的重物滑块，在需要进行姿态控制时调整滑块的位置而改变机体重心位置，然后达到新的平衡状态完成姿态调整任务。飞翼式水下滑翔机的运动形式主要为垂直面稳态航行，并伴有航向变动的三维回转运动。回转运动的控制方式有两种：一种是偏转重物滑块改变滑翔机系统的横倾角，进而在横向水平方向产生分力，改变滑翔机航向完成回转运动；另一种为直接安装转向舵实现航向偏转完成回转运动。

根据模块功能可将飞翼式水下滑翔机系统分为机体结构、电源模块、调节系统模块、控制系统模块、应急模块和任务搭载模块几部分，如图 5-60 所示。

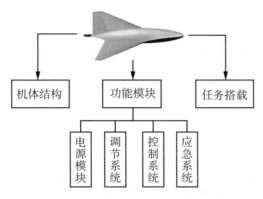

机体结构	功能模块	任务搭载

电源模块	调节系统	控制系统	应急系统

图 5-60　飞翼式水下滑翔机系统组成

各模块介绍如下：机体结构，包含飞翼式机身外壳、附件、内部骨架和耐压壳体结构，该部分体现了飞翼式水下滑翔机的主要结构特征和水动力特性，构成滑翔机系统的整体骨架。电源模块，包含控制器电源、执行机构电源和任务模块电源，为控制器、执行机构和任务传感器提供安全稳定的电能，并设有电源管理模块调配电源互补和保障安全。调节系统模块，姿态和浮力调节机构，包括由重物滑块、滚珠丝杠和驱动电机等组合的重心调节模块，由内油箱、外油囊、驱动电机和各式阀件等组合而成的浮力调节系统，是水下滑翔机系统运动状态调节的执行机构，决定了飞翼式水下滑翔机运动调节的性能范围和可控性。控制系统模块，包含机身状态传感器、信息采集单元、中央处理单元和无线通信设备，是水下滑翔机系统水下航行的大脑，负责接收水面系统的任务指令、对滑翔机状态信息的处理、对滑翔机姿态进行合理的控制及通过无线通信设备与水面系统进行数据的传输。应急系统模块，包含能源检测单元、故障检测单元和应急上浮单元等，是水下滑翔机水下航行的生命保障系统，时刻对系统的电源剩余、电源故障、执行机构故障与深度极限量进行监控，在状况发生时能切断电源并启动应急上浮单元进行自保。任务搭载模块，包含搭载的任务传感器、数据存储设备等，是水下滑翔机海洋监控任务执行的工作设备，对海洋环境数据进行采集、处理和存储。

在飞机设计上，飞翼结构已经被证明具有低阻、高升阻比的特性，而这些特性正是水下滑翔机特性优势的体现和存在的价值；在整个飞翼式水下滑翔机系统的设计和内部系统的布置过程中，需要分析其内部空间特点以充分利用优势。考虑飞翼机身的特殊构造与设备装配调试的简便性，整机布置采用模块式，浮力调节系统的内部设备、重心调节设备、电源、控制系统及姿态传感器等设备布置于耐压舱，并考虑机身中部空间大、浮力调节系统调节时对系统性能影响的大小等方面来布置浮力调节装置，为充分利用机翼空间，设置翼两侧开口方便探测设备和配平质量的布置。

飞翼式水下滑翔机的最终组成和布置如图 5-61 所示，整个机翼空间内部贯通，因此机身中部具有宽大空间。整体呈现中间主舱和两翼副舱，分别布置适合该舱空间特性的设备。应急上浮系统设置于机身靠前部位，保证应急上浮时机头朝向上方，提高系统安全，增加返回率；耐压舱布置于机翼空间的中部并以卡箍固定，保证其内部的姿态调节和姿态传感器的工作状态和测量值的稳定和准确；深度传感器体现均匀深度，因此布置于中部并固定。

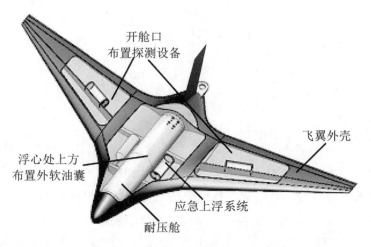

图 5-61　飞翼式水下滑翔机组成与布置

◎ 参考文献

[1]乐奇，郭一柱，王刚，等.悬链线型海洋脐带缆涡激振动响应分析[J].应用科技，2022，49(6)：78-85.

[2]马烨璇.柔性圆柱涡激振动的水动力学系数识别[D].天津：天津大学，2016.

[3]Gopalkrishnan R. Vortex-induced forces on oscillating bluff cylinders[D]. Massachusetts Institute of Technology，1993.

[4]Sarpkaya T. Hydrodynamic damping，flow-induced oscillations，and biharmonic response[J]. Journal of offshore Mechanics and Arctic engineering，1995，117(4).

[5]Moe G，Wu Z J. The lift force on a cylinder vibrating in a current[J]. 1990，112(4)：297-303.

[6]Jauvtis N，Williamson C H K. The effect of two degrees of freedom on vortex-induced vibration at low mass and damping[J]. Journal of Fluid Mechanics，2004，509：23-62.

[7]Huera-Huarte F J，Bearman P W. Wake structures and vortex-induced vibrations of a long flexible cylinder—part 2：drag coefficients and vortex modes[J]. Journal of Fluids and Structures，2009，25(6)：991-1006.

[8]Assi G R S，Bearman P W，Tognarelli M A. On the stability of a free-to-rotate short-tail

fairing and a splitter plate as suppressors of vortex-induced vibration[J]. Ocean Engineering, 2014, 92(12): 234-244.

[9] 杨加栋, 张晓灵, 吴文通, 等. 海洋柔性柱体涡激振动抑制装置研究进展[J]. 舰船科学技术, 2023, 45(2): 91-95.

[10] 赵婧. 海洋立管涡致耦合振动CFD数值模拟研究[D]. 青岛: 中国海洋大学, 2012.

[11] Niedzwecki J M, Fang S M. Suppression of flow-induced vibrations using ribbon fairings[J]. International Journal of Computational Methods and Experimental Measurements, 2013, 1 (4): 395-405.

[12] 谭波. 深水隔水管涡激振动控制装置的数值模拟[D]. 上海: 上海交通大学, 2009.

[13] Wu J, Chwangat. A hydrodynamic model of a two-part underwater towed system [J]. Ocean Engineering, 2000, 27 (5): 455-472.

[14] Wu J, Chwangat. Investigation on a two-part underwater manoeuvrable towed system[J]. Ocean Engineering, 2001, 28(8): 1079-1096.

[15] Lee J F, Tu L F. Finite element modeling of a single-point multi-segment mooring in water waves[J]. Ocean Engineering, 2018, 160: 461-470.

[16] Srivastava V K, Sanyasiraju Y, Tamsir M. Dynamic behavior of underwater towed cable in linear profile[J]. International Journal of Scientific and Engineering Research, 2011, 2(7): 1-6.

[17] Milinazzo F, Wilkie M, Latchman S A. An efficient algorithm for simulating the dynamics of towed cable systems[J]. Ocean Engineering, 1987, 14(6): 513-526.

[18] Wu J, Chwangat. A hydrodynamic model of a two-part underwater towed system[J]. Ocean Engineering, 2000, 27(5): 455-472.

[19] 王志博. 多段式拖曳系统低张力缆段隔振方法研究[J]. 振动与冲击, 2019, 38(8): 255-262.

[20] 刘炳霞, 方开翔. 拖曳线列阵隔振模块结构的建模及计算分析[J]. 华东船舶工业学院学报(自然科学版), 2005(1): 82-85.

[21] 祝献, 葛辉良. 拖曳线列阵流噪声抑制实验[J]. 噪声与振动控制, 2016, 36(3): 219-221.

[22] 顾振福, 刘孟庵, 程宏轩, 等. 一种测量拖线阵自噪声的系统[J]. 声学与电子工程, 1998(4): 14-18.

[23] Woodacre J K, Bauer R J, Irani R A. A review of vertical motion heave compensation systems[J]. Ocean Engineering, 2015, 104: 140-154.

[24] 刘贤胜. 船用起重机主动升沉补偿控制系统研究[D]. 哈尔滨: 哈尔滨工程大学, 2016.

[25] 陈健. 新型多自由度可控制水下拖曳体研发[D]. 广州: 华南理工大学, 2014.

[26] Nakamula M, Kajiwara H, Koterayama W. Development of an ROV operated both as towed and self-propulseve vehicle[J]. Ocean Engineering, 2001, 28: 1-43.

[27] Koterayama W, Yamaguchi S, Nakamura M. Proc of the Fifth Int Offshore and Polar Eng Conf. June 11-16, 1995[C]. Hague, 1995, 287-291.

[28] Yamaguchi S, Koterayama W, Yokobiki T. Development of a motion control method for a towed vehicle with a long cable. International Symposium on Underwater Technology, May 23-26, 2000[C]. Tokyo: IEEE, 2000.

[29] Dessurault J G. "BATFISH" A depth controllable towed body for collection oceanographic data[J]. Ocean Engineering, 1976, 3: 99-111.

[30] 夏国泽. 船舶流体力学[M]. 武汉: 华中科技大学出版社, 2003.

[31] 金梁锋. 基于 ANCF 和 IB-LBM 的机器鱼尾鳍流固耦合动力学分析[D]. 南京: 南京理工大学, 2021.

[32] Borazjani I, Sotiropoulos F. Numerical investigation of the hydrodynamics of carangiform swimming in the transitional and inertial flow regimes[J]. Journal of Experimental Biology, 2008, 211: 1541-1558.

[33] 胡健, 赵旺, 王子斌. 三维摆动水翼仿生推进水动力分析[J]. 应用科技, 2019, 46(2): 1-6.

[34] 梁建宏, 邹丹, 王松, 等. SPC-II 机器鱼平台及其自主航行实验[J]. 北京航空航天大学学报, 2005(7): 709-713.

[35] 成巍. 仿生水下机器人仿真与控制技术研究[D]. 哈尔滨: 哈尔滨工程大学, 2004.

第6章 拖曳缆索操纵性

6.1 拖曳系统的操纵响应

拖曳系统的基本构成包括母船、绞车系统、甲板吊放系统、拖曳缆、拖曳体，为便于布放，拖曳系统常布置在母船的尾部甲板上，大型深水拖曳系统还需要借助门吊作为布放回收机构和拖曳缆绳门吊支撑点，图 6-1 显示了单体重力式拖曳系统和多段式拖曳系统的基本组成。单体重力式拖曳系统是指拖曳缆的水下端连接的拖曳体的重力远大于浮力，在设计拖速下实现拖曳系统下潜到指定的水深。这种拖曳系统的组成简单，布放回收便捷，但是该类拖曳系统存在难以克服的隔振缺陷，拖曳体难以抵抗因水面母船的摇荡传递而来的扰动，即使采用主动控制措施，也难以实现良好的控制效果。

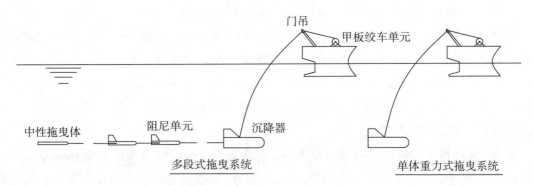

图 6-1 单体重力式拖曳系统和多段式拖曳系统的组成

多段式拖曳系统是在设计拖曳速度下依靠沉降器的重力实现拖曳系统下潜到指定的水深，而后连接若干起到隔离水面传递而来的振动的阻尼单元，这些隔振单元常设计成重力和浮力接近的中性浮体，利用中性浮体产生的水动力阻尼效应消减传递而来的扰动，最后在尾端连接水中近乎中性的搭载探测系统的拖曳体。多分枝拖曳系统的设计中必须指定航速范围，依靠沉降器实现各中性分枝下潜到指定潜深，每个分枝连接了隔振单元和拖曳体。

拖曳线列阵是主拖曳缆连接隔振单元后连接线列阵，线列阵是利用一段近似中性的零浮力缆连接沿缆布置的传感器构成，该段零浮力缆上等间距地安装有各类传感器。线列阵部分利用浮力材料包覆沿缆分布的水听器，使线列阵部分近似水中中性（即零浮力）。以如图 6-1 和图 6-2 所示的带有隔震设计的拖曳系统的结构形式为主要研究对象，探讨拖曳系统的操纵运动响应和振动传递特性。单体重力式、多段式和多分支三种拖曳系统结构是拖曳系统的典型结构系统，对其操纵性能和运动与振动传递规律的计算分析总结具有普遍意义，可外推到新型拖曳系统的设计中。

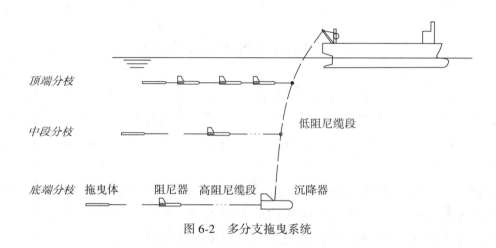

图 6-2　多分支拖曳系统

全回转运动是直航的母船进入回转圈再离开回转圈完成回转运动进入直航状态的过程。拖曳系统的回转圈运动是指拖曳系统的水面端不断地在完成圆周运动，该运动常看作近似定常的运动过程。拖曳系统的双回转运动是指拖曳系统的水面端完成 ∞ 型循环运动的响应。上述三种水面操纵运动均含有拖曳缆和拖曳体在水中的空间运动的周期性复现，下面探索上述三种操纵运动响应对拖曳缆和拖曳体受到不均匀的水流阻力作用而引起的空间运动规律以及相应的控制方法。

针对表 6-1 所示的拖曳系统进行水面操纵响应行为研究。该拖曳系统由 Grosenbaugh[1] 等人进行了数值模拟计算，针对全回转、U 形回转运动进行了模拟。本研究利用有限差分法模型进行了数值仿真计算。由 Ablow[2] 建立的数值模型结合经典的有限差分格式求解拖曳系统在回转和转向运动过程中的运动响应。拖曳系统的动力学响应可由以下几个无量纲参数描述

$$w/r \tag{6-1}$$

式中，r 是拖曳缆单位缆长受到的水流阻力，w 是拖曳缆单位缆长的水中重量。

$$\sigma = w \cdot L/W \tag{6-2}$$

式中，W 是拖曳缆的水中重量，σ 是 $w \cdot L$ 和拖曳体的水中重量的比，表示质量的集中程度对拖曳系统操纵运动的影响。此外还有回转半径和缆长的比。

$$R/L \tag{6-3}$$

表 6-1 拖曳系统结构参数与水面操纵系数

拖曳缆参数		拖曳体参数	
单位缆长水中重量/(N/m)	5	拖曳体湿重/N	1000
法向和切向阻力系数	$C_d = 0.02$；$C_t = 2.0$	拖曳体质量/kg	117.6
缆直径/m	0.0173	附加质量/kg	7.8
缆长/m	4000m/500m	三向投影面积/m^2	0.0745
轴向刚度/(N/m)	4.4×10^9	阻力系数	0.0
弯曲刚度/(N/m)	237.9		
扭转刚度/(N/m)	10		
水面(回转)拖曳速率/(m/s)	0.84, 1.19, 1.68, 2.37, 3.75		

根据拖曳系统可选的设计参数以及母船的操纵能力，合理确定上述三个无量纲参数的范围可用于全面地描述给定的拖曳系统的运动响应。Ablow[2]、Gobat[3] 等诸多的研究者常使用拖曳系统的全回转运动作为他们推导的动力学模型的计算验证，但是都没有详细开展拖曳系统回转操纵运动的系统研究。Chapman[4] 描述了回转运动的三种情形：极速回转运动状态也就是高回转速度和较小的回转半径缆长比 R/L，缓变回转状态也就是较低的拖曳速度和大的回转半径和缆长的比，以及这两种状态的中间过渡状态。Kishore[5] 模拟了拖曳线列阵的回转运动状态，Grosenbaugh[1] 重新计算了拖曳系统回转的动态响应。拖曳缆在回转运动中的动态行为可归纳为回转周期和过渡状态的平衡转换，在 R/L 较大时，直航拖曳向回转状态转变的时间较长，形成了一个稳态的缆型。然而，上述研究缺乏全面的水面船舶发生回转或转向对拖曳缆的冲击效应的分析，尤其是过渡状态下的沉深陡增和缆的三维弯曲状态缺乏细致的研究。

Chapman[4] 模糊地指出了拖曳系统在螺旋线回转运动轨迹中的可能的运动响应。在螺旋线运动中 R/L 逐渐地增大，这可看作直航时拖曳缆受到了大范围侧向来流的摄动影响。拖曳体的沉深缓慢地增加拖曳体的回转曲率半径要小于水面端，这是由于侧向流动的作用。当 R/L 增大到一定程度时，拖曳缆的行为可看作一个具有不显著的沉深增大特征的渐进的回转运动，但是当 R/L 接近 1 时，拖曳体沉降就变得较为显著了。当 R/L 接近 0.7 时就出现了过渡状态；当 R/L 接近 0.4 时，缆处于一个极速回转状态，最大沉深几乎接近缆长，这是缓慢回转和极速回转的一个显著差异，但是两者之间存在过渡，不能定量区分。Chapman[4] 和 Grosenbaugh[1] 还用了两个无量纲的参数(单位缆长的重量和水流阻力的比 w/r 和缆重与拖曳体重量的比 σ)来描述水面操纵运动动力学响应。根据拖曳系统的操纵应用范围，恰当选取这三个无量纲参数的范围将有助于理解拖曳系统的水面操纵运动响应特性。此外，还有一个重要的描述特征是水面端航行路径的曲率与变化率对拖曳系统操纵性能的影响。为了研究拖曳系统对航行轨迹的曲率变化的响应，需要设计不同的曲率变化的操纵轨迹来结合动力学计算方法对拖曳系统进行动力学计算。首先研究连续增大的航行轨迹曲率的影响。设计一个螺旋线形式的水面回转路径，计算拖曳缆系对这种回转的响应。计算发现在拖曳体的升沉历程中存在一个长周期的低频率的阻尼振荡响应。定义了两个升沉比来描述这种运动。其次，开展了曲率符号变化的响应研究，对不同的转向角度进行了计算，总结了沉深的变化规律。再次，他们设计了 ∞ 形的回转运动路径，计算发现了共振效应与周期性的激励。最后，对 Z 形回转的拖曳系统进行了计算。

上述四项研究均以拖曳体的升沉运动和水平面运动轨迹为对象进行了分析，显示了拖曳系统的一些非线性运动响应行为(包括共振和分叉)。

图 6-3 ~ 图 6-18 展示了拖曳操纵参数的取值与运动响应的变化关系，拖曳系统完成的水面操纵运动有：全回转运动，如图 6-3 至图 6-4 所示；∞ 形水平面运动轨迹，如图 6-5 至图 6-8 所示；转向运动，如图 6-9 至图 6-12 所示；Z 形回转运动，如图 6-13 至图 6-17 所示；渐开螺旋线回转运动，如图 6-18 至图 6-21 所示。从上述回转运动可以得到典型的共振放大效应和阻尼振荡运动。

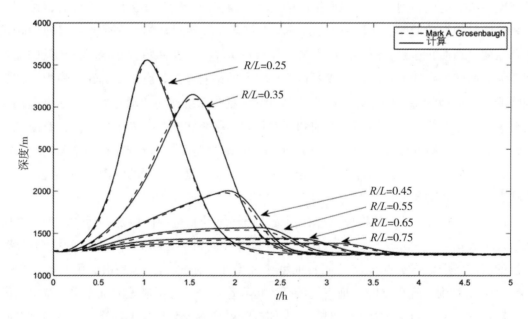

图 6-3　回转过程中的拖曳体的升沉历程与回转半径的关系

操纵参数 $w/r = 0.1$（$v = 1.68\text{m/s}$），$0.25 < R/L < 0.75$，计算结果与 Gobat[3]，Grosenbaugh[1] 等进行了比较。回转半径 R/L 由小逐渐增大到 0.45 时，拖曳体沉降幅度显著减小，但 R/L 继续增大，升沉变化不显著，逐渐接近直航状态。

$w/r = 0.1$（$v = 1.68\text{m/s}$），$0.25 < R/L < 0.75$，计算结果与 Grosenbaugh[1] 进行了比较。计算显示在 R/L 较小时拖曳体无法跟随母船做回转运动。

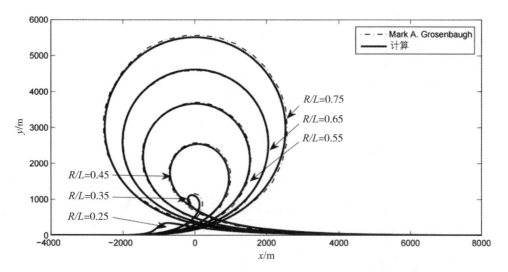

图 6-4 拖曳系统完成 360° 回转过程中的拖曳体的水平回转轨迹和操纵参数 R/L 的关系

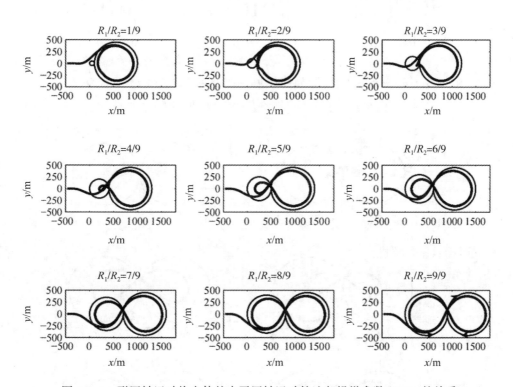

图 6-5 ∞ 形回转运动拖曳体的水平回转运动轨迹与操纵参数 R_1/R_2 的关系

　　如图 6-5 所示，粗实线是拖曳体的水平面运动轨迹，细实线是母船端的 ∞ 形水平面运动轨迹，操纵参数范围是（$w/r=0.1$，$v=1.68\text{m/s}$，$\sigma=2.55$，$W=100\text{kg}$）。两个回转圈的半径比为 $R_1/R_2 = 1/1 \sim 9/9$，左侧回转圈的操纵参数为 $R_1/L=0.1$（$R_1=50\text{m}$）至 $R_1/L=0.9$（$R_1=450\text{m}$）。

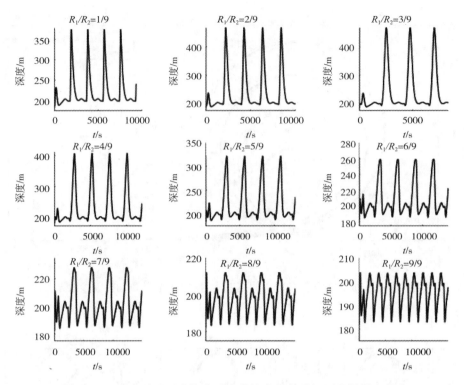

图 6-6　∞ 形水平面运动轨迹对应的拖曳体的升沉历程操纵参数为

$w/r = 0.1$，$v = 1.68\text{m/s}$，$\sigma = 2.55$，$W = 100\text{kg}$

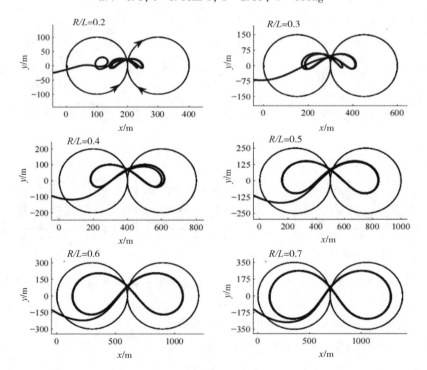

图 6-7　∞ 形回转中母船端轨迹（细实线）和水下拖曳体的水平面运动轨迹（粗实线）（$w/r = 0.1$，$v = 1.68\text{m/s}$，$\sigma = 2.55$，$W = 100\text{kg}$），回转半径范围是 $R/L = 0.2$（$R_1 = R_2 = R = 100\text{m}$）至 $R/L = 0.7$（$R_1 = R_2 = R = 350\text{m}$）

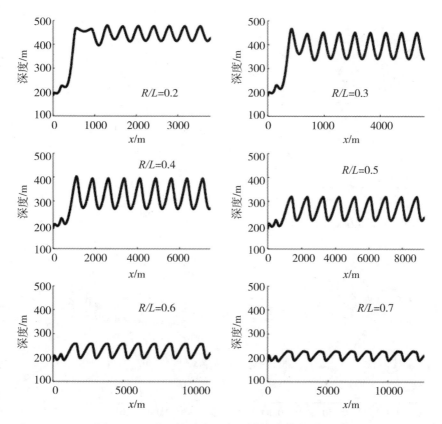

图 6-8 ∞形回转对应的水下端拖曳体的升沉历程

($w/r = 0.1$, $v = 1.68\mathrm{m/s}$, $\sigma = 2.55$, $W = 100\mathrm{kg}$)

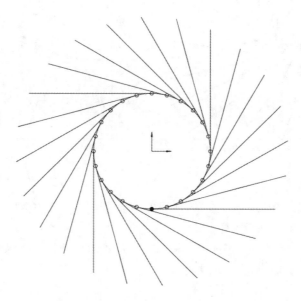

图 6-9 母船端的回转运动轨迹规划

转向模拟轨迹间隔 15°，回转半径为 $R/L = 0.3$ （ $R = 150\mathrm{m}$ ）

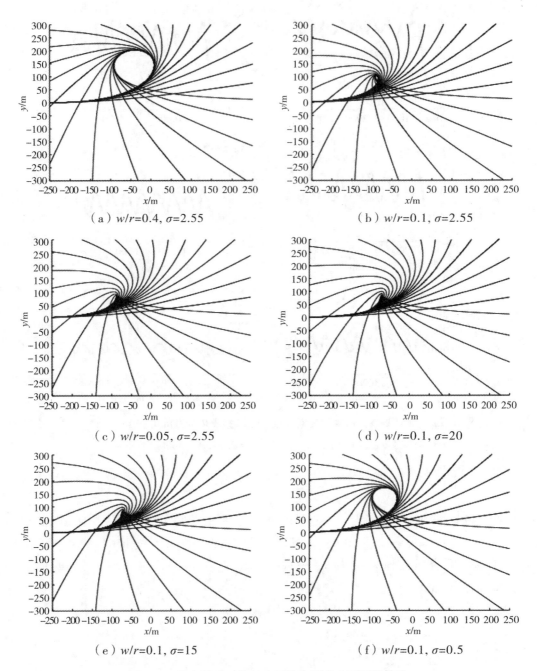

图 6-10　转向运动对应的水下拖曳端的水平回转轨迹

图（a）（b）（c）对应的回转操纵参数为 $\sigma = 2.55$（$W = 100\text{kg}$），$w/r = 0.4$（$v = 0.84\text{m/s}$），$w/r = 0.1$（$v = 1.68\text{m/s}$），$w/r = 0.05$（$v = 2.37\text{m/s}$），图（d）（e）（f）对应的回转操纵参数为 $\sigma = 20$（$W = 12.75\text{kg}$），$\sigma = 15$（$W = 17\text{kg}$），$\sigma = 0.5$（$W = 510\text{kg}$）

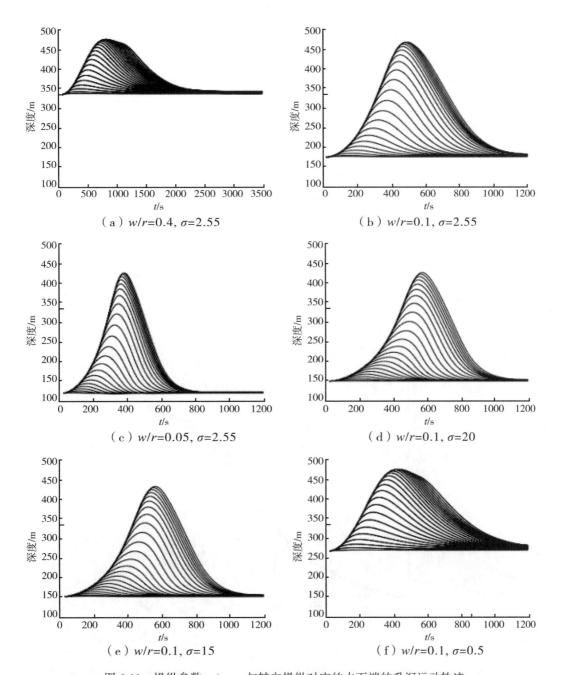

图 6-11 操纵参数 w/r、σ 与转向操纵对应的水下端的升沉运动轨迹

图（a）（b）（c）对应于 $w/r=0.4$（$v=0.84\text{m/s}$），$w/r=0.1$（$v=1.68\text{m/s}$），$w/r=0.05$（$v=2.37\text{m/s}$），图（d）（e）（f）对应于相同的 $w/r=0.1$（$v=1.68\text{m/s}$，$\sigma=20$（$W=12.75\text{kg}$），$\sigma=15$（$W=17\text{kg}$），$\sigma=0.5$（$W=510\text{kg}$））

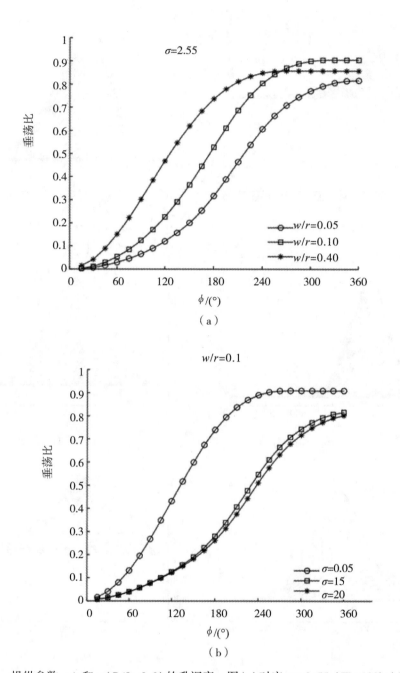

图 6-12　操纵参数 w/r 和 $\sigma(R/L=0.3)$ 的升沉率，图(a)对应 $\sigma=2.55$（$W=100\text{kg}$）时 $w/r=0.4$（$v=0.84\text{m/s}$），$w/r=0.1$（$v=1.68\text{m/s}$），$w/r=0.05$（$v=2.37\text{m/s}$），图(b)对应 $w/r=0.1$（$v=1.68\text{m/s}$）时 $\sigma=20$（$W=12.75\text{kg}$），$\sigma=15$（$W=17\text{kg}$），$\sigma=0.05$（$W=510\text{kg}$）

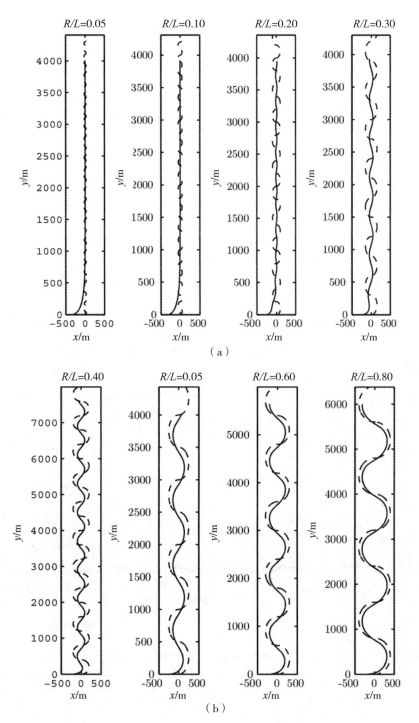

图 6-13　Z 形回转的水面端的水平面回转轨迹（虚线）和水下端拖曳体的回转轨迹（实线）
（$w/r = 0.1$，$v = 1.68 \text{m/s}$，$\sigma = 2.55$，$W = 100 \text{kg}$），$R/L = 0.05$（$R = 25 \text{m}$）~ 0.80（$R = 400 \text{m}$）

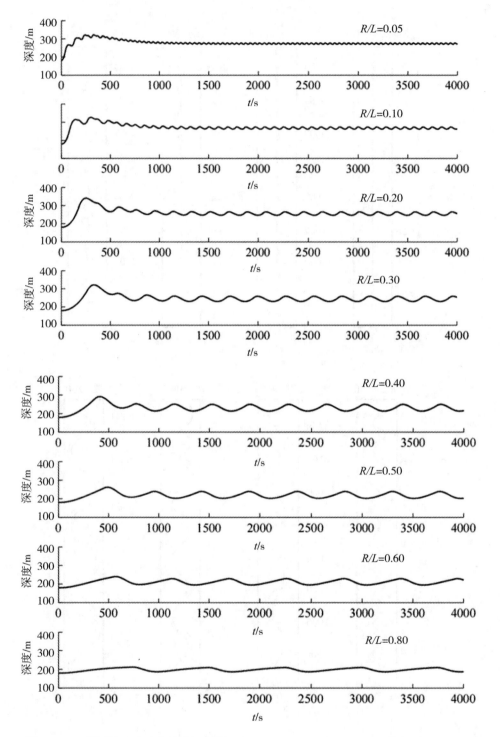

图 6-14　Z 形回转运动对应的升沉历程（$w/r=0.1$，$v=1.68\text{m/s}$，$\sigma=2.55$，$W=100\text{kg}$），
$R/L=0.05$（$R=25\text{m}$）～0.80（$R=400\text{m}$）

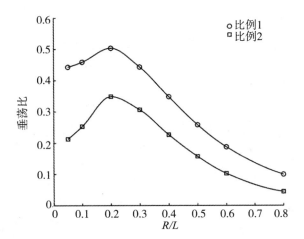

图 6-15　升沉比例与无量纲回转半径 R/L 的关系($w/r = 0.1$，$v = 1.68$m/s，$\sigma = 2.55$，$W = 100$kg)

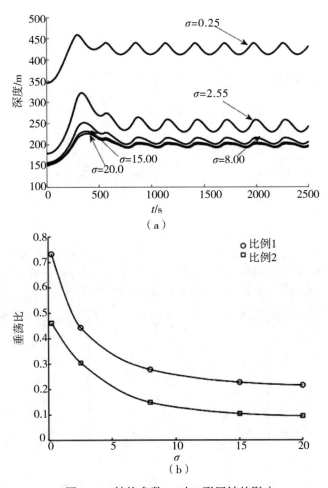

（a）

（b）

图 6-16　结构参数 σ 对 Z 形回转的影响

（$R/L = 0.3$，$R = 150$m，$w/r = 0.1$，$v = 1.68$m/s），图（a）是 $\sigma = 0.25$（$W = 1020$kg），$\sigma = 2.55$（$W = 100$kg），$\sigma = 8.00$（$W = 31.88$kg），$\sigma = 15.00$（$W = 17$kg），$\sigma = 20.00$（$W = 12.75$kg），图（b）形是升沉比例随 σ 的变化

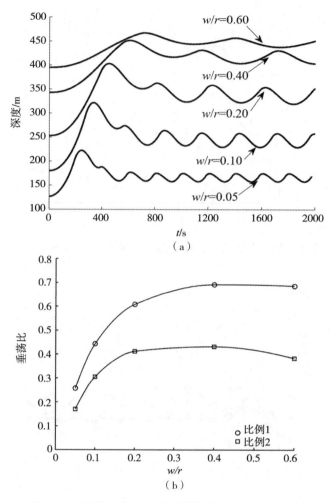

图 6-17　操纵参数 w/r 对 Z 形操纵运动的影响计算

（ $R/L=0.3$ ， $R=150\text{m}$ ， $\sigma=2.55$ ， $W=100\text{kg}$ ），图（a）是拖曳体的升沉历程 $w/r=0.05$ （ $v=$ 2.37m/s）， $w/r=0.10$ （ $v=1.68\text{m/s}$ ）， $w/r=0.20$ （ $v=1.19\text{m/s}$ ）， $w/r=0.40$ （ $v=0.84\text{m/s}$ ）， $w/r=0.60$ （ $v=0.69\text{m/s}$ ）。图（b）是升沉比率随 w/r 的变化关系

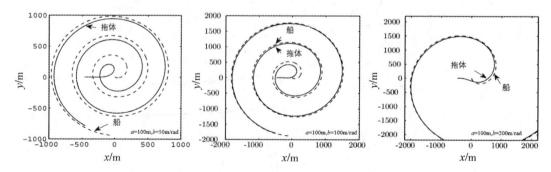

图 6-18　母船端和水下拖曳体的运动轨迹

操纵参数为 $w/r=0.1$ （ $v=1.68\text{m/s}$ ）和 $\sigma=2.55$ （ $W=100\text{kg}$ ）。从左至右轨迹参数为 $a=100\text{m}$ ， $b=50\text{m/rad}$ ； $a=100\text{m}$ ， $b=100\text{m/rad}$ ； $a=100\text{m}$ ， $b=200\text{m/rad}$

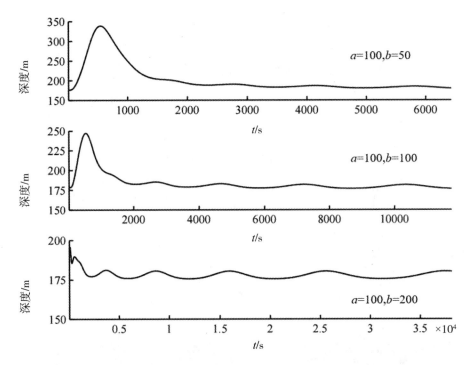

图 6-19 不同螺旋线运动轨迹对应的拖曳体的升沉运动历程，操纵参数为
$w/r=0.1(v=1.68\text{m/s})$ 和 $\sigma=2.55$（$W=100\text{kg}$）

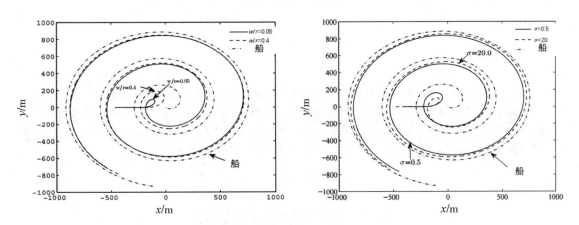

图 6-20 螺旋线轨迹（初始半径 $a=50\text{m}$，曲率 $b=50\text{m/rad}$）
对应于不同的 $w/r(w/r=0.4, 0.05; v=0.84\text{m/s}, 2.37\text{m/s})$ 和
$\sigma(\sigma=0.5, W=510\text{kg}; \sigma=20, W=12.75\text{kg})$

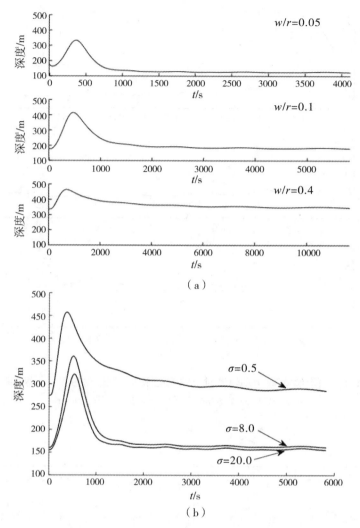

图 6-21　不同操纵参数 w/r 和 σ 下螺旋线拖曳轨迹下的拖曳体的升沉历程

（初始的回转半径是 50m，螺线的曲率为 50m/rad），图(a)中的曲线是拖曳体的升沉历程分别对应于 $w/r=0.05$，$v=2.37\mathrm{m/s}$，$\sigma=0.5$；$w/r=0.1$，$v=1.68\mathrm{m/s}$，$\sigma=0.5$；$w/r=0.4$，$v=0.84\mathrm{m/s}$，$\sigma=0.5$；图(b)分别是 $\sigma=0.5$（$W=510\mathrm{kg}$），$\sigma=8.0$（$W=31.88\mathrm{kg}$）和 $\sigma=20.0$（$W=15.75\mathrm{kg}$）

6.2　拖曳线列阵操纵性

拖曳线列阵是主拖曳缆连接隔振单元后连接线列阵，线列阵是利用一段近似中性的零浮力缆连接沿缆布置的传感器构成，该段零浮力缆上等间距地安装有各类传感器。线列阵部分利用浮力材料包覆沿缆分布的水听器，使线列阵部分近似水中中性即零浮力。

单支拖曳线列阵系统(单线阵)是研究多分支拖曳线列阵声呐系统的基础，而保证拖曳线列阵声呐系统的声学部分运动的稳定性又成为研究单线阵动力学分析的重点。拖曳线列阵声呐系统一般由拖曳部分、声学部分和尾绳部分组成，拖曳线列阵声呐系统的拖曳部分一般由浮力极小特性的材质组成，而尾绳部分则由柔性缆索组成。由于拖曳线列阵声呐系统的长度在几百米到几千米不等，因此在研究单线阵动力学特性时，可以将拖曳线列阵声呐系统视作挠性细长圆柱体构件[6]。本节研究改变海流速度以及拖曳角度对单线阵拖曳航行的影响。惯性坐标系下，海水流速为[7]：

$$J(z) = c(-i\cos\alpha + j\sin\alpha + k0) \tag{6-4}$$

方程中：c 为海水流速大小，α 为拖曳角度，$\alpha \in [0°, 360°]$。

单线阵示意图如图 6-22 所示。系统参数如表 6-2 所示。

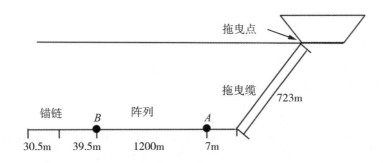

图 6-22　拖曳线列阵示意图

表 6-2　线列阵系统参数

参数	拖曳缆	阵列	锚链
L/m	730	1200	70
D/m	0.020	0.017	0.008
EA/N	1×10^8	1×10^8	5×10^6
$EI/(N \cdot m^{-2})$	1000	1000	0.001
$M/(kg \cdot m^{-1})$	2.37	5.07	0.58
$G/(N \cdot m^{-1})$	2.33	0	0.57
D/m	0.041	0.079	0.025
C_t	2.0	1.8	1.8
C_n	0.015	0.009	0.0288

单线阵直航拖曳动力分析。固定浪高为 0.2m，假设流速与拖曳方向相同时为 0°，则固定航行角度与流速的角度为 π，改变流速分别为 2m/s、3m/s、4m/s 和 5m/s。分别计算并绘制单线阵水下姿态以及张力分布图，由图 6-23（a）（b）可发现，随着流速的增加，单线阵的拖曳深度减少，但拖曳线质点张力增大。计算缆索姿态与张力分布如图 6-24 所示。

由图 6-24 可以发现，缆索系统姿态深度随角度的增大而增大，但是缆索系统张力却随角度的增大而变小。

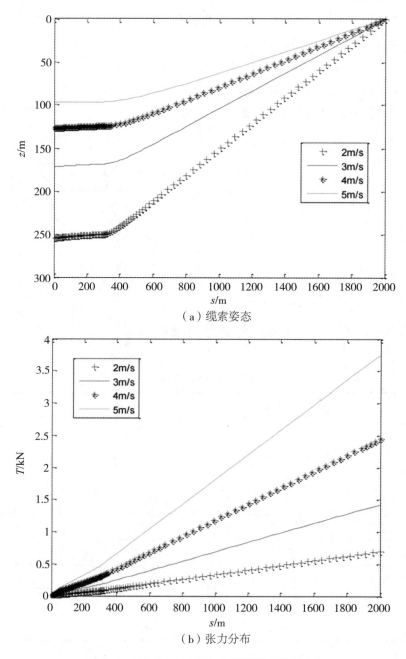

（a）缆索姿态

（b）张力分布

图 6-23　不同拖速下拖曳线列阵姿态的稳态解

单线阵 360° 拖曳动力分析。拖曳线列阵声呐系统是在稳态直航情况下运行的，但是单线阵存在目标左右旋模糊问题，为了克服这一缺点，需要在系统稳定的情况下进行一定程

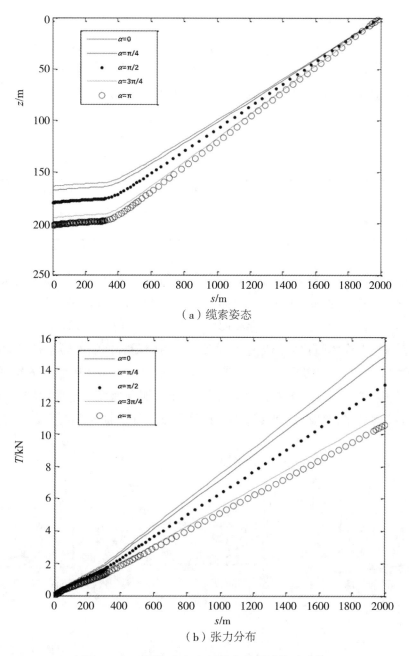

（a）缆索姿态

（b）张力分布

图 6-24　不同拖曳角度时拖曳线列阵的稳态解

度上的运动机制改变，即拖曳回转运动[8-9]。本节用三维水动力学模型模拟了水下拖曳系统在海流影响下的运动。应用软件计算拖缆张力与拖体姿态值，分析了拖船 360° 回转过程中拖曳系统的动态特性。通过分析拖缆参数对拖体运动和拖缆张力的影响，得到一些可靠的结论，为实际的工程设计提供了一定帮助。由于单线阵尾端质点是整个系统最不稳定的质点，所以以下仿真计算皆以单线阵尾端质点为计算对象，且假设末端质点为体积无限接近于零的拖体。拖缆运动方程可表示为[10]：

$$M_{A_i} \ddot{\boldsymbol{R}}_i = \boldsymbol{T}_{e_i} - \boldsymbol{T}_{e_{i-1}} + \boldsymbol{F}_{dl_i} + \boldsymbol{V}_i - \boldsymbol{V}_{i-1} + \boldsymbol{w}_i \, \Delta s_i \qquad (6\text{-}5)$$

表 6-3 给出了拖缆的物理参数。其中：L_l 为拖缆长度；d 为拖缆直径；m_0 为拖缆单位质量；C_n、C_t 分别为法向和切向阻力系数；EI 为弯曲刚度；μ 为泊松比。计算中忽略扭矩。

表 6-3　拖缆的物理参数

m_0/kg	L_l/m	d/m	C_n	C_t	EI	μ
1.1	450	0.025	1.2	0.008	0	0.5

系统首先以拖速 $V = 2.5\text{m/s}$ 直航 400s，然后进行 360° 回转操作，回转时间为 800s，回转半径 R 分别取 80m、95m、120m、160m、179m、286m；回转平面图见图 6-25。由图 6-25 可以得出：在整个操纵过程中，存在回转临界半径，在回转过程中拖体运动轨迹位于拖船运动轨迹内侧，拖体回转半径与稳定回转所需时间随着拖船回转半径变化而变化。拖船分别以速度 2m/s 和 3m/s 进行 360° 回转，回转半径 $R = 230\text{m}$，从图 6-26 至图 6-31 可出：拖船在 360° 回转操纵过程中，若拖船回转半径不变，拖曳速度对拖体回转半径影响明显，拖速越大，拖体回转半径越小。回转过程中拖体深度增加，且拖曳点张力随着拖曳深度的增加而减小。

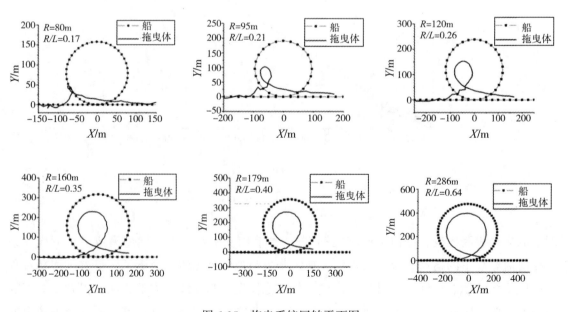

图 6-25　拖曳系统回转平面图

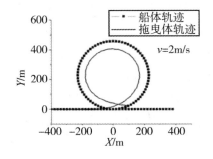

图 6-26　回转平面图

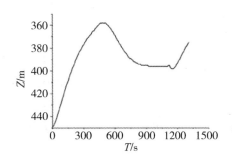

图 6-27　拖体深度变化图

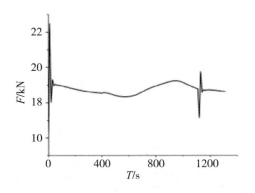

图 6-28　拖曳点张力变化图

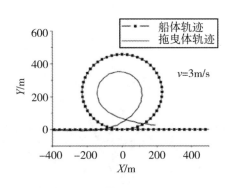

图 6-29　回转平面图

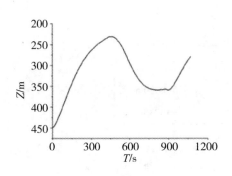

图 6-30　拖体深度变化图

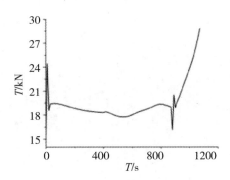

图 6-31　拖曳点张力变化图

拖曳线列阵声呐系统一般均工作在稳定状态，在平稳海况下，拖曳深度及拖缆张力是计算过程中两个很重要的指标，其数值由拖船航行速度、阻力系数、缆索密度以及缆索伸缩性等共同决定。下面通过数值仿真研究拖曳系统的运动，并分析各种参数的影响。拖缆长 $L=300$m，直径 $d=0.028$m，法向阻力系数 $C_n=1.44$，切向阻力系数 $C_t=0.015$，拖体质量 1000kg，整个系统以 $V=2.5\text{m/s}$ 直航 1000s。保持拖速不变，改变拖缆参数来研究各个参数对拖缆运动的影响。

拖缆直径的影响。拖缆单位质量不变，分别取其直径 d 为 0.025m、0.028m、0.030m 和 0.035m 四个值进行计算。图 6-32 和图 6-33 给出拖缆直径对拖曳深度和上、下端最大张力的影响。从图 6-32 和图 6-33 可看出，随着拖缆直径的增加，拖体达到稳定的拖曳深度减小；拖缆的直径越大，其上端的最大张力会越小，而拖缆与拖体连接点，即拖缆下端的最大张力几乎保持不变；若下端没有拖体连接，下端张力为零，与直径无关。因此可以得出：拖缆的直径对拖曳系统稳定性影响显著。

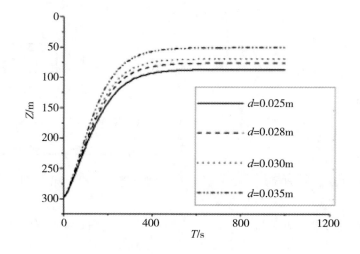

图 6-32　拖体深度随拖缆直径的变化

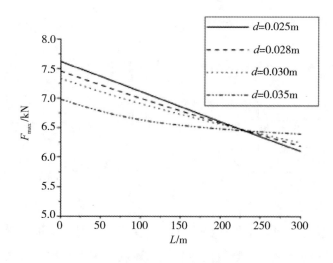

图 6-33　拖缆的最大张力随直径的变化

拖缆阻力系数的影响。拖缆的阻力系数受其表面粗糙度、Re 数、Fr 数以及水流速度的影响。对该系数的充分分析对整个系统的设计有很大帮助。一般来说，切向阻力系数跟法向阻力系数相差两个数量级，两者关系可以写为：$C_t = \gamma C_n$，γ 为一常数，一般为 $0.01 \leqslant \gamma \leqslant 0.03$。通过改变切向和法向阻力系数来分析它们对拖曳系统稳态运动影响，分别取 $C_t = 0.01$、0.015、0.020、0.025 与 $C_n = 1.2$、1.44、1.53、1.84 进行计算，其余参数不变。计算结果如图 6-34 ~ 图 6-37 所示。可以看出：切向阻力系数 C_t 对拖曳线最大张力影响很大，随着 C_t 增大，拖曳线的最大张力增大，而拖体的稳定拖曳深度变化非常小；法向阻力系数 C_n 对拖曳线尾端质点的稳态拖曳深度有较大影响，C_n 越大，系统深度越小，但拖曳线的最大张力没有较大变化。由此可以看出，拖曳系统在稳态的情况下，拖缆的张力由 C_t 决定，拖体的拖曳深度由 C_n 决定。

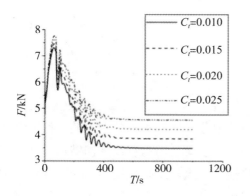

图 6-34　最大张力随 C_t 变化（$C_n = 1.44$）

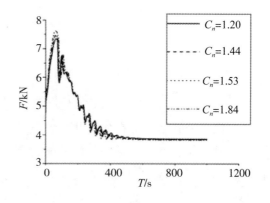

图 6-35　最大张力随 C_n 变化（$C_t = 0.015$）

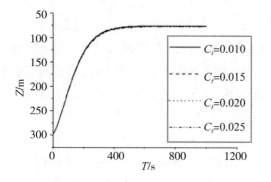

图 6-36　拖体深度随 C_t 变化（$C_n = 1.44$）

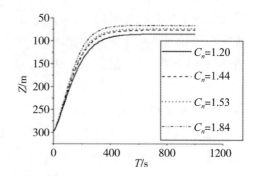

图 6-37　拖体深度随 C_n 变化（$C_t = 0.015$）

　　拖缆附加质量系数的影响。通过改变附加质量系数来研究其对拖缆张力的影响。拖船以稳定速度直航，水流速度以 0.1m/s 均匀增加，当流速达到 2m/s 时，数值模拟停止。计算结果如图 6-38 和图 6-39 所示。从图中可以看出：附加质量系数影响拖缆张力的大小，但影响效果没有阻力系数明显。拖缆张力分布中，阻力占有的比例成分比附加惯性力大，因为与海流波幅相比，拖缆直径相对很小，引起的附加惯性力很小，拖曳阻力起主要作用。不同的附加质量系数引起张力值不同，但变化值非常小。

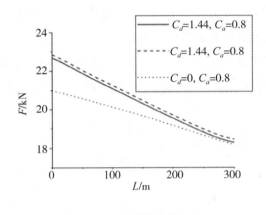

图 6-38　张力沿缆长的分布（1）

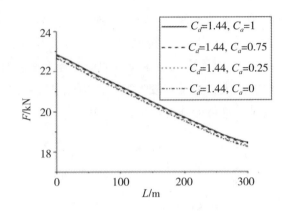

图 6-39　张力沿缆长的分布（2）

单线阵回转运动存在如下几个缺点：①不能高效地分辨探测目标的左右旋，因此在线列阵正常工作状态下，勘探目标的能力有较大下降，这主要是因为单线阵回转运动在分辨探测目标的细微特征，如左右旋转方向时存在局限性，导致对复杂地质结构或快速移动目标的识别精度不足；②该方法比较适用于低速运行目标且勘探距离较近，否则勘探结果误差较大[11]；③拖曳船体在做回旋运动过程中，容易暴露自身目标，因此限制了该方法的使用[12]。

由于以上几个缺点，单线阵的发展受到了很大制约。因此，多分支拖曳线列阵系统成为现代拖曳线系统发展的主流方向。本章建立了多分支拖曳线列阵模型，模拟并分析了系统在不同的波高和流速下的稳定性，进而对船舶拖曳线列阵的首段张力极值、首段张力幅值差以及尾端振动极值进行了研究，并分析了系统在使用水鸟的情况下可以提高稳定性，且系统稳定性不受其本身的弯曲刚度、扭转刚度和轴向刚度的影响，最后绘制了数据分析图并对拖曳线列阵的实际应用提出指导意见。系统示意图如图 6-40 所示。

系统由两个细长单线阵以及一个短单线阵组成，每个单线阵由引导线、阵列、尾绳部分以及 3D 浮体耦合器组成。示意图中最上端的结构为 6D 浮体模型，线阵之间原点由 3D 浮体连接。需要注意的是，系统拖曳部分引导线 B 和引导线 C 之间由弹性结构连接，其结构性能符合胡克定律，作用为弹性连接 B 线阵和 C 线阵，以达到稳定线阵的目的。线阵 A 和 B 之间由缆索扩散器连接，其目的是为防止两个单线阵间距过大，影响探测精确度。拖曳系统各部分剩下的具体参数如表 6-4 所示。

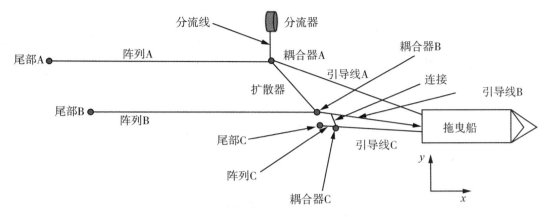

图 6-40　多线拖曳阵示意图

表 6-4　线型参数表

	d/m	$\rho/$ (kg/m)	$EA/$ (kN/m^2)	$EI/$ (kN/m^2)	$C_{d\tau}$	C_{dn}	C_{db}	$C_{a\tau}$	C_{an}	C_{ab}
阵列	0.08	5.2	2000	0.02	0	1.5	1.5	0	1.0	1.0
引导线	0.05	5.9	5000	0.02	0.01	1.5	1.5	0	1.0	1.0
尾部	0.025	0.74	2500	0	0.01	1.5	1.5	0	1.0	1.0
连接线	0.05	5.9	6000	0.04	0.01	1.5	1.5	0	1.0	1.0
耦合器	0.2	300	1	0	0	1.2	1.2	0	1.0	1.0

表 6-4 中，d 代表缆索横截面的直径；ρ 代表缆索线密度；EA 代表轴向拉伸刚度；EI 代表弯曲刚度；$C_{d\tau}$、C_{dn} 和 C_{db} 分别代表切向阻力系数、法向阻力系数以及副法向阻力系数；$C_{a\tau}$、C_{an} 和 C_{ab} 分别代表切向附加质量系数、法向附加质量系数以及副法向附加质量系数。

假定拖曳系统的外部环境为：波高 2m（$T=6$s）或者流速 2m/s，即在讨论船舶拖曳线列阵的拖曳段张力极值、拖曳段张力幅值差以及尾绳段振动极值时，均以此环境为基础。由于 A 线和 B 线为相似的细长绕行结构，因此首先对比 A 线和 B 线水动力性能，最后单独分析 C 线计算数据。

在保持浪高 2m 的条件下，将改变环境流速所测得的船舶拖曳线列阵的拖曳段张力极值、拖曳段张力幅值差以及尾绳段振动极值数据利用 MATLAB 软件绘制图像，结果如图 6-41～图 6-43 所示。

观察图 6-41～图 6-43 可以看出，在改变流速时，从图 6-43 中可以看出，A 线的尾振极值在某些流速区域内要明显优于 B 线，这是因为水鸟的使用。而另两张数据图中 A 线与 B 线具有相似的变化规律。图 6-41 中，A 线和 B 线表现出相似的张力极值变化率，但是从

图 6-42 中可以发现，A 拖曳线首段张力的幅值差变化要大于 B 线，这是因为拖曳线的长度不同，拖曳线越长，首段张力幅值差越大。

在保证流速为 2m/s 的情况下，改变环境浪高所测得的船舶拖曳线列阵的拖曳段张力极值、拖曳段张力幅值差以及尾绳段振动极值数据利用 MATLAB 软件绘制图像，如图 6-44～图 6-46 所示。

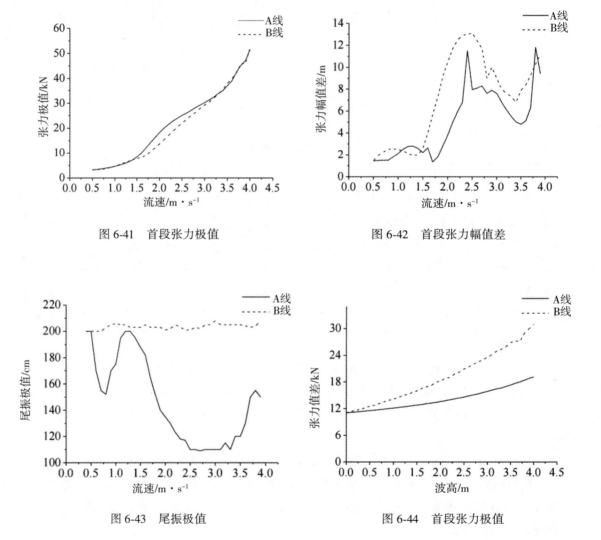

图 6-41　首段张力极值　　　　　　图 6-42　首段张力幅值差

图 6-43　尾振极值　　　　　　图 6-44　首段张力极值

观察图 6-44～图 6-46 可以看出，在改变波高时，A 线与 B 线具有相似的变化规律，均为近似线性递增变化。但是 A 线数据均大于 B 线数据，这是使用水鸟引起的差异，水鸟可提高系统稳定性。在影响拖曳系统稳定性的因素中，其本身的弯曲强度和外界的波浪周期均占主导地位，我们将原系统的 A 线弯曲强度改为 $EI = 0$，在假定的流速和波高下，A 线弯曲强度不同的两种情况下，A 线尾振动极值图如图 6-47 所示，不难发现，图中两条曲线几乎没有差别。如果改变拖曳线的扭转强度和轴向强度，所得的数据图与上面的六张数据图 6-41～图 6-46 比较，也几乎没有差别。如果改变波浪周期，分别为 $T=4\mathrm{s}$ 和 $T=10\mathrm{s}$，从图 6-48 中可以看出：系统稳定性随着波浪周期变小而提高。

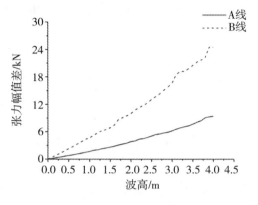

图 6-45 首段张力幅值差

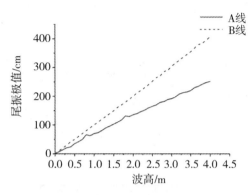

图 6-46 尾振极值

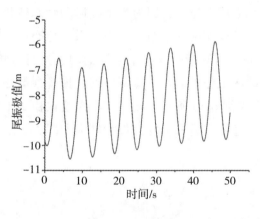

图 6-47 A 线尾振图

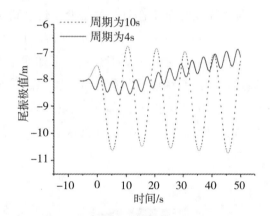

图 6-48 改变波浪周期的 A 线尾振图

6.3 潜器拖曳系统的操纵性

与水面船舶拖曳系统相比，新兴的以水下航行器为拖曳平台的水下拖曳系统，避开了海面波浪和风等不确定因素的影响，所处环境更稳定，作业时间选择更自由。在进行大深度作业时，由于水下航行器可以贴近海底工作，大大节省了放缆长度，更便于调控拖曳系统的位置，也减小了拖缆工作时承受的张力。另外，在开展特种军事海洋环境调查时，水面船航行路径易被侦测和记录，而水下航行器拖曳侦测的隐蔽性则更好，更为安全可靠[13]。

水下航行器拖曳系统有如下几种类型，如图 6-49 所示，（a）中拖体具有正浮力，可作为通信浮标、扫雷具等使用；（b）中系统没有拖体，当航行器拖曳零浮力拖缆时，通常用于海底石油勘探等商业目的，拖曳数条拖曳阵列声呐时，常用于反潜作战中对敌方潜艇的侦察；（c）中拖体具有负浮力，一般载有各种海洋化学元素探测传感器或声、光等物理探测传感器，用于执行复杂的海洋探测和勘探任务；（d）为水下航行器执行海底电缆铺设任务。

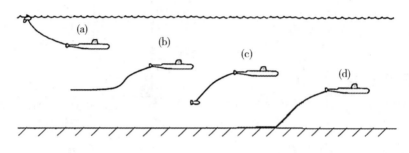

图 6-49　水下航行器拖曳系统示意图

拖曳系统正常工作时，都是处于运动稳定状态或准稳态，因为当系统运动状态变化比较剧烈时，会严重影响工作的准确性和有效性。拖曳深度和拖缆内张力是系统稳态运动的两个重要性能指标，为了探究系统工作时的状态，需对影响这两个指标的因素进行分析，再通过合理的系统设计和运行调控，来满足系统的工作要求。本节所考察的拖缆参数如表 6-5 所示，所用拖体为某深海磁探仪，其主视图如图 6-50 所示。此深海磁探仪在稳定工作状态时，可以通过调节副鳍保持水平姿态，故传递给拖缆末端的力仅为其纵向阻力，阻力估算值见表 6-6。

图 6-50　深海磁探仪主视图

表 6-5　拖 缆 参 数

缆/m	直径/m	水中重量/(N/m)	弹性模量/Pa	法向阻力系数/C_n	切向阻力系数/C_t
30	0.030	0.548	6.5×10^8	1.2	0.015

表 6-6　磁探仪阻力估算值

速度/kn	1.0	1.5	2.0	2.5	3.0
阻力/N	0.4	0.9	1.7	3.7	3.7

影响系统稳态运动的因素有很多，如拖曳速度、流体阻力系数、拖缆弹性模量、拖缆密度和海流模型等，目前已有很多研究结论，本书不再逐一说明。本节将针对水下航行器拖曳系统的特点，对拖缆阻力系数、拖曳速度和海流模型的影响进行分析。

拖缆阻力系数的影响。拖缆的阻力系数取值有多种，为了研究拖缆阻力系数对拖曳系统稳态运动的影响，本节中分别将法向阻力系数和切向阻力系数取不同的值进行仿真，以分析它们对系统的影响。两种工况设计如下：法向阻力系数不变，切向阻力系数取五组不同值：$C_n = 1.2$，$C_t = 0.010$、0.015、0.020、0.025、0.030；切向阻力系数不变，法向阻力系数取五组不同值：$C_t = 0.015$，$C_n = 1.0$、1.2、1.4、1.6、1.8。上述两种工况的水下航行器拖曳速度均为 2kn，海流速度为 0，仿真结果见图 6-51 和图 6-52。

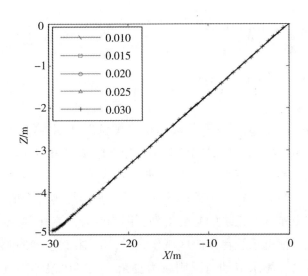

图 6-51　不同切向阻力系数时系统响应

从图 6-51 中可以看出，切向阻力系数的变化对系统平衡位形基本没有影响，磁探仪深度变化不大，但其对拖缆内张力分布影响比较明显，随着切向阻力系数的增大，拖缆内张力明显增加，切向阻力系数从 0.010 增加到 0.030 时，张力最大值增加了 150%。从图 6-52 中可以看出，法向阻力系数对平衡位形的影响比较明显，对拖缆内张力分布影响微弱。随着法向阻力系数的增大，拖曳深度降低，法向阻力系数从 1.2 增加到 1.8 时，磁探仪深度降低 27.27%。

可见，拖缆的切向阻力系数主要影响拖曳系统的张力分布，法向阻力系数主要影响拖曳系统的平衡位形，而且影响效果都很显著，所以在使用时最好对拖缆阻力系数进行实验测定，不能只是简单地根据经验公式进行估计，以便于设计阶段更准确地预测系统响应，确定系统参数。

拖曳速度影响。为了探究拖曳速度对系统稳态运动的影响，将拖曳速度分别设为1.0kn、1.5kn、2kn、2.5kn 和 3.0kn，海流速度为 0，其他参数不变，进行仿真，结果如图 6-53 所示。

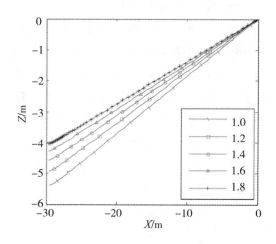

图 6-52　不同法向阻力系数时系统响应　　　　　图 6-53　不同拖曳速度时系统响应

从图 6-53 可以看出，拖曳速度变化对系统平衡位形和拖缆内张力分布的影响都很显著，随着拖曳速度的增大，系统拖曳深度减小，拖缆内张力值增大。拖曳速度由 1.0kn 增加到 3.0kn 时，拖缆末端深度减小 68.67%，张力最大值增加 460%。

非均匀海流影响。当海流在水平面内流动，并沿垂向均匀分布时，其对拖曳系统的影响可以从上一节中拖曳速度对系统的影响得到，因为两者的变化都统一体现为水下航行器相对水流速度的变化。拖曳系统在深海区域作业时，周围海流一般可认为是均匀的。但当系统在大陆架上作业时，海水流动情况则较为复杂，除了风浪等因素，还有潮汐等影响，海流多变。随着全球通信以及油气资源开发的不断发展，人们在近海岸大陆架上的活动也越发频繁，如石油管道和通信电缆的铺设等，所以非均匀海流对系统的影响分析是十分必要的。本节将针对海试中遇到的海流垂向非均匀分布情况进行仿真，将海流模型简化为沿垂向梯形分布，流动均在水平面内，垂向没有流动，深度越大，海流流速越快，这种情况在深海工作中是罕见的。

具体工况：水下航行器以 1kn 的速度直线航行，方向与海流方向相反，航行平面距离海底 8m，放缆长 5m，拖缆其他参数和上一节中相同。海流在航行器运行平面内流速为1kn，近海底处流速为 2.6kn，两平面之间的海流沿垂向均匀变化。将两种海流模型作用下的仿真结果进行对比。试验后发现，相对于均匀海流的情况，拖曳深度有所降低，拖缆内张力有所增加。当海流梯度为 0.2kn/m，放缆 5m 时，磁探仪深度降低了 5.05%，张力最大值增加了 5.88%。

搭载在水下航行器上的拖曳系统，所处环境相对稳定，有效避免了水面低频波浪载荷、风浪及水面拖船振荡运动的影响。但是系统在运行过程中，难免会遇到海流的变化，或是水下航行器运动状态变化引起的系统状态改变，抑或是为了适应海底地形变化，操作人员对系统状态的调整。若要有效地对系统进行操控和应对外界的干扰，对其动态运动特性进行研究是十分必要的。

水下航行器拖曳探测拖体的形式，在海洋勘探活动中使用非常广泛。拖体上通常携带各种海洋化学元素探测传感器或声、光等物理探测传感器，这些传感器都有一定的探测范围。所以为了有效地进行海洋探测，须对拖体的空间位置和姿态加以控制，以保证探测目标处于探测范围内。在控制之前，首先要对系统的响应进行预报。本节对实际使用中常出现的几种工况进行仿真，分别为水下航行器直航变速、垂直平面内振荡和水平面内匀速回转，分析系统响应和运动特性，总结运动规律，为系统控制调节提供理论参考。

水下航行器直航变速运动响应。为了研究水下航行器直线航行调节航速时，系统的运动响应变化，本节对航行器开始以 1m/s 直线航行，后在 1s 内匀加速到 2m/s，继续匀速运行 39s 的工况进行了仿真，给出了整个运行时间内拖曳系统位形、拖体俯仰角度、拖体垂向位置以及拖缆与航行器连接处的张力随时间变化的曲线。

图 6-54 至图 6-57 给出了水下航行器先匀加速再匀速的 40s 时间里，各物理量的变化曲线。可以看出，在航速增加后，系统在 20s 左右基本重新回到了稳定状态，拖体的位置升高了 4.7m，拖缆与航行器连接处的张力增加了 130kN，这是由于拖曳速度增加后，拖缆所受法向阻力和切向阻力都增大了，所以拖体位置和拖缆内张力也会相应地增大。拖体的俯仰角不断地增大、减小，最终稳定在 -0.3rad 左右振荡，俯仰角度的增大、减小是由

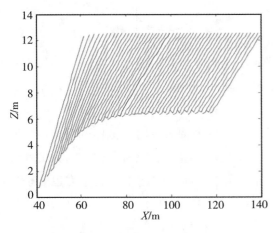

图 6-54　加速后缆形变化图

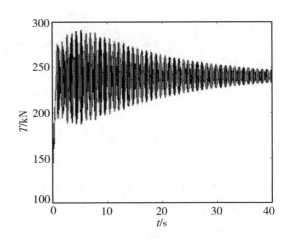

图 6-55　加速后拖缆与航行器连接处的张力变化图

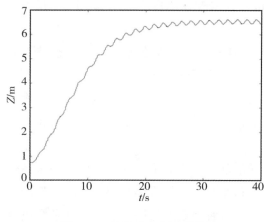

图 6-56　拖体垂向位置变化图

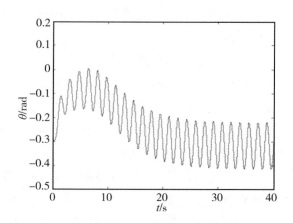

图 6-57　拖体俯仰角度变化图

其自身的稳定性决定的，而最后的振荡是因为本书采用的集中质量法，将节点之间看成由弹簧连接，弹簧受力后的振荡引起的。

　　水下航行器振荡运动响应。位于深海航行的水下航行器虽然不会像处于海面的船舶时刻受到波浪载荷的作用，但深海偶尔也会遇到波浪，为了研究航行器发生振荡运动时整个系统的响应，本节中假设航行器在竖直平面内做简谐运动，如图 6-58 所示，其运动形式为：横向，无运动；纵向，1m/s 匀速运动；垂向，振幅为 0.2m，周期为 5s 的振荡运动。图 6-59～图 6-62 中给出了水下航行器经历两个周期的振荡（即 10s）过程中系统各物理量随时间的变化曲线。

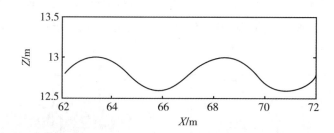

图 6-58　水下航行器与拖缆连接点运动轨迹

　　从图 6-59 至图 6-62 中可看出，水下航行器以 0.2m 的振幅振荡时，拖体的垂向位置同样出现振荡，但振幅明显小于水下航行器的振幅，最大处不超过 0.06m，这是因为柔性缆索所受流体阻力对垂直方向上的振荡具有削弱作用。拖缆与航行器连接处的张力也表现出规则的振荡趋势，振幅约为 15kN，俯仰角度的振荡幅值不超过-0.4°。

　　水下航行器回转运动响应。为了研究水下航行器执行回转运动时拖曳系统的响应，本节对如下回转运动进行了仿真，具体工况：系统开始时，航行器以 1m/s 的速度稳定直航，在 t=0 时刻，以 10m 为半径进入回转，回转速率仍为 1m/s，旋转一周后沿直线开出，共

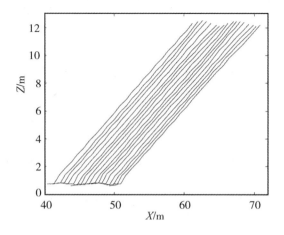

图 6-59　振荡时缆形变化图

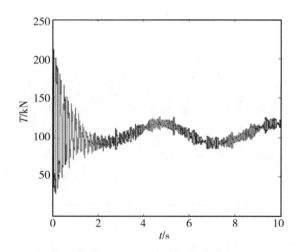

图 6-60　振荡时拖缆与航行器连接处的张力变化图

运行 100s。回转过程中水下航行器航行路线平面轨迹如图 6-63 所示。回转过程中各物理量的变化曲线如图 6-64 至图 6-70 所示。

从图 6-64 至图 6-70 可以看出，水下航行器进行平面回转运动时，拖体的深度先增大后减小，最终恢复初始深度，最大差值 7m 左右。从图 6-66 可以看出，回转过程中拖缆与航行器连接点处的张力先减小后增大，最大为 128.9kN，最小为 78.7kN，整个过程未出现松弛状态。这是因为当水下航行器开始进入回转时，与拖体之间的空间距离减小了，所以拖缆内的张力会减小，但拖体的深度会增加。随着回转运动继续进行，航行器与拖体之间的空间距离又开始慢慢增加直到恢复原来直航时的状态，所以缆内张力会增加，拖体深度减小，回到原来的深度。所以为了避免回转运动中拖体接触海底的风险，应在进行回转运动之前，适当地减小整个系统所处深度。

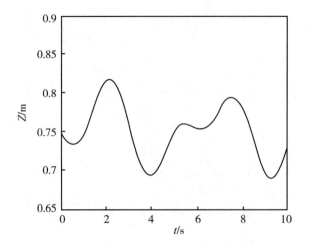

图 6-61　振荡时拖体垂向位置变化图

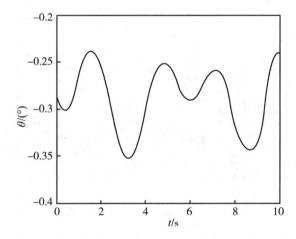

图 6-62　振荡时拖体俯仰角度变化图

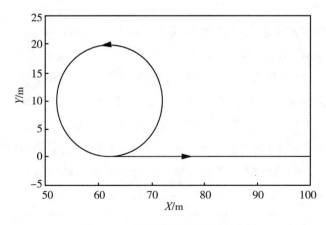

图 6-63　水下航行器回转平面图

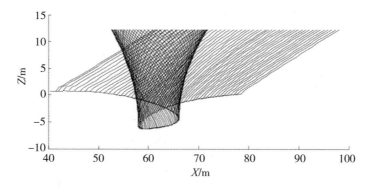

图 6-64　缆形侧视图

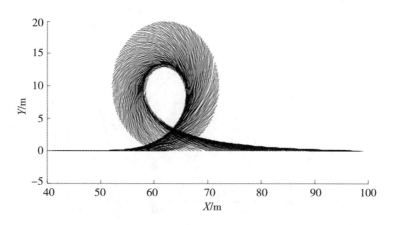

图 6-65　缆形俯视图

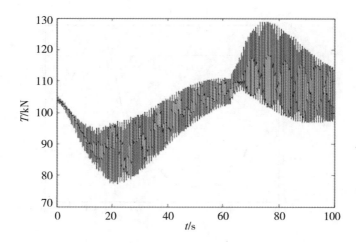

图 6-66　缆艇连接张力变化曲线

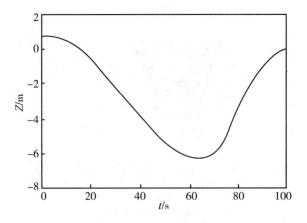

图 6-67　拖体位置变化曲线

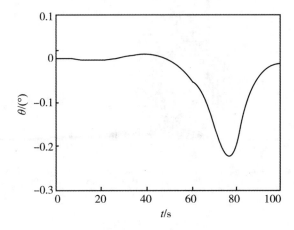

图 6-68　拖体滚转角变化曲线

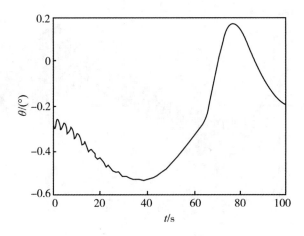

图 6-69　拖体俯仰角变化曲线

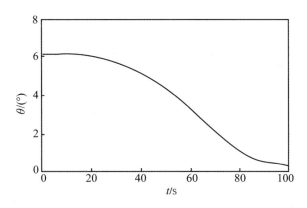

图 6-70　拖体偏航角变化曲线

从图 6-68 可以看出，拖体的滚转角变化趋势为先减小后增大，最小为-0.22°，因为航行器向右回转，所以拖体滚转角为负值，向右滚转是合理的。从图 6-69 可以看出，拖体俯仰角最小为-0.52°，最大为 0.18°。图 6-70 显示，拖体偏航角从 6°减到 0°，即从右侧旋转一周回到原来的直航方向。

◎ 参考文献

［1］Grosenbaugh M A. Transient behavior of towed cable systems during ship turning maneuvers［J］. Ocean Engineering, 2007, 34(11)：1532-1542.

［2］Ablow C M, Schechter S. Numerical simulation of undersea cable dynamics［J］. Ocean engineering, 1983, 10(6)：443-457.

［3］Gobat J I, Grosenbaugh M A. Application of the generalized- α, method to the time integration of the cable dynamics equations［J］. Computer Methods in Applied Mechanics & Engineering, 2001, 190(37-38)：4817-4829.

［4］Chapman D A. Towed cable behaviour during ship turning manoeuvers［J］. Ocean Engineering, 1984, 11(4)：327-361.

［5］Kishore S S, Ganapathy C. Analytical investigations on loop-manoeuvre of underwater towed cable-array system［J］. Ocean Engineering, 1998, 25(6)：353-360.

［6］汤志臣. 多分支拖曳线列阵系统水动力学研究［D］. 宁波：宁波大学, 2016.

［7］王飞. 海洋勘探拖曳系统运动仿真与控制技术研究［D］. 上海：上海交通大学, 2006.

［8］曾广会, 朱军, 葛义军. 潜艇机动时拖曳线列阵阵位预报与参数分析［J］. 哈尔滨工程大学学报, 2009(7)：723-727.

［9］张峰, 朱克强, 蒋凯东, 等. 水下拖体在回转操纵中的运动仿真模拟［J］. 水道港口, 2009, 30(5)：376-380.

［10］何心怡, 张春华, 张驰. 本舰机动左右舷分辨方法研究［J］. 应用声学, 2006, 25(6)：

352-358.

[11] 郭书城, 尹四德. 拖曳线列阵声呐判断左右舷模糊方法研究 [J]. 舰船科学技术, 2005, 27 (5)：64-66.

[12] 林鹏, 宫在晓, 郭永刚. 基于阵形畸变补偿的多线阵左右舷分辨研究 [J]. 应用声学, 2012, 31 (1)：54-59.

[13] 付薇. 水下航行器拖曳系统运动仿真研究 [D]. 北京：中国舰船研究院, 2015.